The Broken Image

Restoring Personal Wholeness Through Healing Prayer

Leanne Payne

깨어진 형상

치유 기도를 통한 성 정체성의 회복

리앤 페인 지음 | 이종은 · 박진아 옮김

Holy
WavePlus

지금까지 동성애로 인한 정체성의 위기를 겪어왔거나

지금도 그 고통 가운데 있는 분들에게,

특별히 어떤 도움도 찾지 못할 거라는

두려움에 떨고 있는 분들에게 이 책을 바칩니다.

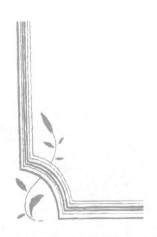

차례

서문

성적 신경증(sexual neurosis)의 측면에서 보면, 동성애는 가장 복잡하고 어려운 현상 중 하나로 간주된다. 그러나 하나님이 치유하신다는 조건에서 보면, 동성애는 놀라울 만큼 단순하다(물론 그 반대의 신념도 아주 널리 퍼져 있지만 말이다). 이 책은 그 문제를 치유하기 위한 기도 지침서다.

이 책에 나오는 이야기들은 내 사역의 대상이 되었던 사람들 중 가장 대표성을 띠는 사례를 선별한 것이다. 자기 내면의 삶을 들여다볼 수 있도록 공개해준 이들을 보호하기 위해 이름이나 장소와 같은 세부사항은 변경했다. 이들의 개인적인 사연 속에서 동성애적 정체성 위기로 귀결될 수 있는 상처의 전형적인 예를 살펴볼 수 있을 것이다.

이 이야기들 중 어떤 것도 쉽거나 가볍게 쓰이지 않았다. 한 인간이 된다는 것, 그렇게 되어가는 과정 속에서 한 인간으로 존재한다는 것이 무엇을 의미하는지가 내게는 경이롭기 때문이다.

신적 존재가 될 수 있는 가능성이 있는 사람들과 어울려 산다는 것은 보통 일이 아니다. 우리가 만나는 더없이 우둔하고 지루한 사람이라도 언젠가 둘 중 하나가 될 것이다. 미래의 모습을 지금 볼 수 있다면 당장에라도 무릎 꿇고 경배하고 싶을 존재가 되거나, 악몽에서나 만날 만한 소름 끼치고 타락한 존재가 되거나다. 이 사실을 꼭 기억하고 살아야 한다. 하루 종일 우리는 둘 중 한 목적지 쪽으로 다가가도록 서로를 돕고 있다. 우리는 위와 같은 두 가지 엄청난 가능성을 염두에 두고 모든 사람을 대해야 한다. 서로에게 합당한 경외심과 신중함을 가지고 모든 우정, 사랑, 놀이, 정치 행위에 임해야 한다. 평범한 사람은 없다. 지금 우리가 대화를 나누고 있는 상대는 그저 죽어 사라질 존재가 아니다.[1]

나는 그리스도의 제자로 산다는 것이 무엇을 의미하는지 두려운 마음이 든다. 그분을 따르는 사람은 사슬의 결박에서 자유케 된 사람이고, 그렇기에 자기 안에 거하시는 주님의 임재의 능력으로 다른 이들의 사슬의 결박을 풀어주는 임무를 부여받았다. 그리고 이런 일을 수행할 때는 섬김 받고 있는 영혼들의 본래 신비와 온전함이 손상되지 않도록 보호할 책임이 따른다. 앞으로 소개할 이야기의 주인공들은 내게 너무나도 소중한 이들이다. 이들은 각각 자기 자신이 "되어가는" 과정 속에서, 그만의 혹은 그녀만의 독특한 방식으로 내게 축복과 격려가 되어주었다.

---

1) C. S. Lewis, "Weight of Glory," in *The Weight of Glory* (Grand Rapids: Eerdmans, 1975), 14-15. (Published in England under the title *Transposition and Other Addresses*.) 『영광의 무게』(홍성사 역간).

감사의 글

아그네스 샌포드 여사께 감사를 전합니다. 그녀가 존재하는 것만으로, 83세인 지금까지 그녀 자신으로 계속해서 존재해주는 것만으로도 감사합니다. 샌포드 여사는 치유 기도의 영역에서 위대한 선구자로 살아오셨습니다. 또한 지난번에 뵈었을 때, 당신의 글과 사역을 이 책에 인용할 수 있도록 너그러이 허락해주신 것에 대해서도 감사를 표합니다.

친절하게도 인용을 허락해주신 베네트 심즈 목사님, 헤르만 리펠, 바바라 슐레론, 필립 바스비그, 알렌 존스 신부님께 감사드립니다. C. S. 루이스가 쉘돈 바노켄과 메이슨에게 썼던 편지를 출간할 수 있도록 너그럽게 허락해주신 월터 후퍼에게도 감사드립니다.

마지막으로, 이 책을 쓸 수 있도록 기도하며 격려해주신 모든 분들께 감사드립니다. 브리티시컬럼비아의 최북단 해안에서부터 플로리다의 따뜻한 남동 해안에까지 흩어져 살고 있지만, 이분들 모두는 주님과 주님을 향한 기도 안에서 하나입니다. 특별히 밥과 앤 시걸 부부, 로다 헤그버그, 테드와 루시 스미스 부부, 버니 클라멕키의 담대한 기도에 기댈 수 있었습니다. 하나님께 모든 감사와 찬양을 돌립니다.

1장

리사의 이야기

_억압된 기억

늘씬하고 사랑스러운 금발 소녀 리사가 교회 예배에 왔을 때, 마침 나는 감정을 느끼는 존재인 우리 인간을 마비시키고 불구로 만드는 깊은 슬픔과, 마음 깊숙이에 자리한 이런 슬픔을 씻어내는 그리스도의 능력에 대해 말하고 있었다. 나는 아픔과 어둠만이 있던 과거의 자리에 어떻게 그리스도가 평강의 빛을 비추실 수 있는지에 대해서도 말씀을 나누었다. 리사는 여러 차례 내 강의를 들으면서, 자기에게도 뭔가가 가능하리라는 희망을 품게 되었다. 살아오는 내내 정신적이고 정서적인 고통에 시달렸던 그녀는 두 번이나 자살을 시도할 만큼 절망과 자포자기의 어두운 바다 속에 깊이 그리고 위태롭게 잠겨 있었다.

나는 메시지의 마지막 부분에서, 주님께 그분의 모든 치유의 능력으로 우리와 함께해주시기를 기도했다. 또한 치유가 필요할 뿐 아니라 수백 명의 사람들이 모인 자리에서 적절하게 다루어질 수 있는 기억이라면 그것을 마음 깊숙한 곳으로부터 끌어올려 주시기를 간구했다. 하지만 이런 일이 시작되어 예수님이 참석한 사람들을 치유하기 시작하셨을 때에도, 리사에게는 아무 일도 일어나지 않는 듯 보였다.

다음날 한 여자가 목사관으로 전화를 걸어왔다. 감정이 말라버린 것 같은 냉담한 목소리였다. "저는 어제 당신 집회에 갔었어요. 하지만 내게는 아무 일도 일어나지 않았어요." 즉시로 나는 그녀의 강렬하고 절박한 필요를 느낄 수 있었다. 또한 주님께서 그녀의 기억과 마음을 보호하시고자 공중 예배의 상황에서는 일하지 않으셨음을 깨달았다. 나는 언제나 주님께 이런 보호를 간구한다. 주님은 공적 장소에서 상기되고 다루어질 수 있는 기억이 어떤 종류인지 정확히 알고 계시기에, 너무도 내밀하고 고통스러운 기억이 사적 비밀로서 보호를 받을 수 없거나 풍부한 은사와 경험의 손길이 부재하는 상황에서는 그것이 떠오르지 않도록 기도드리는 것이다. 아래와 같은 리사의 말을 들으면서, 나는 정말 그녀가 이런 보호를 필요로 하는 사람이라는 내 느낌을 확신할 수 있었다.

"어젯밤 예배를 다녀와서 꿈을 꿨어요. 전에도 종종 꾸던 꿈이에요. 제 팔을 내려다보는데 팔의 피부 구멍들이 꼭 낚시 그물처럼 커지는 거예요. 그 구멍 속으로 피부 아래 검은 암 덩어리가 보여요." 이 꿈은 리사가 자신의 내면을 어떻게 인식하고 있는지 그림을 보듯 생생하게 밝혀주었다. 내적 존재에 대한 이런 자기 인식 뒤에 놓인 어두운 기억이 많은 사람들이 모인 곳에서 드러나지 말아야 하는 것은 너무나 당연한 일이었다. 리사는 최근에도 자살을 기도한 적이 있었다.

의대생인 리사는 약물을 어떻게 사용하는지 그리고 이런 약물을 얻으려면 어떻게 해야 하는지 잘 알고 있었다. 그래서 이번 자살 시도는 거의 성공할 뻔했다. 칠 일간의 강도 높은 처치를 받는 동안, 리사의 몸은 거의 두 배로 부풀어 올랐다. 그래서 리사의 가족조차 그녀를 알아보기가 힘들었으며 회생할 가능성이 희박하다는 이야기를 들어야 했다. 그런데도 리사는 살아났다. 하지만 리사의 의식이 돌아왔을 때, 의사는 약물 과다 복용으로 그녀가 영구적인 정신적 손상을 입었다고 말했다. 최근에 겪은 이런 상황들은 그녀의 꿈의 심각성과 그 꿈이 말하고자 하는 바를 증명하고 있었다.

어떤 종류의 꿈은 정신세계 깊은 곳에 자리하고 있는 위험한 "자료들"을 보여주기도 한다. 이런 꿈의 경우 정신분석가는 주의 깊게 치료에 임해야 한다. 내담자의 기억을 위해 치유 기도를 하는 사역자도 신중함을 기하기는 마찬가지다. 영혼의 치유를 위한 어떤 기도도 주제넘은 태도로 가볍게 해서는 안 되지만, 나는 리사의 경우에는 각별한 주의를 기울여 성령께 귀를 기울이고 협력해야 함을 감지했다. 동시에 하나님이 하시고자 하는 일을 알고 있었기에 기쁨으로 기대하는 마음도 있었다. 이런 믿음은 그 순간 하나님이 순전히 선물로 주시는 것이기에 누구도 자랑할 수 있는 제목이 아니다. 하나님이 우리에게 임무를 주실 때는, 그분이 시키신 일을 수행할 수 있는 믿음과 자신감도 불어넣어 주신다. 그래서 나는 리사를 내가 머물던 사택으로 초대했다. 나는 우리 주님이 이런 꿈이 되풀이되도록 하는 그녀의 깊은 마음속 어둠으로 들어가셔서 그분의 치유하시는 임재로 빛을 밝혀주실 것이라고 말하며 리사를 안심시켰다.

리사의 이야기를 들으면서, 곧바로 나는 그녀가 어린 시절에 겪었던 레즈비언 관계를 포함해서 많은 사연을 알게 되었다. 리사는 어린 시절에 대한 행복한 기억이 없었으며 극도로 외로웠다. 부모님이 두 분 모두 계셔서 늘 리사를 돌봐주셨지만, 그녀는 심각할 정도로 부모님과 분리되어 있었다. 리사의 이런 정서적인 장벽 때문에 어머니는 딸에 대해 점점 더 질투하고 지배하려는 마음이 커졌다. 이런 어머니의 태도에 신경증적 증세가 더해지면서 리사는 종종 당혹스러운 상황에 처하게 되었다. 아버지도 가끔 장난감을 사다줄 뿐, 냉담하고 속을 알 수 없는 존재였다. 리사는 아버지가 그녀를 위해 여러 조처를 강구하지만, 이런 시도가 어머니가 허용하는 한계를 벗어나지 못한다는 사실을 잘 알고 있었다. 리사는 부모님과 가까워지려는 욕구가 전혀 없었으며, 딸로부터 애정과 충성심을 끌어내려는 어머니의 시도에 둔감한 척하면서도 고집스럽게 저항했다. 이렇게 리사는 다른 일반 아이들에 비해서 위해 요소에 매우 취약한 상태였고, 결국 6학년을 졸업하고 처음 맞이한 여름방학에 레즈비언인 학교 선생님의 손아귀에 들어가게 되었다.

중학 시절 내내 이 레즈비언 관계는 리사를 지배하고 따라다녔다. 잘못된 줄 알면서도 이 관계에서 빠져나오지 못하는 동안 그녀에게는 정신적이고 정서적인 붕괴가 일어나기 시작했다. 그때쯤에야 리사는 학교 상담가에게 선생님과의 관계를 털어놓았고, 즉시로 정신과 의사에게 보내졌다. 고등학생이 되기 전까지 두 명의 의사에게 진료를 받았으며 교사와의 관계도 정리되었지만 리사는 진정제를 복용하고 담배를 피우기 시작했다. 그 무렵 교사와의 사건이 알려지면서, 그렇지 않아도 외로운 아이였던 리사는 과거보다 더한 깊은 단절 속에 갇히게 되었다. 사춘기 내내 동급생들의 따돌림과 악의에 찬 비방까지 겪어야 했던 것이다. 하지만 그보다 더 감당하기 어려웠던 것은, 살갑지도 않고 정서적으로 불안정했던 어머니가 딸의 인생에 일어난 끔찍한 사건을 어떻게든 바로잡기 위해 보였던 광기 어린 노력들이었다. 어머니는 리사가 여자 친구들과 어울리는 것을 금하고(어머니로서는 어찌하든지 조금의 가능성도 허용하고 싶지 않았기에) 남자아이들과 교제하도록 지속적으로 강요했는데, 이런 기대는 딸을 더욱 움츠러들게 했다. 고등학교를 졸업한 후 여름이 될 때까지 리사의 약물 중독 수위가 더 높아진 것은 조금도 놀랍지 않다. 리사는 더 많은 도피 수단을 찾고 있었기 때문이다.

이런 와중에도 리사는 학업에 열심이었다. 공부야말로 자신이 겪고 있는 지독한 외로움의 무게를 덜어주는 참으로 건설적이고 창조적인 도피처였기 때문이다. 극심한 괴로움을 겪으면서도 리사는 학업에서 좋은 성적을 거두었다. 마침내 그녀는 자신이 선택해서 지원한 의과대학에서 합격 통지서를 받아 쥐게 되었다. 그때까지도 리사는 암흑과 같은 우울증에 시달리고 있었고 약물에 의지하지 않고서는 하루도 삶을 살아낼 수 없었다. 그럼에도 교양 과목을 다 이수하고 본과 진학에 성공했다. 하지만 이렇게 연명해가는 삶은 곧 불가피하게 낭떠러지에 다다랐다. 본과 진학 육 주 후, 우울증으로 잠을 이루지 못한 리사는 치사량에 가까운 약물을 복용하면서 목숨을 잃을 지경에 처하게 되었다.

자살 시도로부터 조금씩 회복되면서, 리사는 하나님 바깥에서는 어떤 도움도 받을 길이 없음을 마음 깊숙이에서 깨달았다. 여섯 살 무렵에 그녀는 주일 학교에 다니면서 예수님께 마음속에 찾아와달라고 기도한 적이 있었다. 항상 리사는 예수님을 알고 싶었다. 학교로 돌아가기 전 여름, 심각한 약물 중독에 시달리면서 그녀는 교회에서 운영하는 카페에 찾아갔다. 하지만 약물을 복용하지 않고는 정신적 고통을 견디지 못하는 상태였기에 교회에서 얻을 수 있는 도움과 격려에 계속 의지할 수가 없었다. 하지만 이제 리사는 자신이 아직 살아 있다는 것과, 예전과 같은 내면의 어두움에도 불구하고 자기 마음이 과거와는 같지 않다는 사실에 직면했다. 다시 한 번 하나님을 향해 손을 뻗자, 그녀의 어수선한 마음속에서도 문득 약물에 중독되거나 심령술에 빠졌던 젊은이들을 대상으로 치유 사역을 하는 기독교 센터에 연락해봐야겠다는 생각이 떠올랐다.

하나님의 사랑의 섭리 가운데 리사는 이 센터로 전화를 했고, 믿음이 충만한 여자 상담가 한 분과 통화를 하게 되었다. 상담가는 리사가 겪고 있는 정신적 어려움뿐만 아니라 몸과 영의 건강을 위해서도 도움을 받을 수 있다는 확신을 심어주었다. 리사가 절실히 필요로 하던 바로 그 확신이었다. 리사는 이 상담가의 기쁨에 찬 기대에 용기를 얻고는 그 센터에서 제공하는 프로그램에 허입 요청을 했다.

내가 리사를 만났을 때 그녀는 이미 센터에서 오륙 개월을 지내면서, 그 믿음으로 가득 찬 상담가를 새어머니처럼 극진히 사랑하고 있었다. 물에 빠진 사람이 지푸라기라도 잡는 심정으로 그녀에게 의지하고 있었던 것이다. 누가 말해주지 않아도 나는 그것을 알아차릴 수 있었다. 리사가 새로 찾은 "어머니"를 모시고 내 집으로 찾아왔을 때, 그녀의 지친 모습은 리사를 돌보느라 밤잠을 이루지 못하고 수고하고 있음을 그대로 보여주었기 때문이다. 그런데도 그녀는 리사가 자기 이야기를 풀어놓는 내내, 사려 깊고도 활기찬 태도로 고개를 끄넉이며 격려를 아끼지 않았다. 비록 "기억의 치유"가 무엇인지 전혀 모르고 있었지만, 그녀의 얼굴은 하나님이 리사를 위해 놀라운 일을 하시리라는 확신으로 빛이 났다. 나는 그녀가 기도하고 있음을 느꼈다.

기억을 치유하는 기도

리사의 이야기를 듣는 것을 시작으로 해서, 우리는 양탄자가 깔린 방의 쿠션이 있는 소파에 편안하게 기대어 앉았다. 나는 리사에게 기름을 바르고 이마에 손을 얹고는, 주님의 임재가 그녀가 잉태되었던 순간부터 시작해서 그녀의 기억 속의 시간으로 들어가 주시기를 주께 간구했다. 동시에 리사를 위해서도 기도했는데, 그녀가 잉태의 순간 **존재하기** 시작했을 때와, 그다음 어머니의 뱃속에서 매달 자라나고 있었을 때를 위해 기도했다. 나는 리사가 태어나던 바로 그 순간을 위해서도 기도했는데, 그것은 그 기억이 그녀가 부모님과 소원해진 연유와 내면에 자리 잡은 어둠에 대해 설명해줄 수도 있기 때문이었다. 그러나 어떤 나쁜 기억도 찾을 수 없었다. 그런데 바로 그다음에 특이한 점을 발견했는데, 리사가 태어난 후 처음 오 년간의 기억이 비어 있다는 것이었다. 리사는 그 이후의 기억들은 아주 쉽게 되살리면서 그것에 수반되는 비참함과 죄책감을 고통스럽게 의식하고 있는 반면에, 그 이전의 것들은 전혀 기억하지 못한다는 사실조차도 의식하지 못했다. 그러나 나는 하나님이 주신 지식의 은사로, 문제의 단서 혹은 뿌리가 되는 기억이 리사의 억눌려 있는 생애 첫 오 년 동안의 기억 저장소에 잠겨 있다는 것을 알았다.

많은 사람들이 생애 초기 몇 년간의 기억이 거의 없고 억눌린 외상적 기억도 없다. 아마도 이는 그들의 삶이 단순히 느릿하게 흘러가고 특별한 사건이 없었기 때문이다. 남다른 기쁨도, 그렇다고 엄청난 근심도 없었을 것이다. 대조적으로 사랑받지 못하고 견딜 수 없이 권태로운 환경에서 자란 이들의 경우, 그들의 기억은 (내가 묘사할 수 있는 가장 적절한 표현으로는) 지루한 회색빛이 감도는 흐릿한 상태라고 할 수 있다. 이런 기억은 실제로 색조를 띠면서 슬픔의 그림자가 드리워 있지만, 그렇다고 특별한 트라우마적 사건이 의식적으로나 마음 깊은 곳에 자리 잡고 있는 것은 아니다. 이런 경우에도 치유를 위한 각별한 기도가 필

요하다. 하지만 나는 하나님의 영으로, 리사가 이 경우에도 해당되지 않는다는 사실을 알 수 있었다.[1]

그래서 나는 주님께, 리사가 그녀의 혼(soul) 즉 그녀의 감정적 존재 안에서 경험하고 있는 두려움과 어둠 뒤에 자리한 생애 초기 오 년간의 기억을 끌어올려 주시기를 간구했다. 뿌리 기억(root memory)이 항상 가장 먼저 올라오는 것은 아니지만, 종종 그 뿌리로 인도하는 기억이 올라오고는 하는데, 리사의 경우가 그러했다. 그녀가 가장 먼저 본 것은 어머니가 울고 있는 장면이었다. 나는 그녀에게 어머니가 왜 울고 있느냐고 물었는데, 이 질문이 즉시 문제의 뿌리가 되는 기억을 전면에 떠오르게 만들었다. 이 한 장면의 기억이, 리사가 부모님 두 분 모두에게서 소외감을 느끼고 사랑을 받을 수 없었던 이유를 분명하게 말해주었다.

이 기억이 의식의 수준으로 떠올랐을 때, 리사는 "안 돼! 안 돼! 도저히 참을 수 없어!"라며 울부짖었다. 리사는 이 기억을 가지고는 삶을 살아갈 수 없었기 때문에, 이 기억은 지금까지 억압된 채로 잠겨 있었다. 내가 부드럽지만 단호하게 예수님이 지금 그 기억 속으로 들어가 그것을 치유하시기 위해 함께하고 계시다고 상기시키자, 리사는 드디어 이 트라우마적 기억 전부를 의식의 영역으로 내어놓을 수 있었다.

---

1) 기억의 치유는 성령이 주시는 치유의 은사로 사역하는 일을 포함한다. 이런 점이 현재 우리가 다루는 주제와 관련한 저술들에서 충분히 명시되지 않는 경우가 많다.

뿌리 기억

리사는 자신이 세 살 혹은 그보다 약간 더 나이를 먹었을 때라고 기억했다. 문제의 장면에서 리사의 아버지는 딸에게 구강성교를 강요하면서 성적 학대를 하고 있었다. 어머니가 방안으로 걸어 들어왔고 히스테리를 일으키더니, 이 상황을 침착하게 다루면서 아이를 안심시키기는커녕, 딸을 잡아채더니 방을 가로질러 벽 쪽으로 던져버렸다. 그러고는 아버지가 어머니에게 했던 말이 리사의 머릿속에 다시 한 번 메아리쳤다. "어이쿠! 아기는 아무것도 기억 못한다고!" 말 그대로 그 후 십구 년 동안 리사는 이 일을 기억하지 못했다. 인생의 극한 외로움과 고통을 겪으며 기억이 수면 위로 떠올랐을 때인 스물두 살이 될 때까지 까맣게 잊고 있었다.

이 사건에 대한 기억이 곧바로 억압되었음에도 불구하고 이것은 리사가 부모님으로부터 멀어지는 시초가 되었다. 그 사건으로 인해 리사는 부모님으로부터 점점 더 **단절**되었을 뿐 아니라 죄책감에도 시달려야 했다. 일어난 일에 대해 어머니가 보였던 격분은 이해할 만하다. 하지만 불행하게도 그 격노의 대상에는 자신의 어린 딸도 포함되어 있었다. 순간적인 분노와 망연자실 속에서 어머니는, 마치 리사가 그 일에 책임이 있을 뿐 아니라 그로 인해 평생 돌이킬 수 없이 더러워졌다는 듯이, 어린 딸을 극도로 혐오하면서 옆으로 밀쳐버렸다. 이 일은 리사의 의식세계에서는 바로 사라졌다. 하지만 곧 마음 깊은 곳에 암처럼 자리 잡으면서 모든 것에 죄책감을 갖게 하고 자기가 뭔가 더러운 사람이라는 느낌으로 가득 차게 했다. 꿈에서 반복적으로 보았던 피부 구멍 속에 있던 검은 암 덩어리는 이렇게 치유되지 않은 상태로 묻혀 있던 기억을 가리키고 있었다.

심층 심리학자들은 바로 이런 유형의 기억을 찾고자 한다. 일단 이 뿌리 기억이 수면 위로 올라오면, 이것은 인생의 문제들에 대해 깊은 통찰을 준다. 물론 기억하는 것만으로는 충분하지 않지만, 적어도 되찾은 기억은 치유 과정을 시작할 수 있도록 한다. 리사의 경우, 예수님이 직접 치유가 필요한 기억을 끄집어내시고 그 기억 속으로 걸어 들어가셔서, 리사가 아버지와 어머니 그리고 초기 어린 시절의 상황을 용납하고 용서할 수 있게 하셨다. 그리고 부모님이 리사에게 저지른 죄에 대해 그녀 스스로의 "비통에 찬 반응들"[2]과 그 사건 전체를 둘러싼 그릇된 정죄로부터 리사를 해방시키셨다. 하나님의 사랑과 치료의 권능으로 인해 오 년에 걸쳐 고통과 암흑으로 잠겨 있던 곳에 평강의 빛이 임했다.

치유 이후 이 년 반의 시간이 지나고 쓴 편지에서 보겠지만 리사는 그날 이후 완전히 새로운 사람이 되었다. 기억에 대한 치유란 죄에 대한 용서가 마음속 깊은 곳(정신 혹은 무의식)에서 이루어지는 것을 의미한다.[3] 리사는 다른 단계들도 밟아가야 했는데, 먼저 예수님의 임재를 어떻게 누리는지 그 방법을 배워가야 했다. 예수님을 보거나 느끼거나, 아니면 그렇지 못한다 하더라도 예수님이 자신과 함께하신다는 진리를 항상 마음속에 되새기는 훈련이 그것이다. 이렇게 예수님께 전적으

---

2) 아그네스 샌포드가 사용한 문구.
3) 치유되어야 할 모든 기억이 억압된 기억은 아니다.

로 의지하면서 성령께서 전해주시는 하나님의 말씀을 듣는 법을 배우고, 그 말씀으로 오래된 자기혐오와 파괴적인 부정적 말들을 대신하는 것이다. 리사는 (다른 모든 그리스도인이 그래야 하는 것처럼) 자신의 정체성을 하나님께 두고, 스스로 하나님의 자녀라는 것을 아는 것으로부터 자신과 다른 이들을 올바르게 받아들이고 사랑하기 시작했다. 바로 이것이 첫 치유를 경험하고 난 후의 가장 중요한 단계라고 할 수 있다. 계속해서 리사는 어머니 같은 나이 많은 여인들에게 의존하기보다 동년배의 젊은 남녀와 어울리는 법을 배우게 될 것이다. 다시 말해 리사는 예수님 안에 거하면서, 정신적·감정적 어둠과 고통의 용광로 같았던 인생 여정 속에서 형성되고 정제되었던, 그녀 자신과 다른 이들을 향한 행동방식을 책임감 있게 바꾸어나갈 것이다. 이것은 배움의 과정이기에 시간을 필요로 한다.

다음은 그날 사택에서 있었던 일에 대해 리사가 자기 관점에서 자신의 언어로 쓴 글이다.

전 두려웠습니다. 그게 통하지 않을 거라고 생각했고 정말 미친 짓을 하고 있다고 생각했어요. 그렇지만 앞으로 살아남기 위해서 여전히 도움이 필요하다는 것과, xxx에서 여섯 달을 보내고도 아직 내가 필요로 하는 것을 얻지 못했다는 것을 알았어요. 점점 이성을 잃어가고 있다는 생각에 밤마다 울곤 했어요. 먹구름 같은 우울증이 항상 나를 덮고 있었고요. 아무리 많이 기도하고 성경을 읽어도 제 삶은 제대로 되지 않더군요. xxx에서 지냈던 육 개월 동안 그곳의 규율 때문에 금연을 해야 했지만 혼자 있을 땐 참지 못하고 담배를 피웠어요. 그럴 틈이 없을 때에도 계속해서 담배를 피우고 싶은 욕구를 억제할 수 없었어요. 흡연을 하면 속이 후련해졌지요.

끊임없이 자신을 망가뜨리고 싶은 강렬한 욕구가 치밀어 올랐어요. 대개 이런 생각과 함께 약물을 대량으로 복용하고 싶은 충동도 일었어요. 이따금씩 이런 강박을 만족시키고 싶은 충동이 심해지면, 치사량은 안 되지만 시름시름 앓을 만큼 약물을 복용했고요. 그러고 나면 강박이 사라지고, 몽롱한 증상이 나아진 후에는 잠시라도 만사가 평온했어요. 아스피린, 비타민, 감기약 가릴 것 없이 알약이라면 뭐든 집어삼켰어요. (당뇨 완화제도 딱 한 번 먹었는데 병자가 먹기에도 역겨운 맛이었습니다.)

어쨌든 저는 하루하루를 그렇게 연명하면서 기도를 받을 수 있는 다음 약속을 기다리고 있었습니다.

기도를 시작하면서, 선생님이 저한테 태중에 있었을 때를 떠올려보라고 하셨잖아요. (저에게 그런 상상을 해보라고 했을 때 선생님이 정말 미쳤다고 생각했어요.) 하지만 선생님이 진지하게 권위를 가지고 말씀하셔서 "좋아요. 전 지금 태중에 있습니다"라고 말했었죠. 그런데 바로 그렇게 대답한 순간에 제 생애에서 가장 경이로운 일이 벌어졌어요. 제가 태중에 있다는 것이 실제같이 여겨졌어요. 너무 좋았습니다. 저는 실제로 그랬었다는 것을 알 수 있었어요. 가장 좋았던 것은, 제가 자궁에 그저 있기만 한 것이 아니라 거기서 콧노래를 흥얼거리고 있었다는 거예요. 어머니가 저를 배고 있는 내내 제가 그러고 있었다는 걸 알게 됐어요.

"멋지네요! 당신이 태중에 있을 때 관심과 사랑을 받고 있었고 분명 어머니는 당신이 태어나기를 바라고 있었네요." 그 말을 들었을 때 정말로 행복했어요. 저는 제가 얼마나 사랑받는 존재인지, 태어나기도 전부터 그렇게 사랑받고 있었는지 한 번도 생각지 못했어요. 저는 저를 그토록 원했던 어머니를 향해 사랑의 감정을 느끼게 되었답니다.

그다음에는 선생님이 저에게 태어났을 때를 떠올려보라고 하셨어요. 이 부분에서 제가 태어나는 순간에 뭘 경험했는지 말씀드리지 않았던 것 같아요. 제가 몸 밖으로 나오고 있을 때였는데, 강한 두려움의 감정이 몰려오는 걸 느꼈어요. 저는 그 두려움이 어머니로부터 왔고 내가 어머니 몸 밖으로 나오는 출산 과정과는 무관하다는 걸 알았어요. 그건 제가 세상 밖으로 나왔을 때 저에게 무슨 일이 일어날지 모른다는 그런 두려움이었어요.

저는 그 두려움에 대해 기도하고 한참 생각해본 후에야 그것이 무엇을 의미하는지 파악할 수 있었어요. 아버지에게 문제가 있다는 사실을 어머니가 알고 나서 그 문제로 인해 제가 안전하지 못할까봐 두려움을 가지시게 된 것 같아요. (그래서 전 이 부분이 제 인생 전반에 대한 진실을 쥐고 있다고 생각해요.)

그렇게 출산 과정을 마치고 선생님은 바로 한 살…두 살…세 살…네 살로 넘어가셨는데 백지, 전부 백지 상태였어요. 제가 본 거라곤 무(無)…아무 생각도 없고 깜깜하기만 했어요. 그땐 정말 절망스러웠어요. 이제 막 기억 속의 장면들을 보면서 기뻐하고 있었는데 다시…아무것도 보이지 않았어요.

그래도 전 선생님이 이 상황을 통제하고 있다는 생각에 조금은 안심이 되었어요. 선생님은 저에게 아무것도 안 보여도 괜찮다고, 또 보게 될 거라고 말씀해주셨어요. 저는 선생님이 여기서 그만두지 않고 계속하려고 마음을 굳히셨다고 느꼈어요. 선생님과 xxx자매님이 모두 "하늘 문을 두드리며" 기도하고 계시다고 느꼈어요. 저는 하나님이 제 기억의 빗장을 여시려고 큰 능력을 부어주고 계시다는 걸 알았어요. 전 정말 미칠 것만 같아서 문밖으로 뛰쳐나가고 싶었지만, 두 분의 기도의 능력이 역사하고 있다는 걸 알았어요. 그래서 참고 기다렸어요. 그러고 나서 선생님은 저를 부르시더니 이렇게 말씀하셨어요. "리사, 보이는 게 있나요? 뭐라도 좋아요! 별 의미 없다고 생각되는 장면이라도 말해보세요."

내가 본 장면은 희미한 조명이 비취는 무대 같았는데, 어머니가 침대 구석에 앉아 계셨어요. 머리는 헝클어져 있고 얼굴을 손에 파묻은 채 흐느끼고 있었어요. 어머니는 계속 "안 돼! 안 돼! 안 돼! 왜 나에게 이런 일이!"라고 말하고 계셨어요.

어머니가 그렇게 우시는 걸 선생님께 말씀은 드렸지만 (제 평생 반복해서 똑같은 장면을 꿈에서 봐왔으면서도) 왜 그런지는 모르는 일이었어요. 선생님은 곧바로 "됐습니다. 주님, 이제 이 어머니가 울고 계신 이유를 밝히 보여주세요. 이 장면의 나머지 상황들을 리사에게 보여주세요"라고 기도하셨어요. 선생님이 그렇게 기도하시고는 꼭 영화가 제 머릿속에서 뒤로 감기듯 갑자기 조각과 파편들이 꼭 퍼즐처럼 제 앞에 날아들어 모아졌는데, 그 순간 아버지가 저를 성적으로 학대하고 있는 장면을 봤어요. 정말 믿기지 않았고 충격적이었어요. 전 인정하고 싶지 않았습니다. "안 돼! 안 돼! 하나님, 제발 안 돼요!"라고 말하고 싶었어요. 저는 그게 사실이고 실제로 일어난 일이었음을 알고서 저에게 그런 짓을 한 아버지가 혐오스러웠어요. 그 순간 선생님은 제게 "리사, 아버지를 용서하세요"라고 말씀하셨고, 저는 속으로 "네, 아버지를 용서해야죠"라고 말하고 있었어요.

그런데 그때 어머니가 방으로 들어왔고 소리를 지르기 시작했어요. 그러고는 저를 낚아채서 벽 쪽으로 던져버렸어요. 저는 벽에 부딪혀 기대어 주저앉았던 기억이 났어요. 무슨 일이 벌어지고 있는지 이해가 안 됐어요. 왜 어머니가 윽박지르고 울고 있는지 도무지 이해할 수가 없었어요.

다음으로는 아버지가 어머니를 향해 능청스럽게 웃으면서 내가 겁먹지 않게 진정하라고 말하는 장면을 봤어요. 아버지는 계속해서 "아기는 너무 어려서 아무것도 기억하지 못할 거야. 걱정하지 마"라고 다독였어요.

그러고는 어머니가 침대에 앉아서 울고 있었어요. 저는 어머니가 왜 우는지 몰랐어요. 우는 어머니를 보는 게 그저 슬펐어요. 저는 어머니가 있는 쪽으로 걸어갔어요. (제 키가 어머니가 침대에 앉아 있을 때 딱 그 허리에 닿을 정도였어요.) 제가 (마치 "울지 마"라고 말하듯이) 어머니를 위로하려고 다가갔는데, 그때 어머니가 나를 뒤로 밀쳐내면서 "가까이 오지 마. 너와 아무것도 하고 싶지 않아"라고 말했어요. 그 순간 정말 멍해졌던 느낌을 기억해요. 내가 아무것도 아닌 느낌, 오해받고 외면당하는 느낌이었어요.

그 시점에서 선생님이 누군가 저에게 사랑을 줬던 사람이 있는지 물어보셨고 저는 이모에 대해 말씀드렸잖아요. 선생님은 이모가 마루에서 저를 번쩍 들어 올리거나 이모 무릎에 제가 기어올라서 이모가 붙잡아주는 걸 상상해보라고 하셨어요. 전 선생님의 말씀대로 했고, 그 기억이 선생님이 저를 안아주신 것과 맞물려서 제가 여태까지 느껴보지 못한 가장 따뜻한 사랑의 느낌을 가져다주었어요. 저는 난생 처음으로 제가 사랑받는다는 걸 알게 되었어요. 무엇보다도 하나님이 저를 사랑하신다는 걸 깨달았습니다. 정말 꽉 찬 느낌이었어요. 저는 속으로 "할렐루야 코러스"를 부르고 있는 것 같았어요. 속으로는 덩실덩실 춤을 추고 있었답니다. 제 기분을 표현하기에 단지 행복하다는 말만으로는 충분치가 않았어요. 이젠 자유해요! 하나님을 찬양합니다!

그렇게 기도를 마칠 때는 제 인생이 완전히 달라져 있었습니다. 치유를 받고 나자 과거의 고통은 제가 경험한 기쁨에 찬 행복과는 이제 너무나 동떨어져, 그것을 내려놓는 것이 더 이상 어렵지 않았어요.

그날 밤 집으로 돌아가는데, 제 발이 바닥에서 반 미터 정도 떠 있는 기분이었어요. 잠자리에 들려고 누웠는데 한 장면의 기억이 떠올랐습니다. 첫 번째 기억 이후에 있었던 일인데, 이 기억 역시 억압되어 있었습니다.

저는 부모님이 주신 새끼 오리를 한 마리 가지고 있었어요. 제가 앞장서 걸어가면 새끼 오리가 절 따라다니곤 했는데 그걸 무척 좋아했죠. 저는 뒷마당에서 세발자전거를 티고 있었고 오리는 저를 쫓아다니고 있었어요. 저는 너무나 재밌어서 막 웃으며 즐거워했어요. 아버지는 제 세발자전거 손잡이에 바람개비를 달아주셨어요. (아버지는 가지고 놀라고 항상 바람개비를 사주셨어요.) 바람을 만들어 바람개비를 돌아가게 하고 그걸 보는 걸 정말 좋아했거든요.

저는 바람개비가 돌도록 최대한 빠르게 자전거 페달을 밟았고, 새끼 오리가 꽥꽥거리면서 계속 쫓아왔어요. 그런데 갑자기 제가 새끼 오리의 어머니가 된 것 같은 기분을 느꼈어요. 그때 저는 이 새끼 오리가 죽었으면 했어요. 그래서 자전거를 오리 쪽으로 돌려서 바퀴로 짓밟아버렸어요. 그렇게 저는 오리를 죽였어요. 창밖을 내다보던 어머니가 제가 저지른 일을 보고는 뒤뜰로 나와 바람개비를 뽑아 매를 때렸어요. (그 새끼 오리는 저였고, 저는 어머니가 저를 대했던 방식이라고 느꼈던 대로 오리를 죽였습니다.)

이 장면이 기억났을 때, 이게 실제 있었던 일이었는지 확신이 서질 않았어요. 제가 동물을 죽이는 건 상상할 수 없는 일이니까요. 이 기억이 어머니와 감정적으로 엮인 일이 아니었기 때문에, 어머니에게 물어보기로 했어요. 주말에 집에 돌아간 저는 제가 어린 시절 애완용 새끼 오리를 가지고 있었는지, 그걸 제가 죽인 일이 있는지 물어봤습니다. 어머니는 기억하고 계셨고 제가 그런 걸 기억하고 있음에 대해 매우 불쾌하게 여기셨어요. 어머니의 대답을 듣고 저는 두 가지 기억 모두가 실제로 일어났던 일이었음을 확신하게 됐어요.

치유가 있었던 다음날 아침, 마치 난생 처음으로 창문을 통해 햇살이 들어오는 것을 보는 것 같았어요. 제 삶이 너무나 사랑스럽게 느껴졌어요. 모든 것이 선명하고 아름답게 빛났습니다. 이날은 제가 태어나서 처음으로, 살아 있음과 새날을 맞이한다는 행복감을 느꼈던 날로 기억될 거예요.

날이 저물어갈 때, 담배를 피우고 싶은 마음이 사라졌다는 걸 알게 됐어요. 늘 저를 따라다녔던 충동적인 식욕도, 알약을 복용하던 강박 증세도 더 이상 없었어요. 약물과 흡연은 치유를 필요로 하던 제 기억의 파괴적인 부분과 연결되어 있었던가 봐요. 제 입이 성적 학대로 오염되어서 그 후로는 뭐든지 나를 망가뜨리는 방법으로 입으로 집어넣었던 것 같아요.

그때의 사건이 제 인생에 있었던 모든 일들과 맞물려 있는 것만 같아요. 일단 그 비정상적인 경험이 치유되자, 나쁜 일들은 더 이상 일어나지 않게 되었어요.

제가 다른 사람들로부터 느껴왔던 극심한 거절감도 그쳤음을 깨닫게 됐어요. 그렇지만 제가 이런 식으로 다른 사람들에 대해 생각해왔던 방식이 습관화되어 있기 때문에 사고 과정을 붙잡아두어야 했어요. 꽤 자주 "예전의 거절감을 느끼던 방식"이 되풀이되곤 했는데, 그럴 땐 잠시 멈춰 서서 이제 더 이상 이런 식으로 느낄 이유가 없다는 걸 되뇌어야 했지요. 저는 어떤 감정이 옛 습관에서 기인하는지를 깨달아야 했어요. 이제는 새로운 감정들, 내 속에서 그리고 다른 이들과 함께 있을 때 안정감과 행복감을 느끼고 있어요.

치유받기 전에는 누군가가 힐끔 저를 쳐다보기만 해도 심한 거절감이 올라오곤 했어요. 그 사람은 저에 대해 별 관심이 없다고 생각하려고 했지만, 그럴 때마다 저는 우울증의 나락에 빠져들고 자살 충동을 느꼈어요. 치유를 받고 난 후로는 깊은 우울증도 자살 충동도 전무하답니다.

치유될 때, 저는 정말 "다시 태어나는 것" 같았어요. 치유된 그 순간부터 저의 진정한 인생이 시작된 것처럼 느꼈답니다.

기억의 힘

기억을 치유하는 기도를 할 때, 과거를 현재의 우리에게 실감나게 가져다주는 기억의 힘은 매우 특별하다. 이것이 특별한 이유는, 시간의 경계 밖에 계시고 모든 시간이 그분에게는 현재가 되시는, 무한한 존재이신 예수님이 우리의 과거 사건 속으로 들어오시기 때문이다. 우리는 이런 과거 사건의 결과들을 현재 겪고 있다. 하지만 이 사건과 접촉하기 위해서는 그것을 되돌아보아야 한다. 여기서 우리가 실존을 경험하는 과거-현재-미래의 연속체는 특별히 의미 있는 방식으로 영원하신 절대자와 연관되어 있다. 그래서 우리 안에 내재하는 영속적인 것, 시간에 묶여 있지 않은 것이 불꽃을 튀기며 타오르게 된다. 이렇게 우리는 과거와 현재를 하나로 경험한다. 이것은 언젠가 더 이상 공간, 물질, 시간에 얽매이지 않게 될 종말에야 경험할, 이 지상을 아는 방식을 미리 맛보는 것이다.

기억이 치료될 때 성령이 하시는 활동

기억의 치유를 심리학적 방법론들과 구분 짓는 결정적인 지점은 바로 **그 가운데 계시는 주님의 임재를 가리키는** 성령의 활동이다. 주님은 우리 실존의 가장 어두운 지옥 속으로 걸어 들어오신다. 그러면 우리는 기억의 드라마가 펼쳐지는 상황 속에서 마음의 눈으로 보게 되고, (종종 있는 일이지만) 주님을 만날 수 있게 된다. 우리는 주님의 눈빛을 느끼거나 그분이 우리를 품에 안으시고 우리가 오랫동안 필요로 해왔던 치유의 말씀을 주시는 것을 경험한다. 우리는 다른 사람이 우리에게 지은 심각한 죄를 용서하게 되고, 주님은 우리 죄를 용서하신다. 우리는 아버지 하나님의 한없는 사랑을 나타내 보이시는 그분으로부터 이전에 받을 수 없었던 치유의 은혜를 누린다. 우리는 치유를 베푸시는 주님이 항상 우리와 함께하셨음을, 우리가 단순히 그분을 향해 눈을 들수만 있었다면 치유받을 수 있었음을 알게 된다.

성령께서 리사가 심리적으로 온전하게 되도록 고요하면서도 강하게 역사하시는데도, 리사는 깊은 죄책감에 젖어 심하게 상처 입은 나머지 스스로를 추하게 느꼈고, 아버지의 성적 학대와 어머니의 폭력적인 반응에 대한 끔찍한 기억 한가운데서 마음의 눈을 들어 주님을 볼 수가 없었다. 하나님이 그녀를 위해 베푸시는 사랑과 치유에 비해 리사 본인은 그것을 훨씬 적게 누릴 수밖에 없었다. 이런 리사의 사례는 모든 치유의 경우가 다 다르다는 사실과, 기억의 치유를 일정한 방법론으로 환원할 수 없음을 보여주는 좋은 본보기다. 관건은 사역자가 성령께 귀를 기울이고 성령과 함께 동역하는 것이다. 내가 이런 곤란한 상황을 뚫고 가기 위해 길을 찾고자 성령께 귀를 기울일 때, 하나님은 리사가 지금까지 만났던 사람 중에 그녀를 사랑해주었던 누군가가 있다면 그를 통해 리사가 마음 문을 열고 그분의 사랑을 받아들일 수 있도록 인도하셨다. 나는 리사에게 누군가 그녀를 사랑한 사람, 다시 말해 그녀가 기꺼이 그 사랑을 받아들일 수 있는 누군가가 있었는지 물었다. 리사의 이모가 바로 그런 사람이었다.

그래서 나는 주님께 리사가 이모와 함께 누렸던 특별히 행복했던 시간을 기억하게 해달라고 요청했다. 그 일이 일어나자, 나는 리사에게 "이제 이모 무릎에 기어올라 봐요"라고 말했다. 리사가 그렇게 했을 때, 그 순간 하나님의 치유가 임했다. 그때 나는 리사와 이모를 팔로 끌어안아, 치료하시는 예수님의 사랑이 흘러갈 수 있는 성례전적 통로가 되어주었다. 그런 나를 통해서 그리고 오래전에 돌아가신 이모의 사랑을 기억하게 되면서 하나님의 사랑이 가득히 들어와 깨지고 상처 입었던 어린 리사를 고쳐주었다.

여기서 근본적으로 치유된 것 중 하나가 아버지로부터 성적 학대를 받았을 때 리사가 겪었던 어머니로부터의 철저하고도 절대적인 거절이었다. 이 기억은 의식의 수준에서는 밀봉되어 있었지만, 리사로 하여금 어머니의 사랑을 받아들이거나 그녀를 신뢰하지 못하도록 만들었다. 어머니나 어머니를 대신할 수 있는 사람과의 사랑의 관계가 리사의 가장 기본적인 심리적 필요였음에도 말이다. 게다가 리사가 이 끔찍한 박탈감을 부족하나마 극복할 수 있도록 따뜻하게 안아주었던 이모마저 부재하는 상황이었다.

그제서야 나는 리사의 극단적인 불안정 상태 이면에 있던 정서적인 박탈감과 레즈비언 교사에게 빠져들 수밖에 없었던 이유를 이해할 수 있었다. 성적 신경증인 레즈비언 행위는(히스테리 성향으로 표출되는 레즈비언의 행동은 예외겠지만) 남성의 동성애 행위만큼 복잡하지는 않다. 내가 치유 사역을 했던 대부분의 경우, 어머니가 안아주어야 했던 기본적 필요가 전혀 채워지지 않았거나 불충분하게 채워졌다는 근본 이유가 있었다. 리사가 쓴 편지에서 알 수 있듯이, 그녀가 신뢰하며 받아들일 수 있었던 유일한 사랑은 이모의 사랑이었다. 하지만 리사의 어머니는 자기 누이를 점점 더 시기하게 되었고 결국은 그녀를 집에 오지 못하게 했다. 리사가 이모를 만나는 일은 극히 드물거나 몰래 이루어졌다. 그렇게라도 만날 기회가 생기면 이모는 반드시 리사를 들어 올려서 자기 품에 껴안아주었다. "언제부터 이모를 볼 수 없었나요?"라고 내가 묻자 리사는 잠시 생각에 잠기더니, "내가 5학년 때 이모가 돌아가셨어요"라고 말했다. 이모의 품을 잃어버린 이후에 리사는 그 교사의 품으로 달려들었던 것이다. 리사의 비극은 그녀를 안아주었던 선생님의 손길이 에로틱한 몸짓으로 귀결되었다는 것이고, 끔찍할 정도로 여성의 품과 사랑에 굶주려 있었기 때문에 그 손길로부터 자신을 지켜내지 못했다는 것이다.

리사의 정체성 위기

어머니의 사랑을 잃어버리는 일은 사람이 경험할 수 있는 가장 큰 상실일 것이다. 세상에 태어난 직후의 아기는, 이 탄생 자체가 자신이 어머니와 분리되는 일이라는 것을 모르고 있다. 하지만 아기는 어머니의 사랑 안에서 자신이 어머니와 분리된 존재 혹은 자신만의 권리가 있는 인격이라는 것을 인식하기 시작한다. 이렇게 어머니의 사랑이 자신을 받아줄 때 비로소 아기는, 딸이든 아들이든, 어머니와의 정서적·정신적 분리라는 길고도 고된 작업을 진행하기 시작한다. 이 작업은 아기가 자신이 어머니와 육체적으로 분리되었다는 것을 깨달은 후에도 오래도록 지속된다. 모든 레즈비언 행위의 일차적 원인이 이렇게 초기에 어머니를 신뢰하며 사랑으로 관계를 맺는 데 실패한 것에서 기인하지는 않는다. 그러나 여기에 해당하는 경우로서 리사의 이야기는 이를 설명해주는 전형적 사례라고 할 수 있다. 이 경우에 해당하는 여성들에게 공통점이 하나 발견되는데, 이런저런 이유로[4] 유아기나 어린 시절에 상실의 경험이 있었다는 것과, 이 경험이 끔찍한 결핍을 남겼다는 것이

---

4) 엄마가 전혀 통제할 수 없었던 사건이나 환경 때문에 생긴 트라우마로 인해 영아기 때의 자기 자신과 관계가 단절될 수 있다(예를 들어 생후 육 개월 이전에 영아가 스트레스를 받는 경우 생기는 출생 트라우마, 병이나 사고로 인한 엄마의 부재 등).

다. 고통스럽게 거절당한 경험이 되어버린 이런 오래된 상실은 그것이 치유될 때까지는 그저 채워질 수 없는 내적 결핍으로 남아 있다. 이 여성들은 자신이 **왜** 충동적으로 동성으로부터 애정을 갈구하는지를 알기도 하고 모르기도 한다. 내 경험으로는 대개 그 이유를 모른다.

치유(온전케 되는 것)는 인간관계가 개선되는 것과 관련된다.

> 그리스도는 자신을 따르는 이들에게 치유를 명령하시고 이를 위한 능력을 주셨는데, 이는 모든 사람의 내적·외적 관계가 깨지고 분리되어 있기 때문이다. 사람이 삶의 모든 측면에서 온전함을 되찾기 위해서는 자신과 하나님의 관계, 자신과 다른 사람들의 관계, 자신과 자연의 관계, 그리고 자신과 자신의 내적 존재의 관계가 치유되어야 한다.[5]

타락한 상태란 관계의 분리에서 오는 위기를 의미한다. 그리고 깨어진 관계에서 오는 트라우마 바로 그 안에 오늘날 정체성의 위기라고 묘사되는 것이 자리하고 있다.

학교 상담가가 리사를 정신과 의사에게 보냈을 때, 리사는 정체성의 위기 한가운데 있었다. 우리가 알다시피, 이런 정체성의 위기에는 여러 수준과 다양한 정도의 차이가 있다. 리사의 경우가 특별히 고통스러웠던 것은 그녀의 생활환경이 사랑으로부터, 더 폭넓게 말해 아름답고 진실한 것들을 누릴 수 있는 기회로부터 거의 완전히 차단되어 있

---

5) Leanne Payne, *Real Presence: The Glory of Christ with Us and within Us* (Grand Rapids: Baker, 1995), 59.

었기 때문이다. 악(Evil)이란 실제로 **분리**를 의미한다. 분리란 나를 온전케 하는 것으로부터의 단절이다. 신학적으로 말해 죄 또는 악은 하나님으로부터의 단절이고, 심리학적 차원에서는 내면의 분리이자 궁극적으로는 참되고 숭고한 나 자신과의 단절이다.

> 하나님의 아들이 오셔서, 그 참되신 분을 알 수 있도록 우리에게 이해력을 주신 것을 우리는 압니다. 우리는 그 참되신 분 곧 하나님의 아들 예수 그리스도 안에 있습니다. 이분이 참 하나님이시요, 영원한 생명이십니다. 자녀 된 이 여러분, 여러분은 우상을 멀리하십시오(요일 5:20-21, 새번역).

여기서는 사도 요한이 거짓 신들에 대해 경고하고 있다는 것이 중요하다. 왜냐하면 하나님과 단절될 때 나는 내 정체성을 창조주에게 두기보다 지음 받은 창조물에 두기 때문이다. 나는 내 눈을 우상들에 두려 할 것이다. 그러나 하나님을 볼 때, 나는 내가 누구인지 알기 시작한다. 하나님께 들을 때, 나는 오래된 자기중심적이고 자의식적인 자아에 대해 죽기 시작한다. "만물이 시작될 때 말씀이 이미 계셨다"(요 1:1, NEB). 그리고 하나님은 말씀하시기를 멈추신 적이 없다. 하나님은 내게 필요한 진리의 말씀을 보내주신다. 그 말씀은 나를 비진리 속에 가두고 **실재이신 그분**(the Real)으로부터 멀어지게 하는, 모든 세상의 영향력보다 훨씬 더 강하다. "말씀"(the Word)이 말하는 것을 들으면서, **참된 나**(the real me)가 전면에 드러나기 시작한다. 그분께 순종할 때, 나는 진정 자유하다는 것이 무엇을 의미하는지 처음으로 경험하기 시작한다. 순종을 행할 때마다 내 의지는 견고하게 되고, 내 도덕적 근육도 자라게 된다. 즉 예배를 행할 때마다 내 영은 강건하게 되고, 또 다른 이(Another)가 나와 함께하고 내 안에 사신다는 사실을 분명하게 알기 시작한다.

우리 모두가 그런 것처럼, 리사는 자신의 삶 안에 있던 분리들(separations)에 대해 치유가 필요했다. 리사는 진짜든 거짓이든, 모든 죄책감과 자기혐오로 자신을 바라보는 잘못된 방식으로부터 해방되어야 했다. 치유되지 못한 기억은 이런 치유가 일어나는 것에 강하게 저항한다. 이런 기억들은 "너는 더럽고 불쾌하고 사랑스럽지 않아. 너는 사랑받을 만하지 않잖아. 그래서 사람들이 너를 거부하는 거야"라는 먹구름같이 어두운 베일이 드리워진 메시지를 끊임없이 내보내기 때문이다. 이런 메시지가 다양한 차원에서 리사의 의식 속으로 퍼져나갔고, 이를 통해 자기를 보는 그녀의 관점이 만들어졌다. 리사는 주님의 임재 안으로 인도되어 그곳에서 트라우마의 기억을 치유받으며, 그 임재 속에서 하나님의 눈으로 자기 자신을 보기 시작해야 했다. 하나님의 임재 안에서 그분의 말씀을 진정으로 듣는다면, 그 말씀은 그녀의 상처 입은 마음에서 오랫동안 솟아오르던 부정적인 빈정거림과 노골적인 비난이라는 현기증 나는 회전판으로부터 그녀가 벗어나도록 도와줄 것이다. **치유하실** 뿐만 아니라 **온전케 하시는** 하나님과의 연합 가운데로 나아올수록, 리사는 자기혐오와 두려움의 족쇄에서 벗어나 자기 삶의 환경으로 인해 부과된 제약들을 넘어설 수 있는 힘을 얻을 것이다. 자기 자신을 포용할 수 있게 되면서 리사는 다른 사람도 사랑하고 용납할 수 있게 될 것이다.

이 모든 일을 리사가 행할 수 있도록 도운 것같이 기독교 상담가는 성령의 능력 안에서 작업한다. 예수님의 말씀처럼 "내 아버지께서 이제까지 일하시니 나도 일하기"(요 5:17) 때문이다. 우리는 하나님이 하시는 일을 보고 그분과 함께 일하는 법을 배운다. 우리는 흉악의 결박을 푸는 그리스도의 사역을 해야 한다. 리사 같은 이들은 감정의 치유를 받아야만, 하나님의 사랑과 그들만의 독특한 개인적 특질을 받아들일 수 있도록 그분을 바라볼 수 있기 때문이다. 그렇지 않고서는 이들은 온 창조세계와 소통하며 하나님이 창조하신 목적을 이루어가는 삶을 살아가도록 자유케 하는 생명력 넘치는 관계 속으로 들어갈 수가 없다.

주의 성령이 내게 임하셨으니 이는 가난한 자에게 복음을 전하게 하시려고 내게 기름을 부으시고, 나를 보내사 포로 된 자에게 자유를, 눈먼 자에게 다시 보게 함을 전파하며, 눌린 자를 자유롭게 하고, 주의 은혜의 해를 전파하게 하려 하심이라 하였더라(눅 4:18-19, 새번역).

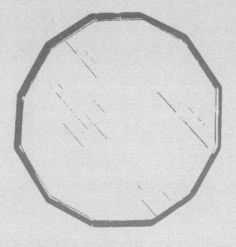

2장

동성애의 요인
_현대 이론들

"리사, 어쩔 수 없이 직면해야 할 일이야. 넌 여성 편향적일 뿐이야. 넌 항상 그랬고 앞으로도 그럴 거야. 그냥 받아들여야 해. 네가 레즈비언 이라는 사실도, 그런 라이프스타일도 받아들여. 리사, 넌 그렇게 태어난 거야. 넌 계속해서 그런 성향과 맞서 싸울 수 없어."

중학교 시절부터 만났던 두 명의 정신과 의사 중 한 명이 했던 이런 말은 오염된 파도처럼 고개 숙인 리사의 머리 위로 물결쳤다. 자살을 시도하고 나서 리사는 집중 치료를 받았는데, 이 치료를 마치는 과정에서 청소년 재활 센터에 입주하기 전에 의사로부터 이런 상담을 받은 것이다.

기도를 통해 나는 리사의 상태가 어떠하며 필요한 치료가 무엇인지에 대해 이해할 수 있었는데, 이는 과거에 리사를 돌봤던 의사들의 이해와는 놀라울 정도로 대조적이었다. 두 정신과 의사 모두 리사의 레즈비언 성향이 치료 불가능하다고 진단했다.[1] 그들이 리사의 소위 레즈비언 성향을 선천적인 것이라고 판단했는지, 아니면 리사가 신체적·정신적 발달 과정에서 입은 어떤 변형으로 인해 단순히 치료가 불가능하다고 판단했는지는 알 수 없다.

의사가 리사에게 주었던 메시지에서 현시대의 가면을 벗겨버린다

---

1) 내 견해로는, 한 지역에서 두 명의 의사가 이런 진단을 내린 것은—특히 리사의 나이를 고려할 때—정말 예사롭지 않은 상황이다.

면 더욱더 충격적이다. 실제로 의사가 했던 말은 "너의 인생과 애정을 둘 수 있는, 너 자신만의 성 정체성을 온전히 찾으렴. 그리고 그 일은 성교를 통해 하는 거야"라는 의미다.

이성애적 관계에서도 미성숙한 여성은 종종 자기 인생을 파트너에게서 찾으려고 하고, 그래서 자기 정체성과 행복을 그로부터 채우려고 한다. 만약 이 여성이 자신의 정체성을 성적인 것으로 만들어버렸다면 (다시 말해, 의식적이든 무의식적이든 자신을 주로 성적 존재로 이해한다면) 대체로 성교를 통해 그렇게 하려고 할 것이다. 그리고 결국에는 동성애자들과 마찬가지로, 이렇게 처신한 것이 수치스러울 뿐만 아니라 헛된 시도였음을 깨닫게 될 것이다. 자신에 대한 불만족이 커질수록 점점 더 그녀는 상대방이 줄 수도 없고 주어야 하는 것도 아닌 것들을 요구하게 될 것이다. 파트너를 신(神)으로 만들어가면서 그녀는 그 역시 다른 모든 피조물처럼 진흙으로 빚어진 팔다리를 가진 존재라는 사실을 견디기 어려워할 것이다. 이런 여성은 동성애자가 겪는 것과 거의 동일한 종류의 어려움에 처하게 되며, 성적 친밀성을 통해서는 결코 자신의 참된 정체성을 찾을 수 없을 것이다.

이처럼 다양한 동성애 옹호론자뿐 아니라 많은 심리학자와 의사들이 성적 친밀성이야말로 정상적이고 "자연법칙에 따른" 치료책이라고 공개적으로 극구 권장하는 것은, 오로지 성 자체가 신령한 것으로 옷 입고 있다는 사실로만 설명될 수 있다. 물론 이런 견해는 우상이다. 말콤 머거리지(Malcolm Muggeridge)는 이 시대의 이런 양상에 대해 매우 분명하게 말한 바 있다. "죽을 수밖에 없는 인간이 하나님 없이 살려고 할 때는 영락없이 과대망상증이나 색정광, 혹은 둘 다에 굴복하게 된다. 파스칼은 '불끈 쥔 주먹 혹은 발기한 성기'에 대해 말했는데, '니체 아니면 D. H. 로렌스'로 대변되는 현대 사회는 이 두 성향을 모두 증명해준다"("불끈 쥔 주먹"은 니체로 대변되는 자아도취적 성향이며, "발기한 성기"는 D. H. 로렌스로 대변되는 성 중심적 성향을 의미한다. 참조. *Seeing Through the Eye: Malcolm Muggeridge on Faith*, pp. 149-151—역자 주).[2]

　이 책의 우선적 목적은 기도를 통해 성적 신경증을 치유할 수 있음을 입증하고 실례를 들어 설명하는 것이기 때문에, 동성애에 대한 최신 이론을 광범위하게 분석하는 작업은 그리 유용하지 않으리라고 생각한다. 그렇게 하려면 현대의 사고방식을 반영하고 이것과 관련된 사회정치적 제반 분야를 다루어야 한다. 최신 이론 대부분이 엄밀한 과학적 연구보다는 오히려 사회정치적 분파들에 기인하고 있기 때문이다. 게다가 이런 주제를 다루기에 더 적격인 이들이 이미 잘 맡아 하고 있는 분야를 내가 논의할 필요도 없을 것이다.[3] 그럼에도 최신 견해와 이론들을 간략히 언급하고자 하는데, 그중 몇 가지는 리사의 내적 고통과

---

2) "25 Propositions on a 75th Birthday," *New York Times*, 24 April 1978.

3) Ruth Tiffany Barnhouse, *Homosexuality: A Symbolic Confusion* (New York: The Seabury Press, 1977)을 보라. 이 책을 추천하는 이유는 동성애에 대한 통찰력과 그 아우르는 범위가 함축적이고 종합적일 뿐만 아니라, 동성애가 심리적으로 건강하고 도덕적이기 때문에 그것을 정상으로 받아들이라는 현재의 요구에 기여하고 있는 과학적 의학적 요소 이외에 다른 요소들을 책임 있게 분석하고 있기 때문이다. 반하우스는 책임감 있는 학자이자 연구자로서 잘못된 전제들과 통계 자료들을 근거로 한 부적절한 논의들을 폭로하고, 그렇게 함으로써 비논리적이고 외형만 그럴듯한 최신 용어들의 과학의 가면을 제거한다. 그뿐 아니라 그녀는 문제 전체를 역사적 관점으로 풀면서, 정신의학자이자 신학자로서 여러 가지 이슈들이 과학적으로 혹은 도덕적으로 적정 범위를 벗어난 지점을 인식하고 있다. 이 책의 각주뿐만 아니라 추천하고 있는 추가적인 자료들은 원하는 사람들에게 양쪽 이슈 모두에 대해 훌륭한 참고 목록이 된다.

외로움을 덜어주고자 담당 의사가 내린 마지막 "처방"과 관련이 있기 때문이다.

현대 정신분석학의 아버지인 프로이트(S. Freud)는 동성애를 심리적 장애로 보면서 실제적으로 치료가 불가능하다고 간주했다. 수십 년 전까지 프로이트의 견해는 적절한 반론 없이 보존되어왔다. 프로이트와 인간 행동의 무의식적 구성요소들에 대한 진지한 연구가 출현하기 전까지, 대부분의 서구 세계와 유대-기독교 전통에서는 동성애를 거의 배타적으로 도덕적인 견지에서 보거나, 심지어 어느 정도 범죄적인 관점에서 보았다. 동성애가 연구되기 시작하면서, 이는 가장 복잡한 성적 신경증 중 하나로 이해되었고 그러면서 다른 방향으로 치우쳐 균형을 잃어버리게 되었다. 이제 많은 이들은 동성애를 거의 배타적으로 심리학적 견지에서 본다. 그렇게 해서 이 문제의 도덕적 측면과 영적 측면들은 도외시 되었고 후에 어떤 이들은 아예 그 두 측면을 부정하는 데까지 이르렀다. 정작 프로이트는 인간이 근본적으로 자신의 선택에 대해 책임이 있고 그렇기에 자신의 외로움과 고통을 완화하기 위해 시도했던 방식에 대해서도 책임이 있다고 믿었음에도 말이다.

오늘날 평균적 교육을 받은 사람이라면 프로이트의 이론이 대중화되어 희석된 버전들이 두루 스며든 지적 풍조에서 성장하게 된다. 그래서 이들은 정신분석학이 신경증 환자들에게 자신의 증상에 대한 책임을 돌리지 않는다고 믿고 있다. 환자의 신경증은 무의식의 복잡성에 의해 야기되었으며, 그렇기에 환자 자신도 어찌할 수 없는 영유아기 혹은 어린 시절의 트라우마의 결과라는 것이다. 일말의 진실을 포함하고는 있지만, 이런 식의 과도한 단순화는 프로이트의 중심 견해와 위배된다. 트라우마와 갈등 (conflict) 사이에는 결정적인 차이가 있다. 성적 일탈에 대한 임상을 전공한 정신의학 교수 로버트 스톨러(Robert Stoller)는 현대의 성(性) 연구가 정신분석학적 사고에 끼진 영향을 논의한 탁월한 논문에서 이 차이점에 대해 설명하고 있다. 트라우마는 배고픔이나 고통과 같은 내면 감각의 형태를 띨 수도 있고, 물리적 폭력이나 부모의 죽음과 같이 외부로부터 발생한 사건의 형태를 따를 수도 있다. 이와 같은 트라우마는 반응과 변화만을 유발한다. 트라우마에 영향을 받은 영유아나 어린이는 크든 적든 고통과 함께 자동적으로 새로운 환경에 적응할 것이다. 이어서 스톨러 박사는 "모든 트라우마가 갈등을 양산하지는 않는다. 갈등은 가능성들 가운데 하나를 선택하고자 일어나는 정신 내부의 싸움을 뜻한다"라고 말한다. 트라우마가 아니라 갈등이 발달 과정에서 내적 분기점을 만든다. 이 내용은 매우 중요하다. 왜냐하면 도착적인 성적 발달을 포함해서 신경증은 단순한 트라우마에 의해 빚어지는 것이 아니라, 신경증이라는 단어의 기술적 의미에서도 알 수 있듯이, 개별적 갈등을 어떻게 해결하느냐에 기인하기 때문이다. 갈등의 결과로서 각 개인은, 물론 원초적이고 무의식적으로 그렇게 하는 것이지만, 한 가지 해결책은 선택하고 다른 것은 버린다.[4]

이처럼 동성애를 배타적으로 심리학적 측면에서만 보는 불균형한 관점에 뒤따라서 그 여세를 몰아, 이제는 동성애를 도덕적이거나 심리학적인 문제로도 보지 않고 오히려 생물학적인 문제로 이해하려는 시

---

4) Ibid., 116-17.

도가 나타나고 있다. 꽤 최근까지도, 개념화 능력이 생기기 전인 출생 전과 출생 과정, 그리고 생후 일 년간의 영유아기에 받은 심리적 손상이 영향을 미칠 수 있다는 주장은 일반적으로 인정되지 않았다. 어떤 측면에서 보든, 실용적 목적 때문에 영유아기 경험의 영향에 대해서는 여전히 이해가 이루어지지 않고 있다. 따라서 어떤 이들은 동성애적 신경증의 최초의 시작이 선천적인 것이거나 영유아기의 산물이라고 본다. 즉 아기가 태어나면서 그렇게 되었다는 것이다. 그러나 그 원인 규명을 생물학적으로만 고정하려는 시도는 성공하지 못했다. 그에 반하는 연구 보고들에도 불구하고, 유전적이거나 호르몬 계통의 요인을 동성애적 행동의 원인으로 규명하는 진정한 의미의 과학적 증거는 없다.

아마도 이런 이유에서 현재 동성애 옹호론자들은 동성애적 행동이 생물학적으로나 심리학적으로 정상적 행동이라는 이론에 과도하게 의존하는 것 같다. 왼손잡이로 태어나는 것이 정상적 범위를 벗어나지 않는 것처럼 동성애도 마찬가지라는 것이다. 당연히 이런 생각에는 누군가가 동성애자 아니면 이성애자로 결정되는 요인이 생물학적이고 심리학적인 것이라는 개념이 내포되어 있다. 하지만 이런 이론은 확립되지 않았을 뿐만 아니라 실제로 우리가 가진 최고 수준의 생물학적·심리학적 지식에 반대된다. 따라서 동성애 옹호론자들은 심각할 정도로 자기 논지를 진리로 가정하고 이론을 펴나가고 있는 것이다. 이들은 바라는 성과를 얻기 위해 동성애자들의 상황을, 사회적 권리를 상실하거나 어려운 상황에 처한 소수 집단과 연대시키려 한다. 이들은 아무 거리낌 없이 이런 연대의 힘에 의존해서 자기 주장을 펼치며, 이런 방식으로 동성애를 인정받고자 하는 요구를 관철시키고 있다. 이런 사회정치적 힘은 매우 조심스럽게, 비록 그것이 비논리적임에도 불구하고, 흑인과 여성 및 기타 소수 집단들의 권리를 위한 투쟁과 결부되는 것이다.

어떤 이들은 신학적 사고의 전환과 함께 성공회 주류 신학자들을 추종하면서, 동성애 상태가 창조세계에서 하나님이 의도하셨던 다양성의 한 표현이라는 왜곡된 주장을 자기 논지에 덧붙였다. 따라서 교회 내부의 일부는 앞서 말한 리사의 정신과 의사와 동일한 결론을 내리면서 "하나님이 이들을 이런 식으로 지으셨다면, 왜 이들의 성적 친밀성의 권리를 부도덕하다고 여겨야 하는가?"라고 반문하게 되었다. 또 다른 이들은 동성애의 난교를 피하기 위해 한 파트너에게만 충실할 것과 동성 결혼을 포함해서 동성애 성교를 합리화하기 위한 윤리적 시스템을 개발하는 데까지 나아갔다. 이 모든 과정에서 나는 남근숭배의 우상이 현존하고 있다는 것과 원초적 본능을 숭상하는 현 시대의 풍토에서 피를 요구하는 암흑의 신들에 대한 경배가 존재한다는 것을 감지했다. 영광스러운 순결이나 독신의 기쁨 같은 것은 이제 교회 모임에서 말도 꺼낼 수 없게 되었다. 이런 상황에서 순수한 이성(Sweet Reason)은 부끄러워 고개를 숙이고 떠나버렸다. 나는 역겨움을 느낀다. 동성애 상태에서 해방될 필요가 있는 사람 앞에서가 아니라, 남근신(男根神) 앞에서 이렇게 나팔을 불어대는 것에 대해 말이다. 이 모든 일로 인한 비극적 결과로서, 바로 리사 같은 사람들이 자신에게 꼭 필요한 치유로부터 차단되어버린다.

비록 참담한 실정이지만, 역설적이게도 교회 내부의 이런 요구들은 우리 모두에게 도움이 되는 것 같다. 이런 상황은 위와 같은 고통을 겪는 이들을 위한 치유 사역에 대해 교회가 무지하다는 사실을 강력히 보여주기 때문이다.[5] 따라서 동성애라는 죄를 인정할 뿐 아니라 그 치유에 대해 전통적이고 성경적인 견해를 견지하는 사람들("너희 중에 이와 같은 자들이 있더니"; 고전 6:11을 인용—역자 주)은 목회적 해답을 찾기가 어려워 "어디서 해결책을 찾아야 합니까?"라고 부르짖고 있다. 이런 부르짖음은 영과 혼이 절름발이인 이들을 치유할 능력을 구하는 목소리다. 동성애 행위는 죄악인 동시에 미성숙함이기도 하다. 동성애가 갖는 죄의 측면은 사람의 영이 절름발이인 것과 관련되며, 개인의 죄를 고백하고 용서받는 것을 통해 고침 받는다. 동성애가 갖는 미성숙의 측면은 사람의 혼이 절름발이인 것과 연결된다. 영과 혼이 모두 잘 성장해서 자유를 누리기 위해서는 이처럼 절름발이 된 혼이 곧게 펴져야 한다.

목회적 해결책을 진심으로 갈구하며 기도한다면 교회에 주신 치유의 은사가 전면에 드러날 것이다. 바로 이것이 애틀랜타 시의 성공회 주교 베네트 J. 심즈(Bennett J. Sims)가 "성과 동성애"[6]라는 탁월한 목회 성명서에서 요청했던 바다. "하나님이 치유하기를 원하신다는 확신을 가지고, 이성애의 정도를 고수하며 교회에 주신 치유의 은사들을 다시 넘쳐나게 하실 성령의 능력을 신뢰합시다."

---

5) 실제적으로 이 메시지가 우리에게 지속적으로 제기되고 있다. 우리는 약물과 주술에 사로잡힌 청년 세대를 돕는 데 대체로 무력하다는 것을 발견해왔다.
6) Communications Department, Episcopal Diocese of Atlanta, 2744 Peachtree Road N.W., Atlanta, GA 30305.

3장

매튜의 이야기
_정체성의 위기

매튜는 짙은 피부색에 잘생기고 체격이 건장한 청년이었다. 그가 처음으로 나를 찾아왔을 때 그는 이미 자기가 선택한 직업 세계에서 놀라운 성공을 거두고 난 후였다. 모든 외형적 측면에서 남성적인 이 청년은 모든 것을 다 가진 것처럼 보였다. 훌륭한 교육과 원만한 성격, 뛰어난 재능까지 이 모든 것은 그의 잘생긴 외모와 성공에 잘 어울렸다. 그러나 이런 외적 모습에도 매튜의 내면은 허물어져 내리고 있었다. 그가 절박한 심정으로 도움을 구하러 왔을 때는, 기도를 통해 하나님이 내면의 고통과 혼란을 가라앉혀주시고, 그의 인생을 위기에 빠트린 새로운 사건을 사라지게 해달라고 소망하는 것조차 두려워하고 있었다. 그 새로운 사건이란 바로 매튜가 다른 젊은 남자를 향해 느끼는 동성애 감정의 맹공격이었다.

나는 먼저 매튜에게 따뜻한 차를 권하면서, 하나님께서는 이런 모든 고통과 시련을 바로잡고 치유하시는 일이 어렵지 않다는 것과, 태생적으로 동성애자인 사람은 없다는 것을 확신시켰다. 그러자 매튜는 서서히 긴장을 풀고 지금까지 한 번도 털어놓지 못했던 자신의 고통스런 이야기를 꺼내기 시작했다. 물론 그의 이야기에는 부모님이 포함되어 있었기에, 그리스도인으로서 매튜는 부모님을 가장 자애로운 빛 가운데 드러내기를 원했다. 부모의 역할이 명백히 선하지 못했을 때조차도 그분들께 신의를 지키고자 하는 바람이 때로는 마음의 깊은 상처와 거절감을 드러내는 데 방해가 되는 일이 있는데, 매튜의 경우가 바로 그러했다. 게다가 더 의미심장한 것은, 매튜가 부모의 애정 결핍이 자신의 잘못이라고 마음 깊숙이 느끼고 있다는 사실이었다. 매튜는 본질적으로 자기가 사랑스럽지 않다고 느끼고 있었고, 그렇기에 부모의 애정 없는 태도가 어느 정도 변명의 여지가 있다고 믿었다. 이런 감정은 결코 말로 표현되지는 않았지만, 그가 자기 이야기를 힘들게 풀어나가면서 곧 드러나게 되었다.

매튜의 아버지는 가족이 미국으로 이민해서 정착한 후 태어난 첫 세대였다. 따라서 아버지의 부모님은 타국의 언어적 배경과 환경에서 성장한 분이셨다. 가난한 이민 가정의 아이들이 종종 겪는 것처럼, 매튜의 아버지도 인생의 험한 면을 경험했다. 아버지는 매튜가 태어나기 전에 한동안 수감생활도 했는데 이때 다른 수감자에게 모진 일을 당했다. 매튜가 기억할 수 있는 가장 어린 시절부터 아버지는 성미가 난폭하고 위압감을 줄 정도로 권위적이었다. 아버지는 매튜에게 불합리하고 잔혹하게 대했다. 어린 아들은 아버지의 기대가 혼란스러웠고 그것에 결코 부응할 수가 없었다. 아버지가 때리고 폭언을 할 때마다, 무엇이 그의 성질을 건드렸는지 매튜는 알 수가 없었다.

다른 국적과 언어적 배경을 가진 어머니는 성인이 되어서 미국으로 이민을 왔다. 어머니는 남편에게 전혀 대항하지 못했다. 그녀가 자란 문화에서는 여자가 남자에게 굴종하도록 요구했으며, 남편의 행동이 무서웠기 때문이다. 게다가 어머니는 영어를 능숙히 구사하지 못했으므로, 자신을 지키기 위해 다른 사람들의 도움을 구하기도 어려웠을 것이다. 이미 가정을 버린 경험이 있었던 남편은 아이를 원치 않았다. 그래서 그녀는 매튜를 임신했을 때 죄책감을 느꼈다. 매튜를 낳자마자 부모는 입양 신청을 했다. 하지만 한 주 동안 아무도 매튜를 선택하지 않자 다시 아들을 집으로 데려왔다. 매튜를 낳은 것을 핑계 삼아 아버지는 어머니를 더 험하게 대했다. 찢겨진 감정과 애정으로 인해 어머니는 아들을 제대로 돌볼 수 없었으며, 아들을 향한 남편의 예측할 수 없는 횡포를 막아낼 수 없었다. 그녀의 여성성은 한 번도 제대로 꽃피지 못하고 사정없이 짓밟혔다. 매튜가 설명한 자기 어머니는 거의 존재감이 없는 여인이었다. 성인이 된 매튜는 어머니께 항상 거리감을 느꼈는데, 자신이 어머니를 전혀 모른다고 생각할 정도였다. 어머니는 결국 이혼당했으며 아버지는 다른 여자와 결혼했다. 무력한 어머니는 나약하게 아들에게 매달렸다.

소년 시절 매튜는 예민하고 불행했을 뿐 아니라 끔찍이도 외로웠다. 학교를 다닐 때에는 아버지가 집에 친구를 데려오지 못하게 했기 때문에 외로움은 더 심해졌다. 실제로 학교 가는 것 말고는 허락되는 일이 없었다. 매튜가 성장하면서 위안을 삼고 기분 전환을 할 수 있던 유일한 일은 무엇인가를 키우는 일이었다. 그는 식물과 꽃을 사랑했다. 하루는 뒤뜰에 정원을 만들었는데, 집에 돌아온 아버지가 노발대발하면서 그 정원을 뭉개버렸다. 이 사건은 매튜의 마음도 같이 뭉개버렸다. 이 경험은 치유를 필요로 하는 가장 고통스러운 기억 중 하나였다.

십대가 된 매튜는 예수님에 대해 듣게 되었고 마치 물에 빠진 사람처럼 그분께 매달렸다. 하지만 십대를 지나도록 부모님과 다른 사람에게 느끼는 거리감과 외로움은 지속되었다. 매튜는 영어를 제대로 구사하지 못하고 서투르게 행동하는 어머니 때문에 당혹스러워했다. 동시에 자신이 어머니를 좋지 않게 생각한다는 사실을 수치스럽게 여겼다.

무엇보다 매튜는 아버지의 사랑과 인정, 격려를 갈구했지만 언제나 돌아오는 것은 가혹하고 부정적인 반응뿐이었다.

대학에 들어와서 매튜는 성적도 좋았고 동기들에게 부러움의 대상이 되었다. 그러나 남자 친구들과는 개인적인 친분을 맺는 것을 어려워했는데, 자신이 선망하는 바로 그들에게 거부당할 것이라는 두려움 때문이었다. 그는 여학생들에게 선망의 대상이었지만 "먼발치에서만" 그랬다. 거절감으로 인한 고통과 두려움 때문에 매튜는 어딘가 거리감이 느껴지고 많은 면에서 알 수 없는 존재가 되어버렸다. 이런 장벽을 넘어서 이 준수한 젊은이에게 가까워지려고 했던 사람들은 그의 깊은 감정적 고통과 절망을 알게 되었지만, 어떻게 도움을 주어야 할지 몰랐다. 매튜는 감당이 안 된다고 느껴지는 자신의 성적 에너지와 씨름하며 스스로의 성적 충동을 두려워하게 되었다. 자신이 진심으로 좋아하고 알기를 원하던 여학생들이 장애를 뚫고 그에게 다가와도, 그들에게 상처를 입힐까봐 두려워했다. 무엇보다도 그는 여학생들이 자신을 알게 되고도 자신을 여전히 좋아할 수 있을지에 대해 확신을 얻기 원했다. 하지만 그는 이런 일이 가능하리라고 믿지 않았다.

우리는 가정 안에서 사랑을 받으면서, 그리고 궁극적으로는 하나님의 사랑 안에서, 자신을 알고 자기 자리를 알게 된다. 매튜는 스스로를 가치 있는 사람이라고 느끼지 못했다. 단지 존재하는 것에 그치는 것이 아니라 하나님이 지으신 그 자신이 **되어갈** 놀라운 잠재력이 있는데도, 그는 자신을 훨씬 가치 없는 사람으로 느끼고 있었다. 하나님은 그를 단지 세상 안으로 불러내기만 하신 것이 아니라 세상 가운데 그의 "자리"를 선물로 주셨고 또 흥분될 만큼 예술적이고 영적인 사명을 성취하도록 그를 부르셨지만, 이는 당시의 매튜에게는 완전히 동떨어진 진리였다.

지금까지의 이야기는 매튜 스스로가 자신의 중대한 문제라고 여겼던 것 이면에 관한 것이다. 그 중대한 문제란 그가 선망하고 친구로 삼고 싶었던 한 남자를 향해 강력한 동성애적 갈망을 느낀다는 것이었다. 이런 갈망은 섬뜩할 정도로 강렬했으며, 이에 대항해 이성적으로 싸우려 할수록 더욱더 강박적이 되어갔다. 잠잘 때조차 매튜는 그 젊은 남성과 동성애적 관계를 갖는 꿈을 꾸었다.

실제로 매튜에게 어떤 일이 일어났는지를 알기 전에, 여기서는 먼저 그가 겪었던 정체성 문제를 전반적으로 살펴볼 필요가 있다.

매튜가 겪은 정체성 위기

우리 모두는 사랑받고 받아들여지고 싶은 기본적인 필요를 가지고 있다. 매튜는 아버지와 어머니가 아끼고 사랑하는 아들이라는 기본적인 정체성을 받아들일 만큼 부모님의 사랑과 인정을 받지 못했다. 게다가 태어나 첫 주가 되기도 전에 어머니가 그를 입양시키려 함으로써 고통스런 거절을 경험했다. 어머니는 임신 사실을 알게 된 순간부터 그를 낳기를 두려워했다. 영아기에서 결정적이라고 할 수 있는 초기 몇 달 동안 그는 끊임없이 거절을 경험해야 했다. 사랑과 인정을 받지 못하고 이 시기를 지나면 매우 깊은 치유가 필요하다.

충분한 사랑을 받지 못하고 자라난 매튜는 스스로를 사랑하거나 받아들일 수가 없었다. 여기서 우리는 유달리 고통스러운 차원으로 그가 겪어야 했던 또 다른 정체성의 위기를 살펴보려 한다. 칭찬보다는 가혹한 말에 익숙했던 매튜는 자신을 위로하고 인정하는 말은 거의 듣지 못하면서 자랐다. 성장기 내내 받았던 고통스러운 거절과 상처 입은 기억이 계속해서 자신에 대한 이미지와 생각을 형성했는데, 이는 다른 이들로부터 존경과 사랑을 받고 싶었던 그의 기대에 훨씬 못 미치는 자아상이었다. 그는 치유되지 못한 영혼으로부터 들려오는 정죄하는 목소리에 귀를 기울였으며 그것을 믿었다. 그래서 스스로를 미워하고 거부했다.

또 다른 차원의 위기는 성 정체성에 관한 것이었다. 매튜는 젊고 건강한 남성이 갖는 정상적인 성적 충동을 지니고 있었음에도, 그것과 함께 남성적이고 인간적인 정체성을 갖지 못했다. 대신에 그의 공상 속의 삶이 현실 속으로 튀어나왔다. 밤에 꾼 꿈 이야기에서 암시했듯이 말이다. 꿈을 잘못 해석하면서 매튜는 그 꿈이 자신이 동성애자임을 의미한다고 생각했다. 그전까지는 강박적인 자위행위가 그를 비참하게 만드는 문제였는데, 이로 인해 매튜는 자신을 더 혐오하고 있었다. 그는 나아지기보다 악화되기만 했다. 문제의 기반이 된, 모든 치유되지 못한 문제들이 여전히 그에게 남아 있었다. 매튜 안에는 여전히 어머니의 보호와 사랑을 필요로 하는 젖먹이 아기가 있었고, 서로 사랑하는 부모님으로부터 사랑을 받아 마땅한 아장아장 걷는 아이가 있었으며, 아버지의 사랑과 인정을 절실히 필요로 하는 아들이 있었다.

과잉보호와 함께 이상하고 해로운 방식으로 아들과 밀착해 있는 어머니는, 든든하게 인정해주는 아버지와 같은 존재가 가까이 없을 경우, 아들로 하여금 자신의 성 정체성을 어머니와 분리할 수 없게 만들 수 있다. 따라서 그 안에서 돌발적으로 일어나는 동성애적 행위의 성향은 어머니로부터 비롯된 것일 수도 있다. 하지만 매튜의 경우는 어머니의 성 정체성으로부터 그의 정체성을 분리하는 문제는 갖고 있지 않았다. 그가 감정적으로나 물리적으로 어머니로부터 너무 멀어져 있었기 때문이었다.

그러나 아버지의 행동에서는 특히 두 가지 점이 매튜로 하여금 분명한 성 정체성을 갖게 하는 데 해를 끼쳤다. 무엇보다 매튜는 그의 본보기가 될 남성성의 역할 모델로서 반드시 필요한, 따뜻하고 애정 어린 아버지의 부재로 괴로워했다. 성장기의 한 시점에서 인정하고 격려해주는 아버지를 잃어버리는 일은 매우 치명적이다. 이런 사실은 동성애와 관련 없는 경우들에 대해 치유 기도를 할 때에도 자주 드러나곤 한다. 치유 기도를 해오면서 나는 아버지의 부재가 특히 사춘기나 그 이후의 소년 소녀 모두에게 결정적임을 확신하게 되었다. 어머니의 따뜻한 품과 사랑이 생후 첫 몇 주간 혹은 몇 달 동안 결정적이라면, 청소년기에는 아버지의 사랑이 결정적인 요소다. 어린 십대에게 아버지의 부재나 아버지와의 거리감으로 인해 남겨진 균열은, 훌륭하고 능력 있는 어머니가 아무리 노력을 한다 해도 메울 수가 없다. 이유는 단순한데, 어머니는 아버지가 아니기 때문이다. 어머니는 **온전한** 아버지가 할 수 있는 방식으로 아들과 딸에게 격려와 확신을 줄 수 없다. 이는 이혼 가정이나 관계가 깨어진 가정이 겪을 수밖에 없는 참혹한 비극 중 하나다. 고군분투하는 사춘기의 청소년을 인정해줄 줄 알고 또 기꺼이 그러기를 원하는 아버지를 대체할 만한 존재는 매우 드물다.

C. S. 루이스는 이 세대를 일컬어 "삶의 모든 것이 어두운 시대"라고

했다.[1] 자기애적 미숙함에서 벗어나 자아를 잊고 진심으로 타자를 사랑할 수 있는 당당한 남녀로 변화된 어른, 그래서 과감히 루이스에게 반론을 제기할 수 있는 성인이 별로 없다. 매튜의 아버지는 자기 아들이 혼돈의 시기로부터 나와 성숙한 의사 결정을 내리고 자신과 자신의 상황에 대해 자신감 있고 자애로운 권위를 행사할 줄 알며, 아내에게 성적 만족을 주고 자녀에게 아버지로서의 책임을 다하는 남자로서의 정체성을 향해 발을 내딛도록 돕기는커녕, 오히려 매튜를 스스로도 혐오하는 자신의 부속물이나 복사본처럼 여겼다. 매튜의 내적 자아상은 자신을 인정하지도, 사랑하지도 않는 아버지의 눈빛을 통해서 주로 만들어졌다. 아버지로부터의 사랑을 매튜는 여전히 갈구하고 있었다. 다른 남자들로부터 사랑받고 존경받기를 갈구하면서, 그는 한결같이 아버지를 찾고 있었던 것이다.

아버지의 행동에서 짚고 넘어가야 할 두 번째 양상은 매튜가 남성으로서의 정체성을 이루어가는 데 있어 첫 번째보다 더 큰 위협이 되었다. 아버지는 시종일관 매튜에게 두려움을 주는 존재였다. 아버지가 견디기 힘들 만큼 적대적이고 권위적인 태도로 아들을 대했던 것이, 내가 지금까지 극심한 **남성성의 억압**이라고 이해했던 것 이면에 놓인 주요 요인이었다.

우리 모두는 **자유의지 혹은 능동적 의지**를 가지고 태어났다. 이것은 **창조적인 의지**라고도 할 수 있는데, 이기적이거나 자기중심적인 의

---

1) C. S. Lewis, *Surprised by Joy: The Shape of My Early Life* (New York: Harcourt, Brace and World, 1955), 71. 『예기치 못한 기쁨』(홍성사 역간).

지와는 대조적으로, 존재하는 모든 것과 상호작용하려 하기 때문이다. 나는 이 의지야말로 남성이든 여성이든 상관없이 우리 존재의 남성적인 부분이라고 생각한다. 바로 이런 남성적인 능동적 의지에 따라 우리는 책임 있고 결단력 있게 선택의 행위를 한다. 예를 들면, 회심을 경험할 때 우리가 스스로를 분리하는 것에서 벗어나 하나님과의 연합과 교제 속으로 들어가기를 선택하는 것도 이 의지에 의해서다. 이 의지를 통해 우리는 더 이상 분리에서 오는 분열된 자아의 지옥이 아닌, 통합되고 해방된 자아의 천국을 의식적이고 의도적으로 선택한다.[2] 이 의지는 위태로울 정도로 억눌리거나 무력해지거나 심지어 완전히 파괴될 수 있다. 또한 이 의지는 나태 혹은 칠대죄악 중 하나를 가리키는 용어인 아세디아(*accedia*)에 의해 쉽게 제압될 수 있다. 아세디아의 본연의 의미는 마비된 의지를 뜻하며, 결국에는 모든 기쁨을 거절하도록 하는 영적 마비 상태를 가리키기 때문이다. 결국 여기서부터 수동적이고 창조적이지 못하게 되는 고통이 생겨난다.

매튜가 이런 지경에 이르게 된 원인은 아버지가 끊임없이 보여주었던 잔인한 행동이었다. 모이를 쪼아 먹는 서열의 맨 끝에 선 가장 작은 수탉에게 머리 벼슬이 자랄 가능성이 희박한 것처럼, 매튜의 남성성은 하나님의 치유하시는 은혜와는 멀어진 채 매우 빈약하게 발육되었다. 이런 총체적인 영향으로 인해 매튜는 그리스도의 죽음으로 되살아난 자아, 그래서 자유롭게 하나님의 영광이 **되어야 할 그의 진정한 자아**를 강압적으로 죽이고 있었다. 여기서 우리는 진정한 남성성이 진정한 자

---

2) Payne, *Real Presence*, chapter 7.

아와 밀접한 관계라는 것을 알 수 있다.[3] 매튜의 경우 창조세계를 사랑하며 교감할 수 있고, 기쁨으로 정원을 가꿀 줄 알며, 두려움도 자의식도 없이 한 여자를 사랑할 수 있는, 이제 막 나오기 시작한 창조적인 남성성의 인격이 끊임없이 때려눕혀졌던 것이다.

매튜의 사례를 이해하기 위한 핵심적 통찰

매튜가 우리를 찾아왔을 때, 그는 동성애적인 유혹과 꿈의 공격으로 무너져 내리고 있었다. 하지만 그 배후에 무엇이 있는지에 대해서는 전혀 알지 못했다. 다만 그는 자신을 죄인 중의 괴수라 여겼다. 어떻게 그리스도인인 자신이 이런 강렬하고 비이성적인 강박에 시달릴 수 있을까? 매튜의 이 문제를 다루기 전에, 거절에 대한 그의 기억과 관련한 치유 기도가 절실히 필요했다. 매튜는 용서해야 하는 동시에 용서받아야 했다. 또한 다른 사람의 죄에 대한 반응이 낳은 결과로부터 놓임 받아야 했다. 매튜는 하나님과 자신 그리고 다른 사람들에 대해 머릿속에 잘못 각인된 생각들을 골라내기 위해 도움이 필요했다.

두 번째 만남에서 우리는 이미 동성애적 강박증을 다룰 준비가 되었다. 매튜는 자신으로 하여금 강한 동성애적 욕망을 느끼도록 만들었

---

3) 진실하고 고귀한 자아는 하나님과의 연합 안에서 핵심이 되는 자아다. 그 자아는 하나님과 충만하고 온전하게 관계를 맺는다. 하나님과의 관계에서, 그 자아는 (남자의 성정이건 여자의 성정이건 상관없이) 언제나 여성성으로 이해된다. "모든 것을 초월하는 그 존재는 지극히 남성적이어서 그와 관계하는 우리 모두는 여성적이다"(C. S. Lewis, *That Hideous Strength: A Modern Fairy-Tale for Grown-ups* [New York: Collier, 1962], 316). 『그 가공할 힘』(홍성사 역간).

던 그 젊은 남성에 대한 다음과 같은 일련의 질문을 받고 매우 놀라워했다. "특별히 그 사람의 무엇을 선망했나요?" "그의 외모, 지성, 그가 성공하고 있다는 사실이지요." 물론 이런 점들은 매튜 자신이 나타내고 있는 특성이었음에도, 그는 자신을 받아들이지 못했기에 자신이 같은 특징을 가지고 있음을 부인하고 있었다. 나는 "매튜, 당신은 그 환상 속에서 무엇을 하고 있나요?"라고 물었다. "환상 속에서 그 남자를 껴안고 그 입에 키스하고 싶습니다. 그와 함께 있고 싶어요. 꿈속에서 그렇게 했어요."[4] 이 대답을 듣고 나는 이렇게 물어보았다. "혹시 식인종의 풍속에 대해 아는 게 있나요? 식인종이 왜 사람을 먹는지 아세요?" 매튜는 놀란 표정으로 "아니요, 거기에 대해서는 전혀 아는 바가 없습니다"라고 대답했다. 이런 일련의 질문은 동성애적 강박증 속에서 실제로 어떤 일이 일어나고 있는지, 매튜와 같은 생각과 마음에 일깨워주는 단서가 된다. 나는 언젠가 한 선교사로부터 들은 이야기를 해주었다. "식인종들은 자기가 동경하는 사람만 잡아먹습니다. 그가 가진 특징들을 소유하기 위해서지요." 매튜에게 무슨 일이 일어나는지는 분명했다. **그는 그 젊은 남성을 바라보면서 스스로 인정하지 못하고 받아들이지 못했던 부분, 즉 자기 자신의 잃어버린 부분을 사랑하고 있었다.**

첫 번째 만남에서 매튜의 고통스러운 기억에 관해 치유 기도를 하면서 나는 매튜가 겪었던 상실의 아픔과 자신을 받아들일 필요에 대해 선

---

4) 매튜는 동성애적 강박 증세가 있기 전에 다른 젊은 남성들에 대한 꿈을 꾸었는데, 그들은 모두 같은 이유에서 매튜가 몹시 동경하던 이들이었다. 이런 꿈에서 매튜는 그들에게 다가가 입술에 가볍게 키스를 하곤 했다. 매튜는 치유를 받고 난 후 몇 년이 지나서 내게 말하길, 그에게 성기 환상(phallic fantasy)이 나중에 있었는데, 이는 자신이 동성애에 대해 들은 바로는 키스 환상이 비속화되어 나타난 것이었다.

명한 통찰력을 갖게 되었다. 이렇게 단서를 주는 통찰력을 향한 길이 잘 닦여졌다. 그 젊은 남자에 대한 매튜의 이상하리만큼 이상화된 환상은 점점 더 선명해졌다. 그의 마음 깊은 곳은 이런 투사를 알고 있었으며 그래서 꿈을 통해 그 진실을 드러냈던 것이다. 그를 겁먹게 했던 "동성애적" 꿈들은 문자 그대로 본다면 실제로는 다음과 같은 좋은 소식을 전하는 전달자였다. "봐, 너는 지금 너 자신의 잃어버린 부분을 되찾아 온전하게 되려고 하고 있어. 그런데 잘못된 방법으로 그렇게 하려는 거야."

매튜의 동성애적 충동 배후에 주체할 수 없는 힘이 작용하는 이유는 자기가 갖고 있는 부분들로부터 그가 고통스럽게 멀어져 있었기 때문이었다. 이런 부분들은 **인정받지 못했기 때문에** 매튜의 인성과 어우러져 통합적인 속성이 되지는 못했지만, 그럼에도 그가 직업과 예술 분야에서 거둔 성공에서 적지 않은 공헌을 했다. 깨어 있을 때나 꿈에서나 매튜가 그렇게 열정적으로 찬탄해 마지않던 그 젊은 남성은 다름 아닌 매튜 자신의 인성 속에 있던 속성과 능력을 상징하고 있었다. 그렇게 해서 우리가 기도해야 할 방법은 분명하고 단순해졌다. 우리는 매튜가 젊은 남성에게 투영했던 자신의 일부, 즉 그의 부모로부터 한 번도 인정받지 못한 부분인, 잘 생기고 지적으로 명석하고 성공적인 자신을 스스로 알아보고 받아들이고, 그래서 그가 자신의 일부와 **화해할 수 있도록** 특별히 기도하기로 했다.

우리는 기도하면서 그 일이 일어나는 것을 마음속에 그려보기로 했다. 이런 작업은 강력한 믿음의 기도 속으로 우리의 믿음을 풀어놓을 것이다. 그리고 이런 치유 기도가 동성애적 강박 배후에 있던 힘을 즉시 약화시킬 것이다.

기도

자기 안에서 무슨 일이 일어나고 있는지 제대로 이해하게 되자, 매튜는 다른 사람에게 투사해왔던 자기 인격에 속한 속성들을 받아들일 수 있도록 기도할 준비가 되었을 뿐 아니라 그렇게 하기를 간절히 원했다. 몇 주간의 만남을 통해 밝혀졌듯이, 이 기도는 동성애적 강박증의 공격과 그 권세를 무력화시켰다.

최근에 이루어진 성공을 가능하게 했던 매튜의 속성들을 스스로 인정할 필요가 식별되고 그것이 채워지자, 더 이상 이 필요는 동성애적 강박의 탈을 쓰고 그를 엄습해올 수 없었다. 그러나 이것은 그에게 필요한 훨씬 더 큰 치유를 위한 첫 발걸음에 불과했다. 매튜에게는 자신을 온전히 받아들이도록 힘을 불어넣는 치유가 필요했던 것이다. 매튜는 자신을 한 인격이자 **한 남성**, 그리고 **가치 있는 존재**로 스스로 인정한다는 것이 무엇인지 모르고 있었다. 그의 내면에는 이렇게 인정받지 못한 정체성이 자리하고 있었다. 매튜의 아버지나 어머니가 깊이 있는 치유와 의미 있는 방식으로 그를 인정해주기에는 이미 너무 늦었으며, (아마도 나와 같은) 다른 누군가가 부모님을 대신하는 것도 마찬가지였다. 이 시점에서 매튜는 어머니나 아버지가 아니라 **하나님과 함께 자신의 내적 외로움을 직면하는 것**이 필요했다. 그가 하나님의 임재 가운데 기다리고 듣는 것을 배워감에 따라 온전한 치유가 임할 것이다. 또한 그와 하나님 사이의 양방 대화를 통해 자신을 온전히 인정하게 될 것이다. 내가 했던 역할은 하나님의 임재를 구하고 매튜를 그 안으로 인도하는 것, 항상 진정한 매튜를 바라보면서 하나님이 불러내고 계신 바로 그 매튜에게 호소하는 것이다.

내적 치유의 장애물

내적 치유에는 세 가지 주요한 장애물이 있다. 따라서 이것은 우리가 부름 받은 성숙과 온전한 인격에 다다르는 것을 어렵게 하는 장애물이기도 하다. 그 세 가지는 (1) 다른 이들을 용서하는 데 실패하는 것, (2) 우리 자신에 대한 용서를 받아들이는 데 실패하는 것, (3) 우리 자신을 받아들이고 올바로 사랑하는 데 실패하는 것이다. 처음 두 가지 장애물은 매튜와의 첫 만남에서 기억에 대한 치유 기도를 하면서 대체로 거두어졌다. 그가 고통스럽게 겪었던, 정신적 외상을 입힌 거절의 기억이 먼저 치유되어야 했는데, 이 오래된 상처가 자신을 받아들이는 데 대한 실패의 이면에 있었기 때문이다. 우리 모두 그러하듯이, 매튜 역시 더 많이 깨달을수록, 더 많이 용서하고 용서받아야 했다. 우리가 기름을 바르고 치유를 위한 포괄적인 기도를 했을 때, 매튜는 해방감을 경험하며 날아갈 것 같은 기쁨을 느꼈다. 그래서 처음에는 더 이상의 치유가 필요 없다고 생각했다. 그러나 이것은 기본적인 치유로서, 이제 매튜는 이를 출발점으로 삼아 자유롭게 고개를 들어 저 멀리 바라보면서 미숙함으로부터 자아 중심성과 잘못된 자의식, 자기애와는 정반대인 진정한 겸손과 자아수용이라는 성숙(오래된 그의 내면의 자아상으로부터 벗어나는 것)에 이르는 숨 가쁜 등반을 시작해야 했다. 이 치유를 통해 매튜는 사랑을 주지 않는 부모님과 불가사의한 세상의 권위 아래 사랑받지 못하고 상처 입은 어린 소년의 자리에서 벗어나, 그의 존재의 중심, 그리스도께서 거하시며 새 사람을 빚으시는 그 중심으로부터 행동하는 자유를 향해 힘써 나아갈 수 있었다.

리사의 경우처럼 매튜에게도 이 세 번째 장벽을 무너뜨리는 데 시간이 필요했다. 한편으로는, 지금까지 살면서 가졌던 태도와 생각의 습관들을 바꿔야 했기 때문이다. 마이클 스캔론(Michael Scanlon) 신부는 『내적 치유』(Inner Healing)에서 "우리는 우리 존재의 가장 중심에서부터 작동하는 삶의 태도를 가지고 있다.…이 삶의 태도는 다른 사람들이나 하나님과 관계 맺는 광범위한 일반적인 방식을 결정한다"[5]라고 말한다. 여기서 나는 우리 자신과의 관계 역시 중요하다고 덧붙이고 싶다. 우리 자신을 향해 인내하고 자애로운 사랑을 베풀지 못하고 자신을 미워하면서 하나님이나 다른 이들을 사랑할 수는 없기 때문이다. 자아에 대한 인내라는 이 위대한 미덕에 대해 가톨릭 철학자 로마노 과르디니(Romano Guardini)는 이렇게 썼다. "앞으로 나아가고자 하는 사람은 항상 다시 시작해야만 한다.…자기 자신을 인내하는 것…이것이야말로 모든 진보의 기초다."[6]

다른 한편으로는, 그리스도로 "옷 입고" 새 삶을 취하는 일이 뒤따른다. 그렇게 함으로써 모든 생각과 마음속 상상을 그리스도께 복종시키는, 진정한 "임재의 연습"을 하게 된다. 이것은 관념적인 훈련도, 긍정적 사고방식을 훈련하는 것도 아니고(비록 그렇기도 하고 그 이상이기도 하지만), 우리 안과 밖에 그리고 우리 전체를 감싸고 계신 분, 자신의

---

5) Fr. Michael Scanlon, *Inner Healing* (New York: Paulist Press, 1974), 51.
6) Romano Guardini, *The Virtues* (Chicago: Regnery Company, 1967), 6.

형상으로 빚으신 피조물에게 어느 순간에든지 자신을 나타내 보이실수 있는 진정한 실재이신 그분을 기다리는 것이다. 이렇게 해서 우리는 "마음과 영이 새롭게 되고 하나님이 지으신 새 성품을 입는다"(엡 4:23-24, 새번역).

그리스도로 옷 입을 때 우리는 주님이 다른 이(Another)시고, 그 다른 이가 이제 우리를 책임지신다는 것을 안다. 주님을 우리 안에 받아들일 때, 우리는 이 다른 이가 우리를 통해 사신다는 것을 안다. 그분의 내주하시는 임재로부터 "사랑과 기쁨과 화평과 인내와 친절과 선함과 신실과 온유와 절제"(갈 5:22, 새번역)의 열매가 맺어진다. 이제 이 열매가 우리를 통해 다른 이들에게 전해지며, 동시에 통로인 우리 자신도 온전케 하는 향기로운 대기 속에서 다른 이들과 함께 치유된다. 그분의 임재가 주는 선물인 알고 말하고 행하는 능력이 바로 우리 것이다. 우리는 하나님이 의도하신 대로 조화로운 걸작품이 된다. 우리 손으로 하는 일들이 인정을 받는다. 하나님과의 연합과 교제 속에서, 한때 파편화 되었던 우리의 영혼은 거장의 손길에 따라 복잡한 퍼즐 조각들이 제자리에 맞춰지듯 하나의 조화로운 완전체로 함께 모여 맞춰진다. 우리의 내면은 더 이상 나뉘지 않는다. 내가 믿기로는, 시편 기자가 주님께 "내 마음이 하나 되게 하소서. 당신의 이름을 경외하겠나이다"(시 86:11, 역자 번역)라고 부르짖을 때 이런 치유를 위해 기도했을 것이다.

하나님의 임재는 참된 자아를 불러내어 오랜 거짓 자아의 지옥에서부터 나오게 한다. 이 일을 가장 잘 묘사하는 것이 부활이다. 억눌리지도 두려워하지도 불안해하지도 않는 참된 자아는 이제 한 가지 얼굴만을 가지며, 수만 가지 얼굴을 갖고 있던 오래된 거짓 자아를 떨쳐낸다.

그리고 인성 속에 있는 정당하고 진실한 모든 것이 참된 자아 속으로 한데 모여 담대히 앞으로 나온다. 우리의 내면은 하나가 된다. 그런 후에야 우리는 우리 존재의 중심으로부터 삶을 살아내도록 하는 자유를 알게 된다. 그 존재의 중심에서 성령이 우리 안에 내재하시고, 우리의 의지는 그분의 것과 하나가 된다. 우리는 단지 그분의 임재만이 아니라 새 사람의 현존도 살기 시작한다. 우리는 죽음과 악의 정사가 지배하는 옛 사람과 여전히 율법 아래 있는 미성숙한 사람의 현존을 사는 것에서 벗어나 자유하게 된다(참조. 갈 4장).

매튜도 잘 알고 있듯이, 우리는 그리스도인이면서도 우리가 받은 기업을 알지 못하고, 성령 안에서 걷고 새 사람의 현존을 살 수 있는 능력이 있다는 것도 전혀 모른 채 율법 아래 머물며 살아갈 수 있다. 오히려 "하나님이나 사람의 사랑을 받을 줄 모르고" 죄책감에 짓눌린 작은 소년 소녀의 현존을 살고, 그래서 자기 인생에서 혹은 그리스도의 지체 내에서 주어진 지도자의 자리에서 필요한 성숙한 권위를 행사할 줄 모르게 된다. 동일한 이유로 우리는 성령께서 주시는 치유의 은사 역시 강력하고 효과적으로 사용할 수 없다. 거짓 겸손이나 현재 짓고 있는 죄 혹은 정신적 치료를 필요로 하는 것들이, 우리가 하나님 안에서 누구인지를 아는 자리인 우리 중심으로부터 인생을 살아내지 못하도록 막아서고 있다. 이는 권위의 자리이며, 바로 이 자리에 의해 구속받은 우리는 마치 타락하지 않은 아담이 그러했듯이 창조된 모든 것의 이름을 부를 수 있다. 하나님이 우리 이름을 지으시고 오직 그분의 뜻이 우리를 빚으셨기에 우리는 더 이상 창조된 어떤 피조물이 우리를 명명하고 우리의 형상을 빚도록 허락하지 않는다. 바로 이것이 세상을 치유하는 성숙과 권위다. 우리는 자기중심적인 옛 사람을 살아가는 데서 오는 이기적이거나 폭정적인 권위(육적이고 지배하려는 영)에 대해 날마다 죽는다. 또한 율법에 매인 미성년자처럼 "아무런 권위"도 행사하지 못하는 연약한 자리에 대해서도 매일 죽는다. 우리는 하나님의 이름 안에서 권위를 행사하며 그분이 거하시는 중심으로부터 우리 삶을 산다. 우리의 진정한 남성성은 회복된다. 바로 이것이 모든 피조물이 고대하는 바다. 이 모든 것은 세 번째 장애물을 허물어버리고 우리의 참된 정체성 속으로 들어가는 것과 관련된다. 물론 이 일이 하룻밤에 일어나지는 않는다.

하지만 이런 치유가 일반적인 추측보다 훨씬 더 빠르게 일어날 수 있으며 실제로 그렇게 일어나기도 한다. 수년 간 정기적으로 받는 상담 진료와는 대조적으로, 내담자가 얼마나 자기 의지를 밀쳐두고 하나님께 듣고자 하는지의 여부에 따라 이삼 주 안에 치유가 신속하게 진행되는 것을 종종 볼 수 있다. 듣는 기도는 영혼의 치유를 방해하는 세 번째 장애물을 신속히 걷어내는 길이다. 이것은 우리 모두가 연습해야 할 기도 방식이지만, 종종 우리는 매튜나 리사와 같이 완전히 무력한 지경에 이르러서야 비로소 우리 안팎에서 들리는 다른 목소리들에게 종노릇하는 것을 버리고 선한 목자의 음성에 순종하기를 시작한다. 이렇게 과거에 내적 붕괴와 장기 입원의 고통을 겪은 많은 사람이 결국에는 가장 강력하고 영향력 있는 그리스도인이 된다. 왜냐하면 그들은 과거와 현재의 목소리에 매여 있다가, 사람답게 살기 위해 생명을 주는 말씀을 기쁨으로 듣기 때문이다.

세 번째 장애물을 걷어내면서, 매튜는 자신의 이성애적 정체성이 온전히 현실화되는 순간 무슨 일이 일어날지 두려워하는 마음으로부터 자유로워졌다. 무방비 상태의 소년이었던 매튜는 애정 없는 아버지의 폭정 아래 고통을 겪었다. 매튜는 감정이 일 때 건강하고 올바르게 자신의 분노를 표출할 줄 몰랐고 그 화가 내적으로 자기 자신을 향하게 되었다. 그렇기 때문에 매튜의 내면에는 억눌린 남성성만이 아니라 깊이 억제된 분노도 자리하게 되었다. 이럴 경우, 하나가 다른 하나와 분리된 상태로는 표면에 나타날 수가 없게 된다(그렇게 해서도 안 된다). 두려울 만큼 강력해 보였던 성적 충동처럼, 분노도 그로 하여금 자신의 이성애적 정체성을 두려워하도록 만들었다. 그는 자기 내면에서 일어나는 일들을 두려워했으며, 억압된 에너지가 결박을 끊고 터져 나오지 않도록 분노와 성적 충동의 뚜껑을 꽉 틀어막아야 한다고 생각했다. 간단히 말해 그는 육체적으로 무방비 상태인 여성을, 마치 아버지가 자신을 다루던 것처럼 대하면서 그녀에게 상처를 주게 될까봐 두려워했다.

치유가 진행되면서 매튜는 오랫동안 억압된 남성성뿐만 아니라 분노에 대해서도 점점 더 의식적으로 깨닫게 되었다. 이 두 가지 힘은 그의 내면을 돌며 우레 같은 소리를 내기 시작했는데, 마치 야생 수컷 코끼리가 요새화 된 열대림 방어벽 안에서 사납게 날뛰는 것 같았다. 억지로 "뚜껑을 꽉 닫는" 것만이 능사가 아니었다. 매튜는 이제 이 모든 것을 마음속에서 끄집어내어 하나님과의 대화 속으로 가져가 그분이 변화시켜주시도록 맡길 수 있음을 받아들일 준비가 되었다.

이 모든 것을 이해하고 나서 매튜는 스스로 아주 위험하다고 여겼던 기도를 드릴 준비가 되었다. 그것은 바로 자신에게 정상적인 이성애적 욕구가 일어나게 해달라는 기도였다. 나는 여기서 아그네스 샌포드(Agnes Sanford)의 훌륭한 기도 방법을 소개하고자 한다. 아그네스는 휴면기에 있거나 잘못 인도된 성적 에너지를 "창조적인 물길"로 이미지화 한다.

당신은 지금 성(性)이라고 불리는 것이 우리 안에 있는 하나님의 생명이라는 거대한 창조적인 물길의 한 부분에 지나지 않음을 보고 있다. 그래서 나는 우리 안에 있는 하나님의 생명이 강과 같다고 생각하는데, 그 강은 어느 지점에서인가 댐으로 막혀버렸다. 그리고 어떤 이유로 이 강은 둑 밖으로, 넘쳐흐르지 말아야 할 곳으로 흘러들어 갔다.

"사랑"과 "성"이라는 두 단어가 특히 성적인 문제를 가지고 있는 누군가에게는 아주 다른 감정적이고 육감적인 의미를 함축하기 때문에, 아그네스는 이 두 단어를 기도 중에 사용하기를 피했다. 대신에 그녀는 "하나님으로부터 나오는 창조적인 생명의 물길"이나 "예수 그리스도의 생명이 흘러들어 오는 것"이라고 말한다. 같은 이유에서 아그네스는 의도적으로 기도하는 내내 개인적 감정을 섞지 않고, 그의 표현에 따르면 "거의 차갑게 느껴질 정도"로 말한다.

나는 그에게 안수한다.…이제 하나님의 생명이 흘러들어 이 강이 나타나고 다시 그 물길이 정상 수로를 타고 되돌아올 수 있도록 기도한다. 나는 이렇게 진짜 그림을 그리듯 기도하는데 때로는 다음과 같이 말한다. "이제 믿음으로 나는 깊고 넓게 수로를 팝니다. 예수 그리스도의 이름으로 내가 선포하노니 이 창조적인 에너지는 이제부터 계속 정상 수로로 흐르고 더 이상 좌나 우로 범람하지 않을 것입니다. 내가 양쪽에 높은 둑을 쌓고 예수님의 이름으로 명하노니 물길은 좌우로 범람하지 말고 고요하게 정상 수로로 흘러갈 것입니다." 기도를 받는 사람이 기혼자인 경우라면, 나는 "결혼의 정상적인 성생활과 기쁨 속에 충분한 자유를 발견하도록"이라고 말한다. 만약 미혼자라면 "현재의 삶에서 육체적 운동과 창의적 활동, 지적 관심사 속에 충분한 자유를 발견하도록, 그리고 감정의 과다한 부분은 이제 거두어지고 옮겨지고 순화되어 아가페의 사랑으로, 하나님의 긍휼로 변화되어 남녀노소 상관없이 그들을 치유하기 위해 나아가기를" 기도한다.

아그네스는 하나님께 기도하는 것이지만 고통 받는 이가 마음속 깊이 이해할 수 있도록 그림 언어로 기도한다.

그가 의식이 있는 상태에서 그 어려움을 감당하는 것은 불가능하다.…추론이나 논쟁, 가슴을 치며 답답해하는 일은 하지 않는다. 염려가 많아질수록 더 악화될 뿐이다. 나는 내담자에게 항상 이렇게 말하곤 한다. "그것에 대해 기도조차 하지 마세요." "당신은 그걸 할 수 없어요." "당신을 위해 그것은 잘 해결될 거예요." "당신은 그저 내버려두세요."

그럼에도 이 기도를 드리는 동안 내담자는 마음의 눈으로 자신이 치유되는 상징적인 그림을 "보면서" 의식이 있는 상태를 우회하여 그 믿음을 풀어놓게 된다. 그리하여 깊은 차원에서 기도에 동참하기 시작한다. 믿음의 기도를 풀어놓는 데 이보다 더 나은 방법은 없다.[7]

---

7) 오스왈드 챔버스는 『주님은 나의 최고봉』(*My Utmost for His Highest*; 토기장이 역간)

아그네스는 이 그림 언어를 표현하고자 팔을 움직이면서 잘못 인도된 에너지의 강이 정상적 수로로 흘러들도록 한다.

이 기도는 어렵지 않다. 쉬운 종류의 기도다. 단지 그것을 하나님께 올려드리는 것뿐이다. 이제 하나님의 창조의 물결을 보게 될 것이다. 이는 단순히 넘쳐흐른 것이다. 다시 그것을 가져와 올려드린다.[8]

다른 사람과 마찬가지로 매튜에게도 이 기도를 드리는 타이밍이 중요했다. 예를 들면, 하나님이 그의 영혼 가운데 다른 할 일이 있으셨는데 그것을 하신 후에야 매튜가 기도를 드릴 준비가 되었다. 그럼에도 나는 이 기도가 위험천만하다는 매튜의 말에 동의할 수밖에 없다. 제대로 된 순서를 따라 드릴 때, 이 기도는 (아그네스의 말대로) 항상 통하기 때문이다! 그래서 매튜나 다른 사람을 위해 이런 기도를 할 때, 나는 진심 어린 마음으로 아그네스가 말하듯이 "현재의 삶에서 육체적 운동이나 다른 것들에서 충분한 자유를 발견"하도록 강조한다. 하나님은 구체적인 기도에 응답하기를 기뻐하신다. 하나님은 기꺼이 매튜를 위해 들으시고 응답하셨다.

2월 10일 부분에서 "기도가 막히는 이유 중 하나는 상상력이 없고 우리 자신을 의도적으로 하나님 앞으로 가져갈 힘이 없기 때문"이라고 말한다.
8) 테이프에 녹음된 아그네스 샌포드의 성적 문제에 대한 강의.

자기수용의 실패에 대해 더 살펴보기

영혼의 치유를 가로막는 세 번째 장애물(우리 자신을 받아들이고 올바로 사랑하는 데 실패하는 것)은, 어디서나 누구에게나 해당되는 자연스러운 발달 단계를 어느 한 수준에서 통과하지 못하고 실패하는 것에서 발생한다. 심리학자들이 지적하는 것처럼 유아기에는 "사회-심리적 발달" 단계들을 포함하여 성숙기로 이행하는 과정이 존재한다. 이 과정 중 하나라도 빼먹게 되면 문제가 생긴다.

자기수용이라는 과제에 결정적인 이행 과정들 중 하나는, 본인의 관심이 고통스러울 정도로 온통 자기 몸과 자아에 쏠리게 되는 "자기 색정적"(autoerotic)이고 자기중심적인 단계인 자기애적(narcissistic) 사춘기로부터, 자신을 용납하고 시선과 마음을 바깥으로 돌려 창조세계에 존재하는 모든 것을 향하도록 하는 발달 단계로의 이행이다. 이 단계를 밟아가는 데 얼마나 실패했던지 간에, 본인 스스로 잘못된 종류의 자기애의 형태나 징후 안에 자신이 갇혀 있음을 발견할 수 있다. 자신을 올바로 사랑하는 데 실패할 때, 사람들은 그릇된 방식으로 자기를 사랑하게 된다. 예를 들어 병적으로 자기를 성찰하는 버릇은 가장 일반적으로 일어나는 징후 중 하나다. 이런 병적 자기성찰이 극심하다면, 사춘기가 지나서도 하는 자위행위나 동성애 행위(이 두 행위는 자기 내면으로 향하는 사랑의 명백한 예다)만큼 인성 발달에 치명적일 수 있다.

물론 다른 사람을 배제하고 자기만을 사랑하는 수만 가지 방식이 존재한다. 나는 성관계를 하고 있는 바로 그 순간에 남편의 자기도취를 보게 된 젊은 부인의 이야기를 잊을 수 없다. 그녀는 내게 이렇게 설명했다. "남편은 자기 몸과 사랑에 빠져 있어요. 저와 성관계를 할 때 가장 확실히 알 수 있어요. 선생님께 설명하기는 어렵지만, 그이는 실제로는 저와 성관계를 하는 것이 아니에요. 아니 그는 그렇게 할 수가 없어요. 남편이 거울 앞에서 벌거벗은 채 몸짓을 취하고 있는 것을 봤어요. 그렇게 하면서 남편은 저와 성관계를 할 때 얻는 것과 똑같은 쾌감을 느껴요. 저는 사랑받고 있는 것이 아니에요. 그저 남편이 자기를 사랑하는 데 사용하는 도구일 뿐이에요." 이 남자에게는 지금 우리가 이야기하고 있는 치유가 절실히 필요했다. 나중에 그를 만났을 때, 나는 그가 스스로를 경멸할 만큼 심각한 우울증 발작을 겪고 있음을 알게 되었다. 그는 자기도취적 사랑으로부터 자유롭게 되는 것이 필요했는데, 사실 이 사랑의 이면에는 자기부정과 심하게는 자기혐오가 있었다.

동성애의 치유에 대해 글을 쓰는 것은 모든 사람의 치유를 위한 일이기도 하다. 우리 모두가 어떤 형태로든 자기사랑(self-love)의 병적인 형태에 갇혀 있기 때문이다. 이것은 진실로 각 개인의 삶에서 타락이 어떻게 **존재하는지** 말해준다. 그리스도는 우리를 타락의 결과들로부터 건져주시기만 하는 것이 아니다. 너무 쉽고 빠르게 우리를 지속적으로 공격하는 교만을 회개하기 위해 우리가 그리스도 앞에 정기적으로 나아올 때, 그분은 우리를 계속해서 자유하게 하신다. 온전케 되기 위해서 우리는 늘 계속해서 우리 교만을 고백해야 한다. 교만은 모든 암흑의 뿌리이며 자아를 섬기는 이기적인 사랑이다.

월터 트로비쉬(Walter Trobisch)는 소책자 『너 자신을 사랑하라』(*Love Yourself*)에서 자기수용의 필요성에 대해 쓰고 있다. 트로비쉬는 건전한 자기사랑에 관해 증명된 두 가지 사실에 대해 일목요연하게 기술하고 있는데 그 첫 번째는 다음과 같다.

누구도 자기 자신을 사랑할 수 있는 능력을 가지고 태어나지 않는다는 것은 확고부동한 사실이다.[9]

그러면서 독일의 심리치료사 귀도 그뢰거(Guido Groeger)의 말을 인용한다.

자기사랑은 후천적으로 얻거나 아니면 아예 존재하지 않는다. 자기사랑을 후천적으로 얻지 못했거나 불충분하게 얻었을 경우, 그는 다른 이들을 전혀 사랑할 수 없거나 불충분하게만 사랑할 수 있다. 이런 사람은 하나님과 맺는 관계에서도 마찬가지일 것이다.[10]

월터 트로비쉬가 언급하고 있는 두 번째 사실은 다음과 같다.

노골적으로 말해, 자신을 사랑하지 않는 사람은 누구나 이기주의자다. 이런 사람은 자기 정체성에 대한 확신이 없으며 그래서 항상 자신이 누구인지를 찾으려 하기 때문에 불가피하게 이기주의자가 될 수밖에 없다. 그는 나르키소스처럼 스스로에게 몰입되어 자기중심적인 사람이 되어버린다.[11]

---

9) Walter Trobisch, *Love Yourself* (Downers Grove, Ill.: InterVarsity Press, 1976), 8.
10) Guido Groeger, as quoted by Trobisch, *Love Yourself*, 9.
11) Trobisch, *Love Yourself*, 15.

부정적인 의미에서 자기사랑의 표본은 나르키소스에 관한 그리스 신화에 잘 묘사되어 있다. 나르키소스는 샘에 비친 자기 모습을 보고 사랑에 빠진 미소년이다. 그는 자기 형상에 완전히 함몰되어 자신을 붙잡으려다 물에 빠져 죽는다. 이 신화로부터 나르시시즘(narcissism)이라는 용어가 유래했다. "자아"(self)와 "사랑"(love)을 의미하는 동일한 개념의 또 다른 그리스어 단어는 자기색정증(auto-eroticism)이다.

자기수용이라는 긍정적 의미에서 사용된 자기사랑은 자아도취나 자기색정증과는 정반대다. 실제로 건전한 자기수용은 이타적인 방향으로 나아가는 첫 발을 내딛기 위해 선행되어야 한다. 우리는 자신이 소유하지 않은 것을 줄 수 없다. 오직 자신을 용납하고 수용할 때에만 진정으로 이타적이 되고 우리 자신으로부터 자유로워진다. 그러나 자신을 찾지 못하고 우리 정체성을 깨닫지 못했다면, 우리는 반드시 스스로를 끊임없이 찾아 나설 것이다. "자기중심적"(self-centered)은 자신의 주위를 맴돌고 있는 우리에 대해 정확히 묘사하는 단어다.[12]

이 책에서는 이렇게 자기애적 단계에서 자기용납과 수용의 과정으로 넘어가는 데 실패한 것을 내적 치유의 세 번째 장애물이라고 명명했다. 즉 우리 자신을 올바로 사랑하고 수용하는 데 실패한 것이다. 내가 이 문제에 대해 많은 지면을 할애한 이유는, 각각의 치유 사례에 대한 연구를 하면서 남자든 여자든 각 사람의 사연이 어떤 동성애 범주에 해당하든지 간에, 이 세 번째 실패가 모든 사례에서 공통 사항이라

---

12) Ibid., 14-15.

는 사실이 내 마음에 깊이 새겨졌기 때문이다. 동성애 연구가 최소한 인성의 한 부분에 있어 성장 발달이 정지된 현상에 대한 연구라는 것이 밝혀졌다. 다시 말해, 이것은 발육 미숙에 대한 연구다. 이 책에서 반복해서 언급하고 있듯이, 동성애는 정체성 위기의 정신적인 측면과 영적인 측면 모두에 대한 연구다.

사춘기 동안과 사춘기 직후 몇 년에 걸친 형성기에 아버지의 역할이 중요하다는 사실 역시 내게 시사하는 바가 컸다. 어린 아들이나 딸이 이 "사회-심리적 발달 단계"를 잘 통과하는 데 있어 아버지의 역할이 결정적인 것으로 보인다.[13] 청소년기 자녀를 아버지가 인정해주는 것은 절대적으로 필요하다. 이는 차후에 신뢰를 주고받는 인간관계를 위한 기초를 다지는 것이다. 아버지는 자녀가 겪는 사춘기라는 결정적인 시기를 외면해서는 안 된다. 사랑하고 인정해주는 아버지(혹은 아버지의 자리를 대신 채워주는 매우 특별한 사람)의 존재가 청소년기의 아들딸이 자기수용이라는 이 결정적인 발달 단계로 발을 내딛고 올라서도록 돕는 사다리라는 사실을 나는 반복해서 깊이 되새기게 되었다. 이 일에는 상당히 온전한 아버지, 즉 자신을 자녀의 성장을 위한 발판으로 만드는 아버지의 역할이 결정적이다. 마치 아이를 잉태한 순간부터 아이가 자신을 어머니로부터 독립된 존재로 인식하기까지 생애 첫 몇 달 동안 어머니의 역할이 결정적인 것처럼 말이다. 아이의 인생에서 어느 순간도 온전한 아버지와 온전한 어머니의 사랑이 필요하지 않은 순간

---

13) 이 전문용어에 상응하는 오랜 관용어인 "자기수용의 미덕"이 훨씬 더 좋지 않은가! 상상하기 훨씬 더 쉽고 귀에 더 편안하게 들린다. 이것은 도덕적 가치를 내포했던 미덕이다.

은 없다.

　우리 문화의 비극 중 하나는 사춘기로부터 그다음 단계로 옮겨가는 사람들이 점점 더 적어지고 있다는 사실이다. 우리는 고요한 자기수용의 상태에 이르지 못하고 그 아래의 다양한 정지 상태에 머물러 있다. 이런 상태는 이기적인 자기중심과 파괴적인 자기혐오 양극단을 오가는 감정 기복으로 표출된다. 따라서 우리는 감정적 성질의 노예가 되어 우리 자신이 느끼는 대로 불안하게 살아간다. 이 발달 단계를 놓친 것으로 인해 겪게 되는 고통이 심각해져서 무감각에서 깨어나 온전함을 찾기 시작하기 전까지, 우리는 계속 그렇게 살아간다. 많은 사람이 해답도 치유도 찾지 못하고, 미성숙에서 벗어나 성숙에 이르는 한계선을 넘어보지 못한 채로 무덤으로 간다. 이런 문화적 난국에 빠진 주요 이유를 찾는 일은 어렵지 않다. 단순히 아버지가 청소년기의 아들딸과 함께 자주 시간을 보내지 못했던 것이다. 이혼 아니면 사업과 직장 업무로 짬을 낼 수 없어서 그랬을 것이다. 적지 않은 경우, 아버지가 자신만을 챙기는 생활 방식과 미성숙으로 인해 아들딸을 긍정하고 인정해줄 줄 모르고 있다. 아니면 우리 사회가 관대해져서 자녀가 너무 이른 시기에 아버지의 온당한 권위로부터 벗어났기 때문일 수도 있다. 오늘날 보이는 동성애의 많은 부분은 미국 가정의 와해와 자녀를 인정해줄 수 있는 온전한 아버지의 부재로 인해 자라나게 된 열매를 거두어들이는 것이라고 할 수 있다.

매튜에게 필요한 또 다른 기도

매튜가 받아야 할 또 다른 기도는 자위행위의 습관에서 벗어나기 위한 기도였다. 지금까지 내가 동성애적 상태로부터 치유되도록 기도했던 남성들은 반드시 먼저 자위행위의 습관으로부터 벗어나도록 기도할 필요가 있었다. 자위행위 습관을 끊기 위해 기도할 필요 없이 곧바로 동성애적 상태의 치유를 위해 기도했던 남성의 경우는 없었다. 공상 속에서의 삶은 자위행위를 수반하기도 하고 그렇지 않기도 하기 때문에 반드시 다루어야만 한다.

자위행위는 흔히 사춘기의 특성이다. 그래서 자기애적 기간이 오래 가면 이 습성도 오래 남아 있게 된다. 나중에 다른 사례에서 보겠지만, 이따금 이 자기애적 습관은 동성애적 라이프 스타일로 이어지는 근원적인 요인이 되기까지 한다.

몇몇 사례에서 자위행위 습관은 영아기 때의 정신적 외상에 그 뿌리를 두고 극도의 두려움과 불안함에 관련되어 있다. 이런 요소들은 아기에게 가장 심각한 정신적 손상을 입힌다. 이런 경우 (단순한 정욕에 의한 자위행위라기보다) 두려움에 지배된 자위행위가 뒤따른다. 어머니의 사랑이나 자기 외에 다른 누군가의 사랑을 받을 수 없었던 아기는 초조하게 자기의 성기를 움켜쥔다. 그리스도인이자 정신과 의사이고 신중한 심리학자인 프랭크 레이크(Frank Lake) 박사는 유아기의 두려움 자체가 고통스럽게 성기가 긴장하는 것으로 표출된다고 했다. 레이크 박사는 두려움이 커질수록 관능성도 증폭된다고 한 키에르케고르의 말을 인용했다. 이는 무엇보다 어머니와의 관계가 끊기는 것에 대해 아기가 느끼는 고통과 두려움이다. 이런 분리로 인해 아기는 건강하고 행

복한 존재감, 심지어 존재감 자체를 얻는 데 실패할 수 있다.[14]

상흔의 정도에 따라 다르지만 두려움과 불안이 원인인 경우, 상담가는 고통 받는 내담자가 자위행위의 습관에서 벗어나도록 도와줄 뿐만 아니라, 불안과 정체성의 위기가 치유되는 동안 스스로를 인내하고 이해하는 연습을 하도록 도와야 한다. 내담자가 정체성을 회복하고 그리스도와의 인격적인 관계로 나아올 때, 자위행위는 반드시 치유될 것이다. 비록 이 습관에 대한 정신 병리학적 근거가 있을지라도, 온전해지기를 진정으로 갈망하는 사람은 의식적으로 자위행위를 버릴 수 있다. 이 습관은 자기를 역겨워하거나 자기혐오를 불러오기 때문에 거기서부터 벗어나기 전까지는 계속해서 악화되는 자아상의 밑바닥에서 끊임없이 마음을 괴롭힐 것이다. 이런 연유로 이 습관은 영혼의 치유(자신을 올바로 수용하고 사랑하게 되는 것)에서 세 번째로 큰 장벽을 극복하는 길목에 서 있다.

이 습관으로 고통 받는 사람은 두려움에 지배되는 이런 자위행위의 사이클이 의미하는 바를 이해할 필요가 있다. 그것은 기본적으로 다른 사람과의 관계가 부재하는 것으로 인해 스스로에게 내적으로 향하는 사랑이다. 또 알아야 할 것은 이 습관이 지속될 경우, 그 사랑이 그릇되게 내적으로 향한 사랑이기 때문에, 이것이 다른 사람과 바른 관계를 맺는 데 지장을 초래할 수도 있다는 점이다. 이런 고통을 겪는 사람들은 죄책감을 가지기보다는 그것을 벗어버려야 할 필요가 있다. 그럼

---

14) Frank Lake, *Clinical Theology* (London: Darton, Longman and Todd, 1966), 14, 724-28.

에도 내가 경험한 바로는, 그들이 잘못된 형태의 자기사랑에 대해 용서를 구할 때 오히려 더 신속하게 치유되는 것을 보았다. 동시에 그들이 스스로에 대해 인내하는 위대한 미덕을 배우고, 그들이 넘어진다면 스스로를 용서하는 능력을 배우는 것도 보게 되었다.

이런 습관의 원인을 깨닫는 것 자체만으로도 치유가 된다. 내가 상담했던 한 청년은 평생을 수치심으로 고통스러워하며, 강박적인 자위행위가 동반하는 불안과 두려움에서 기인한 발작으로 인해 스스로를 용납하지 못하고 있었다. 그 젊은이는 경건한 가톨릭 집안에서 자라왔기에 그가 느끼는 죄책감은 더욱 심각했다. 그의 어머니는 아들을 돕는 길을 찾다가 기도 모임의 리더가 됐고 그 자격으로 "목회적 돌봄 학교"(School of Pastoral Care; 리앤 페인이 인도하는 정기적인 치유 사역 세미나—역자 주)에 참석했다. 거기서 그녀는 가장 놀라운 치유들 중 어떤 치유는 출생 이전에 경험한 거절감을 치유하는 것과 관련된다는 내 말을 듣고, 자기 아들의 필요가 무엇인지 강하게 마음속에 느끼게 되었다. 아들은 많은 사랑을 받으며 성장하기는 했지만, 그를 임신했을 당시 어머니는 자신의 생활 여건 때문에 임신 사실에 매우 비통해하며 아직 태어나지 않은 아기를 거절했다. 현재 아홉 자녀의 어머니인 그녀는, 일곱 번째 임신을 했을 당시 몸과 마음이 모두 엉망이었다. 또 아이를 가지는 일이 감당할 수 없는 것이라고 느끼면서 그녀는 자신의 어려운 처지에 대한 분노와 좌절 속으로 가라앉기 시작했다. 지독한 외로움이 그녀를 덮쳤다. 남편조차 그 속으로 들어와 그녀에게서 외로움을 걷어낼 수 없었다. 이 모든 과정을 통해 가족은 하나님께 가까이 가고 서로 가까워지기는 했지만, 그렇게 되기 전에 어머니는 탈출구로 자살을 시도하기까지 했다. 하지만 아들을 출산할 때가 가까워지면서, 비록 여전히 신경쇠약으로 고통을 겪고는 있었지만, 그녀는 어린 아들을 사랑으로 돌볼 수 있게 되었다.

어린아이 때부터 성장기 내내 이 아들은 정신과 치료를 포함해서 특별한 관심을 필요로 했다. 청년이 어머니의 설득에 못 이겨 나를 만나러 왔을 때는, 어머니가 자기를 임신한 사실을 알았을 당시 극심한 실망감에 젖어 있었다는 것을 전혀 모르고 있었다. 그는 단순히 자신이 결혼의 소망까지도 두려워하게 만들 정도로 성적 충동이 과하다고 생각하고 있었다. 그는 내게 자기혐오와 자위행위라는 지독한 일생의 문제를 극복하기 위해 자신의 삶에서 시도했던 노력을 이야기해주었다. 그러고는 우리는 기도에 들어갔다.

즉시로 우리는 "출생 트라우마"의 치유 가운데로 들어갔다. 바로 그가 태어나고 있는 순간이었다. 그는 두려움으로 가득한 외로움에 휩싸여 있었다. 다른 기억의 경우와는 달리, 우리는 그 순간에 오랫동안 머물러 있었다. 그가 경험했던 거절감은 매우 깊었다. 그는 거듭 불안과 두려움에 가득한 목소리로 출생 때의 경험을 묘사했다. "전 너무 외로워요, 너무 외로워요." 우리는 이 참혹한 외로움 한가운데로 주님을 초청했고, 주님이 이 작은 아기를 그 품에 꼭 안아주시기를 간구했다. 우리는 이 청년이 치유될 때까지 그분의 임재 안에서 기다렸다. 그렇게 불안하고 외로울 때마다 성기를 움켜쥐는 것에 대항해서 싸워왔던 평생의 전투에서 그는 승리하게 되었다.

이 청년과 마찬가지로 매튜의 습관도 단순히 어린 시절의 성적 장난이나 자기애적 사춘기에서 비롯된 여파라기보다 유아기에 겪은 두려움과 불안에서 비롯된 것이었다. 기억할 수 있는 어린 시절부터 매튜는 자위행위를 해왔는데, 이는 사랑받는 관계로부터 분리되는 고통, 즉 관계가 깨어지는 고통과 관련되었다. 매튜가 불안에서 비롯된 이 강박적 습관으로부터 자유를 얻게 된 것은 자신을 인정해주시는 하나님의 사랑과 그리스도 안에서 만난 형제자매의 사랑 가운데 자신을 수용하고 용납하게 되면서였다.

그러나 종종 이런 경우에, 정욕이 도중에 침투하기 마련이다.[15] 자위행위의 습관이 불안이나 두려움과 관련되기 때문에 치유 기도가 필요한 것과는 별도로, 매튜는 정욕으로부터 놓임 받기 위한 기도도 필요했다. 이 기도는 치유가 필요했던 매튜의 영혼의 상태를 기회로 삼아 그의 안에 부가적인 정욕의 사슬을 짜놓은 더러운 영(성적 정욕)이 달아나게 만들었다. 정욕의 경우가 항상 그렇듯이, 이런 기도를 드리기 전에 먼저 근본적인 선택이 선행되어야 한다. 매튜는 공상의 삶과 함께 마음에 다시 정욕이 들어오도록 허용하지 않겠다고 선택해야 했다.

매우 놀라운 사실은, 가장 심각한 사례에서조차 심리적 고통 중에 있는 내담자들이 이 선택을 하기 어려워한다는 점이다. C. S. 루이스는 『천국과 지옥의 이혼』에서 이렇게 주저하는 인간의 모습을 다음과 같

---

15) 바로 이것이 역사상 부모들과 교회가 어린이들의 성적 유희에 대해서 (지혜나 이해가 거의 없이) 대책없이 무너져 내린 이유이기도 하다. 성적 문제에 대한 호기심은 매우 빠르게 순전한 지적 흥미 이상의 것으로 전향될 수 있다. 예를 들어, 확연히 동성애적 경향을 나타내는 사람과 기도하면서 근원이 되는 기억이(어떤 경우에는 동성애가 시작되는 사건이) 어릴 때의 호기심과 자위행위, 또는 그룹 자위행위와 도색적 유희라는 사실을 자주 발견한다.

이 유령의 형상으로 묘사하고 있다.[16] 작품 속에서 이 인물은 자기 어깨 위에 살면서 그의 귀에 끊임없이 속삭여대는 작은 붉은 정욕 도마뱀을 애지중지하며 천국 밖에 서 있다. 그의 앞에는 타는 듯이 빛나는 한 천사가 서서 천국과 기쁨을 선택하도록 그를 초대하려고 한다. 물론 이 작고 붉은 도마뱀은 그 선택의 기로에 서 있고 이 동물은 떠나가야만 한다. 천사가 도마뱀을 죽일 것을 제안하자 이 유령은 "처음에는 그를 죽이는 것에 대한 이야기는 전혀 없었잖아요. 저는 이렇게 극단적인 일은 하고 싶지 않아요"라고 부르짖는다.[17] 그는 조금씩 조금씩 도마뱀과 헤어지겠다고 하지만, 천사는 이런 방법이 전혀 통하지 않을 것이라고 힘주어 말한다. 마침내 유령은 하나님께 도움을 구하고자 소리 지르며 천사가 도마뱀을 죽이도록 허락한다.

> 도마뱀이 물어뜯고 발버둥 침에도, 불로 타오르시는 분은 주홍같이 붉은 손으로 그 파충류를 움켜잡고 비틀어서 내던졌으며 짐승은 등이 부러진 채로 땅에 버려졌다.[18]

그러자 유령은 천사에 버금가는 어마어마한 크기의 금장 머리를 가진 사람으로, 도마뱀은 금 갈퀴와 금 꼬리를 가진 거대한 은색 종마로

---

16) 루이스에 의하면, 천상계는 구속받지 못한 자들(자아와 지옥을 선택한 자들)이 결코 본 향으로 삼을 수 없는 실재다. *The Great Divorce*(New York: Macmillan, 1971; 『천국과 지옥의 이혼』, 홍성사 역간)에서 루이스는 구원을 거부한 사람들을 실체가 없고 심지어 유령 같은(ghostlike) 존재로 묘사한다.
17) Ibid., 91.
18) Ibid., 101.

변하기 시작한다. 놀랍도록 의미 있는 이런 변모는, 그 조그맣고 구역질나는 정욕이라는 도마뱀이 대신해온 아름다운 현실을 묘사해준다. 정욕에 물든 삶은 공상적 삶을 동반하면서 그리스도인의 영적 삶뿐 아니라 참된 상상력마저 위협한다.[19] 효과적으로, 이 힘센 은색 종마를 보지 못하도록 만드는 것이다.

매튜는 정욕 대신 기쁨을 선택했고 우리는 기도를 통해 붉은 도마뱀을 쫓아냈다.

그리고 그 이후

매튜가 처음 내 집 문을 두드렸던 그날 이후로 몇 해가 흐른 뒤, 은혜로운 하나님의 섭리 안에서 그는 여전히 잘생긴 얼굴로, 하지만 이번에는 즐겁고 활기찬 모습으로 다시 나를 찾아왔다. 우리는 둘 다 미국의 다른 지역에 살게 되어 지난 만남 때와는 다른 주, 다른 집 앞에서 만나게 되었다. 그러나 훨씬 더 축제같이 즐거운 분위기에서 우리는 거실에 앉아 따뜻한 차를 들며 이야기를 나눴다.

매튜는 소리 없는 절망으로부터 지금 여기까지 이르렀다. 이제는 과거에 한때 겪었던 그 절망과 절박함이 마치 존재하지 않았던 것 같다. 정말이지 나는 매튜에게 이 책이 출판되기 전까지는 본인의 이야기를 읽어보라고 하거나 이런저런 코멘트를 하면서 그때 일을 상기시키고 싶지 않았다. 매튜가 부모님도 사랑으로 품고 좀 더 바르고 온전한

---

19) Payne, *Real Presence*, 125-27.

길로 인도할 수 있었기 때문에 두 분 역시 성숙하고 긍정적으로 변화되고 계셨다. 이제 매튜는 지금 모습 그대로의 부모님을 사랑한다.

자신만의 권리를 가진 한 인격으로서, 가족 안에서 아들로서, 남자들 중 한 남자로서 자기 정체성에 대한 감각이 거의 없다시피 했던 과거와는 달리, 매튜는 이제 자신이 누구인지에 대한 인식이 분명해지고 타인들이 사랑으로 자기를 용납한다는 것을 알면서 쉽게 평안을 누리고 있었다. 내 생각에 겉으로 드러나는 그의 성품에서 가장 눈에 띄는 변화가 있다면 그것은 "진정한 매튜 자신이 되어가는 것"을 기뻐하는 감각이었다. 매튜는 그가 참으로 하나님과 함께 흥미진진한 영적·예술적 소명을 성취해가고 있음을 아는 기쁨을 누리고 있다. 동시에 자기 자리가 어디인지를 아는 감각이 자라나게 되었다. 하나님이 자신을 세상 가운데로 불러내셨고 동시에 그의 자리라는 어마어마한 선물을 주셨음에 대해 그는 아직도 경이로움을 금치 못했다.

선택했던 직업에서도 점점 더 큰 성공을 거두면서 매튜는 그 과정에서 만나는 사람들에게도 많은 사역의 열매를 맺고 있다. 한때 매튜가 겪었던 것과 같은 고통을 겪는 이들이 마치 인력에 이끌리듯 그에게로 모여들었다. 같은 문제로 고통을 겪고 있는 이들을 하나님이 치유하시는 데 자신이 통로가 되고 있다는 사실에 그는 감격스러워한다. 한때 그가 어떤 도움도 바랄 수 없을 것이라고 믿었던 바로 그 문제에 대해 말이다.

매튜의 "동성애"는 한 번도 행동으로 표출되지는 않았다. 하지만 필요한 정신적 치료를 받지 못했더라면 그는 확실히 그런 경향성을 행동으로 옮겼을 것이다. 그의 내적 취향은 심각하게 그 방향으로 기울어져 있었다. 만약 뿌리가 깊었던 공상의 삶을 행동으로 옮기는 데 성공했다면, 그가 치유되는 데 더 오랜 시간이 걸렸을 것이다. 이 모든 사실에 대해 매튜만큼 잘 알고 있는 사람은 없다. 그래서 "진정 하나님의 손이 항상 나를 보호하셨다!"라는 그의 탄성은 자신을 넘어지지 않게 지켜주셨을 뿐만 아니라 갓난아기 때부터 보호하신 하나님을 향한 경외와 감사의 외침이다. 매튜는 조금의 의심도 없이 만일 하나님이 그를 고치실 수 있고 또 고치실 거라면, 그분은 다른 누구라도 고치시리라는 것을 알고 있다. 또한 그는 "동성애적" 인간이라는 것이 실제로는 존재하지 않는다는 것도 알고 있다. 오직 오래 지속된 거절과 상실의 아픔으로부터 치유되는 것과, 잘못된 형태의 자기사랑과 거기서 파생된 행동들로부터 벗어나는 것, 그리고 이 모든 것과 더불어 그리스도 안에 있는 보다 높은 차원의 자신에 대한 지식이 필요한 사람만이 있을 뿐이다.

4장

성 정체성을 찾아서

성(性)과 성적 행위는 인간성의 차원에 속하지만, 그것만이 한 사람을 인간으로 규정하는 것은 아니다(애틀랜타 주교 베네트 심즈).

리사와 매튜의 치유 이야기는 성 정체성의 위기가 정체성과 개인의 특성을 찾아나서는 전체 여정 중 오직 각 사례의 당사자가 처한 맥락에서만 이해될 수 있다는 사실을 보여준다. 나는 온전하게 되는 것(치유)이 회복된 관계(자신과 하나님, 자신과 타인, 자신과 자기의 가장 깊은 내면의 관계)와 관련된다는 점을 적절하게 지적하고 강조해왔다. 내가 리사와 매튜의 이야기를 선택한 이유는 두 사람 다 **분리**에서 오는 정신적 외상의 양극단을 경험했기 때문이다. 두 사람의 삶의 이야기는 여성은 과도하게 여성 중심적으로, 남성은 과도하게 남성 중심적으로 끌려가는 상황과 그에 대한 반응을 보여주는 전형적인 사례다. 각자는 친밀함에 대한 강박적인 필요가 몰아칠 때 동성애적 관계 맺기를 **선택**할 수 있다. 내적 외로움을 달래고 다른 사람과의 관계를 통해 자아 정체성에 대한 느낌을 찾으려는 시도로 이런 선택을 하는 것이다.

다음에 소개되는 성 정체성의 위기에 대한 이야기들은 동성애적 행위 중 흔히 발견되는 다양한 방식들을 간략하게 보여준다. 주님의 사역에서 볼 수 있듯이 어떤 치유도 똑같이 일어나는 경우는 없다. 따라서 우리의 치유 기도도 결코 단순한 유형화나 방법론으로 축소될 수 없다.

그러나 자신이 동성애자일지도 모른다는 두려움 속에 있는 사람이나 동성애 행위에 관여하고 있는—공공연하게든 공상의 삶에서든—사람들과 기도하면서 나는 어떤 일정한 뿌리가 되는 문제와 근본적인 정신적 필요들을 알아보게 되었다. 이런 문제들은 거기에 대해 기도하는 방법을 따라 식별 가능한 그룹들로 구분된다. 이런 그룹들끼리는 서로 중첩되기도 하고, 어떤 사례는 하나 또는 그 이상의 그룹에 해당하기도 한다.

억압된 남성성

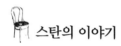 스탄의 이야기

스탄의 딜레마는 무엇보다 몸이 왜소한 것이었다. 이 고민 때문에 스탄은 자신의 성적 능력에 대해 의구심과 두려움을 가지고 있었다. 작은 몸집과 함께 자신의 남성성을 계속 거부하자, 그의 걱정도 커져만 갔다. 이미 오래전에 사춘기를 지나고 대학 졸업을 앞둔 나이에 그는 자기 모습 그대로를 인정하고 그렇게 함으로써 안정적인 성 정체성을 획득해가는 데 실패했다. 매튜처럼, 스탄이 스스로 동성애적 공상이 강박적으로 충동질하는 상황에서 헤어 나오지 못하는 것을 알게 되었을 때는 이미 문제가 심각해진 뒤였다.

이런 공상은 스탄이 운동을 하고 나서 샤워실에서 만난 다른 동료들을 볼 때 그의 마음을 치고 들어온 초대받지 않은 심상들과 함께 시작되었다. 예외 없이 이 심상들은 육상 선수 같은 모습을 하고 있었다. 지적이고 준수한 용모를 가진 이들을 동경했던 매튜와는 다르게, 스탄은 전형적으로 미국의 운동선수들의 특징적인 몸집과 뛰어난 육체적 기량을 과시하는 사람들이 선망의 대상이었다. 스탄이 보기에, 그와 같은 특성들이 정력을 나타내는 가장 중요한 특징이었다. 스탄의 마음에 들락날락하던 그 달갑지 않은 심상들은 결국 그가 동경하는 남성의 성기에 집중되었다. 여기서 다시 한 번 동성애적 강박과 식인종들이 동료 인간을 잡아먹는 이유 사이의 유사점을 알 수 있다. 두 경우 모두에서, 목적은 선망하는 대상의 장점을 자기 것으로 만드는 것이다. 스스로 부족하다고 느끼는 특성들을 우리 자신에게 채워 넣으려고 하는 뒤틀린 방식의 시도를 반영하는 것이다.

갑작스럽게 마음을 공격하는, 초대하지 않아도 계속해서 일어나는 **심상을 주관적으로 즐기게 되면, 그것은 강박적 공상이 되어 그의 삶에 지속적 영향을 미친다.** 반면에 즉시로 그것을 **객관화한다면**, 다시 말해 자신으로부터 한 걸음 물러나 분석한다면, 그는 이런 심상들이 지닌 심리적 함축을 읽어낼 수 있을 뿐 아니라 권위를 가지고 그것을 다룰 수 있게 된다. 치유되지 않은 정신(psyche)으로부터 솟아오른 상징적인 그림이든, 우리 영혼의 원수가 쏘아대는 파괴적인 미사일이든, 그것은 기도를 통해 분별해낼 수 있고 그렇게 함으로써 완전히 무장해제 시킬 수 있다. 그 두 가지를 분별하는 것은 이 책이 지고 있는 부담이기도 하다. 자주 이 두 가지는 함께 일어나기에, 우리는 정신적 요인의 치유뿐 아니라 영적 요인의 치유를 위해 기도하는 데에도 주의를 기울여야 한다. 이런 방법으로 우리는 영혼의 치유와 보호, 그리고 영혼을 억압하고 거짓으로 몰아넣는 외부 세력들에 대한 축사 중 어떤 것이 필요한지를 분별한다. 미혹하는 동시에 참소하는 자(계 12:10)인 사탄은 한 사람의 심리적 문제(스탄의 경우, 안정된 성 정체성을 가지는 데 대한 실패)를 최대한 이용하려고 한다.

스탄은 정욕이 마음속에 들어오는 것을 허용하면서 이런 사탄의 공습에 백기를 들고 말았다. 동성애를 선전하는 최근의 주장들에 많은 영향을 받고 자신의 성 정체성을 지키는 데 실패하면서, 그는 마음을 병들게 하는 성기 이미지들을 객관화하고 그래서 그것에 대해 권위를 행사하기보다 주관적으로 그것을 즐기기 시작했다. 이런 식으로 스스로를 유혹에, 결국에는 스스럼없이 동성애 성행위를 하도록 만든 도덕적·영적 타락에 자신을 개방시켰던 것이다.

스탄이 공공연한 동성애적 행위에 빠지기 전에 필요한 도움을 받았더라면 그 극심한 고통에 시달리지 않았을 것이다. 하지만 스탄은 곧장 심각한 악령의 압박을 받게 되었다. 그는 감수성이 예민하고 예의 바른 사람이었으며, 유명한 학교에서 학문성과 예술성 모두에서 탁월함을 인정받아 수상도 했다. 그러나 이제 스탄의 마음은 악마적인 형상을 보는 것뿐만 아니라 사악하고 지속적인 정신적 강박관념에 사로잡혀 있었다. 그 강박관념은 다음과 같이 두 가지 내용으로 이루어져 있었다. 첫째는 일종의 자신만의 진리나 실재를 찾으려고 끊임없이 내면을 살피는 습관으로 자신을 분석하는 것이고, 둘째는 이전에 자신이 진실이라고 받아들였던 것을 끊임없이 분석하는 것이었다. 이는 비이성적인 궤변들로 가득한 내적 대화로, 개념이나 생각을 파편화시킬 뿐, 그 조각들을 다시 모아 만족스러운 종합으로 결코 맞추어낼 수 없었다. 달리 말해 스탄의 사고는 심각할 정도로 내향적(introspective)이며, 무엇이 참되고 그렇지 않은지에 대한 의구심으로 가득 채워졌는데, 이것이 그를 번민에 빠트리고 고통스럽게 만들면서 그 주위에 계속 맴돌았다. 이것은 내관(內觀)적 질병[1]에 속하는데, 스탄의 증상은 매우 걱정스러운 수준이었다. 처음으로 기도의 도움을 구하기 위해 찾아왔을 때, 그는 실제로 심각한 정신적·영적 암흑 속에서 버둥거리며 두려움에 가득차 있었다.

우리가 했던 첫 기도는 어두움의 권세들로 하여금 스탄의 마음을 풀어주고 그로부터 떠나도록 명하는 것이었다. 나는 언제나 치유 기도가 그리스도의 몸인 교회가 드리는 기도와 연합 가운데 드려지도록 사제(저자는 성공회 교인이므로 성공회 사제를 가리킴—역자 주)가 이런 목적을 위해 축성하여 구별해둔 성수(聖水)를 사용한다. 이것이야말로 우리가 받은, 기도할 수 있는 특권 중 가장 단순하고도 신속한 기도다. 이 기도를 위해서 요구되는 것은, 단지 우리가 그리스도인이기 때문에 권위가 주어졌음을 알고 그 권위 가운데서 행하는 것이다. 성령의 은사 중 영 분별의 은사는 이런 기도가 드려지기 **이전**에 사용된다.[2] 일단 악귀를 제대로 분별하고 쫓아내고 나면 이 기도는 고통을 즉각적으로 경감시킨다.

스탄을 위한 다음 기도는 기름[3]을 바르면서 치유와 마음을 고요하게 하기 위한 기도였다. 성령의 인도를 따라, 우리는 기도 대상의 개인적인 필요를 따라 기도하지만, 보통 이런 경우에는 이마에 십자가 모양

---

1) Payne, *Real Presence*, 67-71, 106-8, 122-30, 134, 131-44.
2) Ibid., 146-47.
3) 성공회와 로마 가톨릭의 성찬에서 주교가 축도해서 마음과 신체가 병든 자의 치유를 위해 기도하고 안수하려는 목적으로 특별하게 구별한 기름.

으로 기름을 바른다. 그리고 머리에 손을 얹고(혹은 양쪽 관자놀이를 지그시 누르고), 예수님이 거기로 들어가셔서 마음을 치유하고 평온케 하시기를 간구한다. 나는 조용히 기도하면서 그분이 이 모든 일을 하시는 것을 **보며** 기다린다. 이 기도 후에 스탄은 자기 죄를 고백하고 필요한 죄 씻음과 용서를 받을 준비가 되었다.

이후에 우리는 스탄의 심리적인 필요와 씨름해야 했다. 그 필요란, 스탄 자신이 체구가 작은 사람이라는 것과, 과거에 그가 받아들이기에 너무 작은 체격임에도 불구하고 거기에도 그의 남성성이 존재함을 인정하는 것이었다. 매튜의 사례에서 언급한 것처럼, 이상적으로는 이 단계를 한참 전에 지나간 사춘기가 막 끝난 직후에 이미 밟았어야 했다. 그러나 이것은 아직 스탄에게는 굉장한 비약이었다. 그에게는 세심한 사랑과 지혜, 그리고 그와 함께 기다리며 주님께 듣고자 하는 누군가의 인정이 필요했다.

이미 앞에서 보았듯이 이런 사고방식의 장애는, 우리가 자아를 용납하고 사랑하지 않는 태도를 버리기를 의도적으로 **선택하고** 머릿속 생각과 마음의 상상(이 경우에는 자신에 대한 과거의 모든 부정적인 생각과 상상)을 그리스도께 복종시킴에 따라 극복된다(고후 10:5). 그렇게 할 때 우리는 자신을 스스로나 다른 사람의 시각이 아니라 사랑으로 품으시는 하나님의 눈으로 바라보게 된다. 그렇게 함으로써 다른 사람들뿐 아니라 우리 스스로에 대해서도 인내하고 온유하게 대하는 미덕이 우리 안으로 스며들며, 이런 미덕으로 행하는 것을 배워간다. 우리가 무릎을 꿇을 때, 혹은 어떤 방식으로든 하나님과의 쌍방 대화 속으로 가장 잘 들어갈 때, 의식적으로 그리고 의도적으로 우리는 자신을 수용하고 자기 마음과 하나님의 마음을 대면하며 듣는 일을 시작할 수 있다.

특히 과거에 모욕감을 주었던 기억을 발견하게 될지도 모른다는 두려움 때문에, 우리는 하나님이나 우리 내면의 자아나 감정에게 귀 기울이는 것을 주저한다. 또한 어떤 이들은 자신에 대한 진실에 직면할 때, 우리가 가장 우려하는 진실, 즉 스스로가 다른 사람들보다 어딘가 더 비열하거나 덜 "정상적일" 거라고 걱정했던 일이 진실로 드러날까 봐 두려워한다. 자연히 우리는 내적인 외로움을 대면하는 일에서 도망치게 된다. 한편으로는 혼자만의 고독을 두려워하면서, 다른 한편으로는 가족과 친구와 누려야 할 만족스러운 친밀함과 우정을 나누는 것을 두려워하는 것이다. 그러나 하나님 앞에서 과거에 겪은 저열한 일이나 자신과 타인들에 대한 내적 감정을 직면하고 인정하는 것을 두려워하지 않고 용기를 내어 이런 기도 가운데로 들어온 이들은 모두, 하나님이 진정 사랑이시라는 것을 발견한다. 또한 그들은 (하나님이 주시는 선물인) 자기용납의 미덕을 발견한다.

스탄은 하나님의 용서를 받아들인 후에도, 과거에 그가 그토록 타락했었다는 사실로 인해 자신을 용납하는 것을 주저하면서 자유와 성숙의 목적지에 도달할 수 없었다. 그는 스스로를 용서할 뿐 아니라 그릇된 길로 들어섰던 자신에 대해 온유하고 인내하는 마음을 가져야 했다. 동시에 죄악된 행위를 거부해야 했다. 스탄은 이 일에 실패한 것이 오직 교만에 그 뿌리가 있다는 것을 깨달아야 했다.

교만이야말로 그것을 깨닫고 고백하기까지, 우리가 다른 모든 이와 마찬가지로 타락한 피조물이고 그렇기 때문에 죄를 짓고 중대한 실수를 저지른다는 사실에 동의하지 못하도록 가로막는 원흉이다. 이 실패는 언제나 "열등의식"이라고 불리는 것 아래에 숨어 있는데, 이 열등의식은 그 안에 잠재하고 있는 일종의 교만을 항상 수반한다. 우리는 아직도 자신의 구원을 스스로 이루어보고자 하는 것이다. 이 교만을 고백함으로써 우리는 스스로가 다른 사람과 같음을 인정한다. 우리 모두는 타락했고 아름다운 것에 끌릴 뿐만 아니라 사악한 것에도 쉽게 넘어간다는 것과, 잠시라도 하나님으로부터 돌아서면 다시 한 번 부끄럽고 부도덕하게 될 수 있음을 인정하는 것이다. 이것이 십자가의 길을 온전하게 받아들이는 것이다. 이 길은 우리 스스로 완벽해짐으로써 구원을 얻으려 하거나 과거에 우리가 지은 죄와 실수들을 "지우는" 길을 알아내려는 모든 시도를 뛰어넘는, 우리를 구원하시는 하나님의 길이다.

값없이 누리는 "놀라운 은혜"라는 위대한 진리를 일단 깨달은 사람은 대개 자기수용의 문제를 스스로 해결해나갈 수 있다. 물론 기도 가운데 우리의 오래된 태도와 적지 않게 "씨름을 하긴" 하지만, 바로 그것이 우리를 강하게 만든다. 그러나 자아를 병든 감정으로 바라보던 정도가 특별히 심각하고 오래 지속되었던 경우에는 더 많은 도움이 필요하다. 이런 이들을 위해 내가 할 역할은 단순히 기도 가운데 그들과 함께 기다리면서 서서히 그들이 가지고 있던 부정적인 생각을 떠나보내고, 그 자리에 주님이 주시는 긍정적인 말과 태도를 받아들이도록 인도하는 것이다. 때로 특별히 힘든 임상 사례를 만났을 경우에 우리는 과거에 기도를 통해 치유되었던 기억으로 되돌아가 본다. 그러나 이번에는 내담자가 의식적으로 그리고 의도적으로 주님과의 대화 가운데 있으면서, 행위에 관여했던 자아는 **용납하고** 오직 해로운 행위 자체만을 거부하도록 한다.

이런 방식으로 자신을 그토록 거부하던 사람들은, 타인을 인내하며 용납하는 것과 동일하게, 스스로를 인내로 용납하는 연습을 하는 데 필요한 객관성을 얻을 수 있다. 동시에 이것은 참회하고 용서받은 자아를 인정하고 받아들이는 겸손 가운데 배우게 되는 매우 의미 있는 학습이기도 하다. 이런 겸손은 자신을 향한 분노가 만들어낸 절망에 빠진 스탄과 같은 사람들을 자유롭게 한다. 진실로 이 기도는 분노를 누그러뜨리고 멈추게 하고 완전히 사라지게 한다. 그렇기 때문에 하나님 앞에서 겸손하면 자신을 있는 그대로 받아들일 수 있으며, 하나님은 그들을 일으켜 세우시고 그들의 삶을 의미 있게 만드신다.[4]

이런 듣는 기도야말로 하나님의 임재를 경험하기 위한 최상의 훈련이다. 하나님을 향해 눈을 돌릴 때, 우리는 자의식과 내향적 자기몰입의 지옥으로부터 건져진다. 우리는 자아를 의식하는 것이 아니라 하나님을 의식하게 된다. 스탄은 자신이 내면으로 향하는 때 즉 자아의 현존을 실행하는 때를 곧 알아차리고, 바로 그 순간에 그의 생각과 마음의 눈(상상력)을 주님께로 돌리는 법을 철저히 배웠다. "나는 심지가 견고한 자를 평강에 평강으로 지키리니 이는 그가 나를 의뢰함이라"(사 26:3)는 언제나 변함없는 하나님의 약속이며, 내향적 자기몰입의 질병에서 치유되는 최고의 길이다.

듣는 기도는 한 사람의 지나간 시간 속에 새로운 빛을 비추어주고 우리의 특정한 연약함의 원인에 대해 통찰력을 가지게 만든다. 완벽주

---

4) "주 앞에서—지극히 하찮게 느낄 만큼—너 자신을 낮추라. 그러면 주께서 너를 높이시리라. 그가 너를 높이고 네 인생을 귀하게 하시리라(약 4:10, AMP).

의자인 스탄은 듣는 기도 가운데 자신이 아버지의 완벽주의를 닮았다는 것을 깨닫기 시작했다. 이어서 스탄은 기본적으로 두 가지 행동 패턴이 자기와 연관되어 있음을 알게 되었다. 첫째는 불쾌감을 주지 않으려는 습관이고, 둘째는 어머니의 심기를 불편하게 할지도 모른다는 두려움에 어머니께 굴종하는 것이었다. 스탄은 자신이 이런 식으로 어머니를 보호하려고 애써왔다는 사실과, 그가 왜 이렇게 행했는지를 알게 되었다. 한 살 더 많은 형을 다루기 힘들어했던 어머니는, 첫째 아이가 남자라서 그렇다고 생각하고는, 둘째 아이로는 딸이 태어나도록 기도하고 또 기도했다. 그런데 딸 대신에 스탄이 태어났던 것이다. 스탄은 다루기 어려운 아들을 하나 더 얻은 것에 대한 어머니의 두려움을 어느 정도 느끼고 있었다. 기억조차 없는 어린 시절부터 그는 완벽해지려고 애를 썼다. 착한 아기, 착한 아들을 바라는 어머니의 기대를 충족시키려고 노력했다. 나중에는 어머니를 공경하는 마음에서, 여자 친구와 사귀려는 평범한 일조차 시도하지 않았다. 이 모든 내용은 내향적 자기 몰입 대신에 듣는 기도의 훈련을 하면서 얻은 결실로서, 스탄에게는 새로운 통찰력으로 다가왔다.

이처럼 개인적인 성장 배경 때문에 자기 정체성(성 정체성과 다른 정체성을 포함해서)을 어머니의 정체성과 분리시키는 작업을 할 준비가 되지 않았다는 것도 사실이지만, 스탄이 겪는 어려움에는 이보다 더 중요한 요인이 있었다. 스탄의 아버지는 훌륭한 사람이었지만 자기 일에 너무 몰두해 있었고 정서적으로 아들과 거리감이 있었다. 스탄은 효심이 강했기 때문에 아버지를 존경하는데도 불구하고 자신이 아버지를 잘 모른다는 사실을 받아들이기 힘들어했다. 사춘기와 사춘기 직후인 결정적인 몇 년 동안 스탄은 아버지와 반드시 가져야만 하는 관계를 가지지 못했다. 바로 이때가 자아도취적 사춘기의 고치를 벗어나 성숙하고 남성다운 자기 정체성을 받아들이기 위해 그가 아버지의 인정을 그토록 필요로 했던 시간이다.

듣는다는 것은 순종함을 의미한다. 순종을 배우면서 한 사람의 진정한 자아, 남성성을 포함한 모든 것이 전면으로 나온다. 자기 뜻을 그리스도의 뜻과 하나가 되게 하면서 스탄은 온전한 남성으로서의 자기 정체성을 찾고 받아들였다. 그의 남성성은 항상 거기에 있었다. 그를 기다리면서 말이다. 스탄이 아무런 노력 없이 그것을 얻은 것은 아니다. 하지만 그 치열한 노력의 시간이 그를 완전히 변화시켰다. 마치 누에고치로부터 나비가 나오는 것처럼 스탄은 튼튼하게 성장했고 세상을 날아다니며 탐험할 수 있는 밝은 빛깔의 날개도 갖게 되었다. 그는 이제 견고하고 안정된 사람, 쾌활하면서도 속이 꽉 찬 사람이 되었다. 그리고 이성애적 정체성도 갖게 되었다. 그가 가진 학구적이고 예술적인 재능이 꽃을 피우고, 내가 이 글을 쓰고 있는 바로 지금도 놀라운 성공을 거두고 있다.

나는 사탄의 확고한 의도 중 하나가 스탄이 가진 남다른 지적·예술적 재능을 빼앗는 것이었다고 생각한다. 또 다른 요소도 언급할 가치가 있는데, 그 요소로 인해 스탄은 자기 마음을 그토록 심각한 공격에 더욱 열어놓게 되었다. 스스로를 수용하는 것 대신에, 스탄은 전적으로 지적·예술적 탐구에 몰입했으며 자기 존재의 영적·육체적·정서적 부분은 간과했던 것이다. 우리가 마음과 인성의 한 부분을 희생시키면서 다른 부분을 개발하면 많은 유혹과 기이한 충동에 더욱 취약해진다.

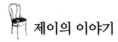 **제이의 이야기**

제이는 사랑이 많은 기독교 집안에서 태어났다. 어머니와 제이는 아버지를 있는 모습 그대로 사랑하고 수용했지만, 아버지는 유약한 분이었고 어머니는 지배적인 성향을 가지고 있었다. 그녀는 제이가 남자아이인데도 불구하고 아주 어린 제이에게 여자아이처럼 옷을 입히는 취미를 가지고 있었다. 제이가 기억하고 있는 가장 어렸을 때의 일 중 하나가 있다. 그것은 어머니가 그에게 주름 장식이 있는 분홍색 드레스를 입혀놓고 몇몇 외가 식구를 불러서 제이의 모습을 보여주고 자랑했던 일이다. 이런 취향을 가진 것은 두말할 것도 없이 여자아이를 원했지만 대신에 남자아이를 낳게 된 사실을 받아들이고 적응하기 위한 어머니 나름의 방식이었다. 분홍색 프릴 옷을 입고 있는 제이의 모습에 가족 사이에서도 감정 충돌이 있었다는 것은 충분히 이해할 만하다. 그리고 이 사건은 그때 일었던 감정의 동요와 함께 그의 마음에 각인되었다. 이상하게도 제이는 이 일에 대해 어머니를 탓할 생각이 없었다. 그는 분명히 어머니를 끔찍이 사랑했다. 내가 알게 된 사실은 제이가 어머니를 자기 모델로 삼았다는 것이다. 그는 아버지를 닮기보다 어머니의 행동거지를 모방했던 것이다.

　　제이는 고등학생이 되어서야 처음으로 어머니가 줄 수 없는 어떤 도움이 필요하다는 것을 깨닫게 되었다. 제이는 학교의 드라마 스튜디오에서 즐겁게 연기 활동을 했는데 한번은 달콤하고 아름다운 젊은 남녀의 사랑 이야기에서 남자 주인공 역할을 맡게 되었다. 그러나 제이는 기뻐하는 대신 혼란스러워했다. 그는 남성미 넘치는 왕자 역할을 맡고 싶지 않았다. 그가 강렬할 정도로 원했던 배역은 왕자가 구출해서 결혼할 부드럽고 아름다운 여성의 역할이었다. 이는 자신에 대해 갑작스러운 공포를 일깨워준 끔찍한 발견이었다. 이 일이 일어났을 즈음에 몇몇 친구들이 제이에게 동성애자가 아니냐는 말을 꺼내기 시작했고 그 중거로 제이의 버릇들을 지적하자, 그의 두려움은 배가되었다.

제이가 어머니를 모델로 삼았기 때문에 그의 걸음걸이, 말씨, 손의 움직임과 같은 버릇들은 확실히 여성적이었다. 이렇게 어머니를 모방하고 그녀와 밀접한 관계를 가짐으로 인해 제이는 자신의 성 정체성을 어머니의 것과 분리하는 데 늦어졌다. 그래서 제이의 남자다운 특성들은 덜 발달된 반면에, 그의 여성성은 풍성하게 개발되었다. 같은 이유로 제이는 여자 친구들과 원만하고도 가까운 관계를 즐기면서도, 대부분의 또래 남자아이들이 가지고 있는, 지배하거나 성욕을 억제해야 하는 등의 일반적인 문제는 겪지 않았다.

제이가 자신이 동성애자가 아니라는 확신을 가진 후에 가장 첫 번째로 필요했던 것은, 자기에게 무슨 일이 있었는지를 충분하게 깨닫는 것이었다. 예를 들면, 그는 자신이 아버지 대신 어머니를 모델로 삼았다는 사실을 깨달아야 했다. **왜** 그런 일이 있었는지에 대한 설명도 필요했다. 우리는 제이에게 성 정체성의 혼란을 가져다준 그 기억을 치유하는 기도를 할 준비가 되어 있었다.

이상하게 들리겠지만, 제이는 (1) 어머니가 아들 대신 딸을 원했던 것과, (2) 자신에게 여자아이처럼 옷을 입혔다는 것에 대해 어머니를 용서할 필요가 있다는 것을 납득해야만 했다. 왜냐하면 그는 스스로 어머니에게 어떤 원망도 없다고 거듭 밝혔기 때문이다. 나는 그가 다행스럽게도 어머니에게 어떤 앙심도 갖고 있지 않다 하더라도, 어머니가 그에게 했던 행동에 대해서는 용서해야 함을 그에게 인식시켜야 했다.

우리가 함께 기도하기 시작했을 때, 제이의 머릿속에 떠오른 가장 첫 번째 기억은 그가 아기 때 주름 달린 분홍색 옷을 입고 눈살을 찌푸린 친척에게 둘러싸인 장면이었다. 주님이 이 기억 속에 개입하시고 (지금까지는 불편해했던 친척들의 감정보다 어머니의 감정과 스스로를 동일시해왔던) 그가 어머니를 용서했을 때, 처음으로 어머니의 행동이 좀 더 진실한 빛 가운데서 보이는 듯했다. 하나씩 하나씩 어머니가 그를 여자아이 취급했던 기억들이 올라와서 그가 그것을 "보고" 다룰 수 있었다. 제이는 어머니의 행동이 어떻게 자신이 이상적인 자아상을 갖는 데 영향을 주었는지 이해하기 시작했고 그 결과 남성성이 부정된 자신의 자아상에 변화를 주어야 했다. 어머니가 칭찬하고 인정해주었던 모습과는 다른 이상적인 자아상을 의도적으로 상상해내는 일은 쉽지 않았다.

어머니가 준 사랑과 애정에 대해서는 하나님께 감사드리고 오직 어머니가 남자로서의 아들을 잘못 지도했던 부분만 거부하는 것 역시 중요했다. 제이가 어머니와 전반적으로 원만하고 애정 어린 관계를 가지고 있었기 때문에 그것은 어려운 일이 아니었다. 게다가 자신의 어머니 역시 치유가 필요하다는 사실을 제이가 깨닫는 순간 그렇게 하는 것은 더 쉬워졌다. 외할아버지는 딸이 태어났을 때 아들을 원했고 어머니는 그때 깊은 거절감을 경험했다. 외할아버지는 어머니에게 남자 이름을 지어주시기까지 하며 문제를 악화시켰다.

우리는 이 문제에 대해 기도한 후, 제이의 이마에 기름을 바르고 주님께서 오셔서 치유하시고 열일곱 살 제이의 성적 욕구와 충동을 정상적인 궤도로 돌려주시기를 간청했다. 우리는 이 치유가 일어나는 것을 마음으로 그려보았고 그것에 대해 하나님께 감사를 드렸다.

기도를 끝내면서 나는 제이에게 의식적으로 그리고 의도적으로 자신의 습관을 바꾸도록 지침을 주었으며, 그가 생각하기에 그리스도인으로서, 리더로서, 남편으로서, 아버지로서 존경하고 모델로 삼을 수 있는 가장 남자다운 사람을 고르라고 제안했다. 제이는 그렇게 하겠다고 약속했다.

제이는 자신의 고통스런 딜레마 위에 비추어진 새로운 빛에 고무되고 기도를 통해 큰 격려를 받은 후 돌아갔다. 그 후 우리는 네다섯 달 동안 그에 관해 아무 소식도 듣지 못했다. 그런데 갑자기 그로부터 다시 만나고 싶다는 연락이 왔다.

제이가 우리 집을 다시 방문했을 때, 그의 습관이 개선된 것을 보고 놀라지 않을 수 없었다. 누군가 제이의 옛 말버릇과 행동거지를 찾아내려면 꼼꼼히 살펴야 했을 것이다. 제이가 짧은 시간 안에 이런 변화를 이끌어낼 수 있었던 것은 의심할 여지없이 그가 가진 배우로서의 능력이 뒷받침되었기 때문이다. 이번에 제이가 상담하고자 하는 것은 전혀 다른 문제였다. 제이의 남성성은 이제 더 이상 억눌리지 않았고 성 정체성도 어머니의 것과 분리되었다. 그리고 성적 욕구에 있어서도 족쇄가 풀리고 정상으로 돌아오는 것을 경험했다. 그러나 이번에는 성욕이 억눌리지 않고 오히려 지나친 것 같아서 곤란을 느끼고 있었다.

이 문제에 대해서도 기도의 방법이 있었다. 우리는 이 창조적인 에너지를 제이가 가지고 있다는 사실에 대해 감사를 드렸고, 제이가 결혼할 때까지 성욕이 정도를 넘을 때 그것을 운동이나 다른 창조적인 활동을 통해 해소할 수 있도록 간구했다.

　제이의 이야기를 마치기 전에 짚고 넘어가야 하는 것은, 누군가 외모나 행동거지가 자기와 반대되는 성(性)처럼 보인다고 해서 그를 동성애자라고 의심하거나 비난하는 것이 참혹한 결과를 가져올 수 있다는 점이다. 제이 같은 사람이 **왜** 자기가 여자같이 보이는지 깨닫기 전까지,[5] 이런 의견이나 비난은 초자연적인 힘이라고 밖에 표현할 수 없는 재앙을 몰고 온다. 마치 사탄이 그 비난을 취해서 희생자에게 진실이 아닌 것을 진실이라고 설득시킨 다음 재빨리 악마적인 유혹으로 몰아넣어서, 그것이 진실인지 "알기" 위해 동성애 행위를 실험하도록 만드는 것 같다. 매튜와 스탄의 이야기에서 보았듯이 이 모든 것 안에는 강박적인 특성이 있다.

어린 시절 트라우마의 경험과 관련된 동성애

 루엘과 로렌의 이야기

동성에게 강간을 당한 후 그 트라우마가 치유되지 못하고 미해결로 남아 있는 경우, 가혹하게 상처 입은 자아상과 (비록 원하지 않았지만 그런 행위에 관여한 것으로부터 오는) 말할 수 없는 죄책감 때문에 피해자들은 자신이 동성애자라는 두려움에 사로잡히게 되고 차후에는 공공연한

---

5) 고의적으로 자신에 대해 그런 이미지로 꾸미는 사람들이 있다. 그들의 내적 결핍은 제이의 경우와는 다르게 성 정체성을 어머니의 성 정체성과 차별화 하는 데 대한 실패를 확고히 하려는 데 기인한다.

동성애자로 옮겨갈 수 있다. 어떤 방식으로든 "심리적"으로 보호를 받지 못한 남자아이들에게 종종 이런 일이 일어난다. 루엘의 경우가 지금 내가 이야기하고자 하는 사례에 해당한다.

루엘은 갓난아기일 때 아버지에게 버림받고 어머니와 할머니 손에서 컸다. 집에 찾아오는 손님들은 대개 여성으로, 어머니와 할머니의 친구들이었다. 그리고 두 명의 이모가 집에 와서 같이 산 적이 있었다. 하지만 남성은 곁에 전혀 없었으며, 유약하든 온전하든 루엘이 애정을 주고 닮고 싶어할 만한 인물이 없었다. 이런 환경만으로도 루엘의 남성적 발육은 저해되었다. 남성과의 우정에 굶주렸던 루엘은 수줍게 한 나이 많은 남자와 알고 지내기 시작했는데, 그 만남은 갑작스레 동성에게 당하는 충격적이고 모욕적인 강간으로 끝이 났다. 루엘은 수치스럽고 겁에 질려서 무슨 일이 있었는지 아무에게도 말하지 못했다.

그 후 루엘은 사춘기가 지나고 안정적인 성 정체성을 갖는 데 실패하면서 자신이 동성애자라는 것에 대해 두려워하기 시작했다. 이 공포는 루엘이 그토록 절실하게 필요로 했던 치유를 발견하기까지 몇 해 동안 그의 삶에 심각한 상처를 남기면서 그의 삶을 빚어왔다. 만약 루엘의 삶에 따뜻하고 자상한 아버지가 있었다면, 동성애자에게 강간을 당하고 겪어야 했던 통렬한 고통으로 인한 영향은 해결되고 치료를 받거나, 아니면 적어도 다른 방향으로 교정 작업이 이루어졌을 것이다. 사실 몇 가지 이유만으로도 그런 일은 일어나지 않았을 것이다. 아버지의 보호가 있다면 이런 가해는 강력하게 억제되기 때문이다.

우리의 영적 지식의 부족으로 인해 틈이 보이면, 사탄은 그 기회를 이용해서 다른 사람들이 우리에게 저지른 죄가 우리 안에서 똑같은 질병으로 작용하도록 할 수 있다. 이런 사건 뒤에 따라오는 두려움과 유혹은 사탄이 하는 짓이다. 이렇게 치료되지 않은 기억은 상상력의 세계를 아수라장으로 만들어놓는데, 이를 통해 마음속에 원하지 않던 문이 열리게 된다. 바로 그곳으로 정욕이 침투하려고 시도한다. 그리고 그 사람은 영적 전쟁에 휩싸이게 된다.

자위행위에서 포르노그라피(음란물)나 집단 난교에 노출되어 받은 충격은 동성애자에게 강간당하는 것과 같은 방식으로 어린 마음에 영향을 끼칠 수 있다. 이런 노출은 마음이 강간을 당한 것이기 때문에 나중에 동성애적 충동에 마음 문을 열어주게 된다. 성인 남자가 이런 노출의 통로가 됐을 때 그 충격은 더 심각해진다.

가장 우선적으로 필요한 기도는 두말할 필요 없이 트라우마가 된 기억 자체를 치유하는 것이다. 기도 가운데 피해자는 자신에게 흉악한 죄를 저지른 사람을 용서한다. 이 죄의 영향력이 기도 받는 사람과 하나로 묶여 있는데, 그 영향력이 그로부터 축출됨으로써 더 이상 그것들로 인해 그의 인격이 형성되거나 그것들로 인해 고통을 받지 않게 되는 것이다. 그러고 나면 성령께서 인도하시는 대로, 주님이 그 기억 가운데 초청되어 치유하시고 깨끗하게 하시는 일이 일어난다. 나중에 찾아오는 실제 죄책감뿐만 아니라 거짓 죄책감도 다루어지고 제거된다. 이따금씩 하나님을 원망하는 경우도 있는데 이것 또한 고백된다. 사건에 대한 기억은 지워지지 않지만 고통은 사라진다. 피해자는 예전에 가지고 있었던 수치심과 모욕감을 느끼지 않고 그 일을 생각할 수 있게 된다. 이런 경우에는 악령의 속박을 끊는 기도를 하고 나서(예를 들면 성적 정욕으로 압박하는 영을 축사하는 것), 상상력에 그을림을 남기고 마음에 두려움과 혼돈과 굴욕감이 들어오게 된 원인에 대해 마음의 문을 **닫는** 기도를 드린다.

루엘의 사례는 유사 부류 중에서 원인이 분명한 경우다. 그보다 원인이 덜 분명하면서 일반적인 사례들은 영유아기에 성별이나 심지어 출생 시의 기형으로 인해 거절을 경험한 것과 관련된다.

로렌은 단정하고 잘생긴 사십 대 남성이었는데 사춘기 이후로 공공연하게 동성애자로 살아왔다. 그 때문에 아버지와 심각한 갈등을 겪어왔고 나머지 가족과도 균열이 생겼다. 로렌은 스스로를 탐탁지 않게 생각함에도 불구하고, 아버지 앞에서만큼은 사력을 다해 자기 행동을 변호했다. 로렌은 자신의 동성애적 성향 안에 아버지를 향한 앙심과 반항심이 내재되어 있음을 알았지만 뭘 어찌해야 할지 몰랐다. 로렌이 그리스도께 자기 삶을 드리게 되었을 때 그는 진심으로 회심했지만, 하나님이 근원 기억을 알려주시기 전까지는 오랜 동성애적 성향을 온전히 이겨내지 못하고 어려움을 겪고 있었다. 우리가 주님께 로렌이 겪고 있는 어려움의 기원이 되는 기억을 찾아내고 그곳으로 들어가 주시기를 간구했을 때 다음과 같은 일이 일어났다.[6] 이 기도로 즉시 로렌은 출생 직후 몇 분간 벌어졌던 상황을 다시 체험하게 되었다.

그 장면이 펼쳐졌을 때, 로렌은 아버지가 분만실로 들어오는 것을 보았다. 방안은 실망감으로 가득했고 그 무게가 온통 로렌에게 쏟아졌다. 그의 표현에 따르면 아버지는 역겨운 표정으로 자기를 쳐다보면서

---

6) 거절감이 기도를 통해 치유받기 위해 항상 의식적으로 인지될 필요는 없다. 기도를 받는 사람은 단순히 전에 알지 못했던 문제로부터의 자유와 평강만을 맛볼 수도 있다.

"또 남자애야!"라고 내뱉었다. 아버지는 바로 돌아서서 방문을 열고 나가버렸다. 아버지는 딸을 몹시 원했는데 세 번째 아들이 태어났던 것이다. 이 모든 광경을 로렌이 "보면서" 다시 체험하게 되었을 때는 마음뿐만이 아니라 개념적으로도 그 상황을 이해하게 되었다. 이런 거절의 경험은 나중에 왜 로렌이 가족이 질색함에도 여자아이가 되려고 했는지 그 이유를 설명해준다. 로렌은 인형을 가지고 놀려고 했고 남자아이 대신에 여자아이와 어울렸다. 무의식적으로 로렌은 아버지가 원했던 딸이 되려고 했던 것이다.

루엘과 로렌은 오랫동안 찾아 헤매던 치유를 찾았고 그 치유로 인해 자유를 되찾고 기쁨을 얻게 되었다. 둘 다 지금은 온전히 남성으로서의 정체성에 뿌리내리고 있으며 행복한 결혼생활을 하고 있다.

출생 트라우마와 남성성의 억압

예수님은 치유가 필요한 사람으로 하여금 그 기억을 다시 체험하게 하지 않고도 태중에 있을 때와 출생 당시와 영유아기의 트라우마로 들어가셔서 치료하실 수 있다. 아기에게 어떤 트라우마가 생겼는지 아는 경우에는 부모가 그 자녀에게 손을 얹고 기도할 수 있는데, 왜냐하면 주님이 그 아픈 기억으로 들어가셔서 아기를 치유하시고 두려움과 공포를 걷어내시고 부모의 사랑을 받아들이도록 하실 수 있음을 알기 때문이다. 이 기도를 시작으로 아버지와 어머니는 이따금 아기가 잠들었을 때 안수하며 기도를 이어갈 수 있다. 주님께서 이 작은 아기에게 더 깊이 들어가셔서 하나님의 사랑으로 흠뻑 젖도록 덮으시고 마음 깊은 곳에 빛을 비추시도록 간구하는 것이다.

아기 어머니는 하나님이 아기로 하여금 어머니의 사랑을 받아들이고 그 사랑으로 인해 자신의 독특한 존재감을 건강하게 소유할 수 있도록 구체적으로 기도할 수 있다. 어머니가 자신의 믿음을 풀어놓는 방법인 기도를 통해 그런 일이 일어나고 있는 믿음의 그림을 기쁨으로 마음속에 그릴 수 있고, 이 모든 것을 하나님의 빛으로 올려드리며 그분의 축복을 구하고, 그것이 지금 이 순간에도 이루어지고 있음을 감사로 고백할 수 있다.

물론 아버지도 같은 방식으로 기도할 수 있으며, 가장으로서 아버지와 또 아버지의 기도를 통해 가족 전체에게 주어지는 특별한 보호가 있음을 확신할 수 있다. 기억을 불러오지 않고도 치유가 일어나는 또 다른 예들로, 어른이 영유아기의 트라우마의 치유를 위해 기도한 후에 깊은 평안과 더불어 정서적으로 막혀 있던 것이 제거되는 것을 경험하는 경우도 있다.

그러나 때로는 치유를 받는 사람이 트라우마와 관련된 모든 것을 온전히 다 경험하기도 한다. 이런 경우, 우리는 육체적·정신적 고통이 강렬한 나머지, 다 자란 성인 안에 있는 상처 입은 "아기"가 여전히 어머니 자궁 밖으로 나가기를 두려워하는 상태, 즉 참된 자아를 억누르고 동시에 진정한 남성성을 억압하는 상태를 생생히 체험하게 된다.[7]

---

7) "영유아기에 적절한 존재감을 갖는 데 실패한 경우와 동성애 행위"에서 보게 되겠지만, 최악의 사례들에서는 심적·육적 고통이 영유아로 하여금 엄마의 사랑을 수용할 수 없게 만들 수 있다. 엄마와의 관계에서 분열성 성격장애 상태에 놓인 것이다.

한번은 젊은 남편이자 아버지인 남성이 이런 치유를 받은 적이 있다. 그는 도시를 벗어난 탁 트인 교외 지역에서는 전혀 운전을 못하며 비행기는 아예 탑승조차 못하는 사람이었다. 그는 왜 자신이 아침마다 잠자리에서 일어나서 첫 발을 내디딜 때마다, 그리고 출근길을 나설 때마다 큰 용기를 내야 하는지 모르고 살아왔다. 그는 이런 공포와 두려움을 치료받은 적이 있었지만 상태는 나아지기는커녕 더 악화되었다. 그의 아내도 이 문제를 어떻게든 해결해보려 하다가 지친 상태였고, 생계비를 버는 데 필요한 남편의 능력이 더 제한될까봐 염려하고 있었다.

나는 그의 문제가 무엇인지 전혀 알 수가 없었다. 하지만 기도를 시작하자마자 우리는 곧바로 그의 출생 시 경험으로 들어가게 되었는데, 그것은 심한 트라우마의 경험이었다. 기도에 들어가기 전까지는 그것에 대해 전혀 알지 못했으며 사실 알아야 할 필요도 없었다. 왜냐하면 곧 내 눈으로 직접 "보고" 출생 당시의 고통스러운 드라마 전체를 그와 함께 체험했기 때문이다. 우리가 기도를 하고 있을 때, 그는 (뭔지 그 정체를 알 수 없지만) 작고 둥근 빛을 보기 시작했다. 그 순간 그가 내게 이렇게 알려주었다. "전 지금 태어나고 있어요." 곧 우리는 그가 보고 있는 빛이 어머니 몸 밖으로 나가는 통로 끝에서 비추는 조명이라는 것을 알았다. 여기까지는 출산에 아무 문제가 없었다.

하지만 곧 난산으로 인해 그의 얼굴이 고통스럽게 일그러지기 시작했다. 그의 어깨는 필사적으로 자기 머리를 빛을 향해 밀어내려고 안간힘을 썼다. 그때 숨이 막혀왔다. 얼굴은 떨구어졌고, 탯줄이 목을 감싸 조이는 동시에 가슴을 압박해왔다. 고통이 극에 달했다. 나는 끔찍한 순간순간을 보면서 그를 위해 기도하고 있었는데, 마치 실제로 그가 태어나고 있는 듯했다. 나는 하나님의 자비를 구하며 그를 도와주시기를 기도했다. 그가 출산 경로를 통과하는 동안 탯줄로 숨이 막힐 때 그 고통을 멈추고 탯줄을 풀어주시도록 간구했으며, 가슴이 압박되는 고통을 치유하고 멈추게 해주시기를 간구했다. 그중 가슴을 짓누르는 통증은 가장 견디기 힘든 고통이었으며 무의식의 기억들 중 끔찍한 것으로 남아 있었다.

그런 후 우리는 그가 느꼈던 말할 수 없는 외로움에 대해 기도했다. 그의 어머니가 치료를 받는 동안, 그는 여전히 극심한 고통 중에 있었음에도 어떤 돌봄도 받지 못한 채 차디찬 한쪽에 뉘어 있었다. 의사의 얼굴이 불쑥 나타났을 때는 뭔가 무시무시한 것이 나타난 것만 같았다. (나중에 자신도 이유를 알지 못한 채 수년 동안 의사에 대해 병적인 두려움을 가지게 된 점도 중요한 대목이다. 또한 그가 스트레스를 느낄 때마다 까닭 없이 숨이 막혔는데, 이는 기도 중에 탯줄이 목에 감기는 기억이 재현됐을 때와 동일했다.)

고통스러운 출생의 경험이 끝났을 때, 나는 주님께 이 조그맣고 가냘픈 아기를 그분의 사랑의 담요로 감싸주시기를 기도했다. 그러자 모든 기억의 치유로서 그가 경험한 일이 시작되었다. 그는 울었다. 새로 태어나는 아기가 내는 소리를 내면서 말이다. 나는 그가 이런 소리를 낼 수 있다는 것에 매우 놀랐다.

이 남성은 출생 당시의 트라우마가 치유되기 전까지 여전히 어머니의 자궁 밖으로 나오기를 무서워했다. 그 때문에 열린 공간을 두려워했던 것이다. 치유를 받은 이후에 그는 점차적으로 정상이 되어갔다. 이런 출생의 경험이 삶에 남겨놓은 두려움[8]과 공포로 인해 얼마나 심각하게 남성성이 억압될 수 있는지 쉽게 알 수 있다. 그는 자신의 남성성을 진지하게 의심했으며, 자기를 남자 중의 남자로 긍정적으로 생각할수가 없었다.

출생 때 남을 수 있는 상흔 중에 어머니의 사랑을 받아들이지 못할만큼 아기에게 큰 트라우마를 주는 경우도 있다. 이런 경우 그는 어머니와의 관계에서 분열성(schizoid) 성격장애 상태에 놓이게 된다. 앞의남성의 경우는 운이 좋은 편에 속하는데, 왜냐하면 그의 경우 기억을되살리기 위해 자궁 속으로까지 되돌아가지는 않았기 때문이다. 심리학적으로 말하면 태아가 어머니의 사랑을 받지 못해서 그 사랑과 더불어 자신의 **존재감**을 받아들이지 못하는 지경까지 가지는 않았다는 것이다. 비록 그가 여러 번 신경쇠약 증세를 겪고 인생의 많은 시기에 정신과 치료를 받아야 했지만, 출생 당시 벌어졌던 상황에 비하면 실제받았어야 할 충격보다 덜한 상흔이 남아 있었다. 그는 단순히 어머니의자궁 밖으로 나가는 것이 두려웠으며, 물리적인 고통을 겪었던 아기로서의 기억이 치유되어야 했다.

---

8) 어떻게 갓난아기가 살아남기 위해 안간힘을 쓰면서 고통 당하느니 죽기를 바라는지를 이해하기란 어려운 일이 아니다. 때로는 이런 고통을 겪었던 사람들 안에 다루어져야 할 죽음의 문제가 남아 있다. 역아(逆兒)가 겪는 트라우마의 경우, 치유 과정에서 태아가 태어나고 싶어하지 않고 어머니 뱃속을 떠나지 않으려고 저항하는 것을 암시하는 사례도 있다. 이런 사례들에서는 앞으로 자기 인생의 소명을 완전히 수용할 때 감당해야 할 것이 무엇인지를 직관적으로 아는 앎(혹은 지식)이 있는 듯하다. 바바라 쉘몬을 위시해서, 역아로 태어나서 출생 환경과 관련해 위에 기술한 유형의 치유를 경험한 사람들의 증언이 이를 뒷받침한다.

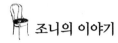 조니의 이야기

아버지가 돌아가셨을 때, 조니는 이십대 중반이었고 결혼한 상태였다. 내적 결핍이 매우 깊었던 그는 그때 동성애에 발을 들여놓게 되었고 그 후 이 년간 동성애 행위를 하면서 살았다.

깊은 내적 갈망이 여전히 채워지지 않은 채 결혼생활도 심각한 위기에 봉착하면서, 조니는 스스로 동성애 행위으로부터 벗어나려고 시도했다. 그러면서 그리스도를 만났고 완전히 회심하면서 열정적인 믿음의 증인이 되었다.

하지만 십여 년 간 독실하고 헌신적인 그리스도인으로 살았던 조니가 다시 허물어지기 시작했다. 그는 자녀들이 자기 아버지가 어떤 사람인지 알게 될까봐, 그리고 아내가 자기를 떠날까봐 두려웠다. 무엇보다도 실패에 대한 두려움이 컸다. 이 모든 두려움에 더해서, 동성애적 충동이 다시 강하게 찾아와 그의 의식 상태로는 부인하거나 억제할 수 없을 정도가 되었다. 그는 자신이 정신이상자가 아닐까 하고 두려워했다. 말하자면 신경쇠약 한가운데 있었던 것이다.

걱정하는 아내의 권유로 기도하고자 찾아왔을 때 조니는 그렇게 무너져 있는 상태였다. 그의 의식은 오랜 두려움과 거절과 나쁜 기억을 억압하려다 지쳐서 작동을 멈춘 상태였다. 이제 그는 그토록 오랫동안 직시하고 인정하기를 거부해왔던 모든 두려움과 어둠 속에 있는 내면의 외로움과 직면해야 했다.

조니가 살아온 이야기는 너무도 어두운 것이었다. 이는 난폭한 아버지와 형들이 집에서 서열을 가리는 의식의 일부로 동성애 행위를 한 것과 관련이 있다.

조니의 아버지는 조니가 일생 동안 갈구했던 미소나 다정한 말을 한 번도 건넨 적이 없었다. 그에게는 여자 형제들도 있었는데, 자라면서 아버지가 자기 딸들을 성추행한다는 사실을 알게 되었지만 자신은 그에 대해 아무것도 할 수 없었다. 또 아버지가 형들에게 여자 친구들을 골라주고는 그녀들을 희롱하는 것을 지켜봐야 했다. 난폭한 아버지에게 혹사당한 아들들은 감옥에 들어가게 되었고 거기에 이미 만연해 있던 야만적인 종류의 동성애에 관여하게 되었다. 그리고 그들은 집에 돌아와서 어린 동생들을 똑같은 방식으로 학대했다. 막내였던 조니는 가장 몹쓸 비인간적인 처사를 당했던 것 같다.

조니가 그렇게 산산이 무너져 내린 것은 놀랄 일이 아니었다. 이 모든 기억이 지금까지 치료받지 못한 채 곪아 있었다. 당연히 조니의 남성성은 그가 자라난 환경 속에서 심각하게 억눌려 있었다.

조니가 전에는 결코 말할 수 없었던 자기 이야기를 내게 털어놓았을 때, 우리는 함께 기도를 시작했다. 조니는 기도만이 유일한 길이라는 것을 알고 있음에도 불구하고 처음에는 저항했다. 그의 생각에 기도란 다소 의식적인 정신의 작용이었고 그래서 문제 전체를 다시 의식적으로 이해하고 다루려고 시도하기 때문이었다. 그런데 이런 작업이야말로 정확히 조니가 더 이상 할 수 없는 것이었고, 그렇게 하려다 이미 지칠 대로 지친 상태였다. 그때 나는 조니에게 완전히 힘을 빼고 내가 치유 기도를 할 수 있도록 그의 마음의 눈으로 그저 예수님만 바라보라고 권유했다. 조니의 치유 기도는 헤아릴 수 없을 만큼 값진 "마음의 그림 그리기" 또는 상상하기의 진수를 보여준다. 이는 "보기"를 위한 효과적인 방법일 뿐 아니라, 하나님이 어떤 그림을 보내주시든지 그것에 대해 마음을 열어놓게 한다. 종종 하나님의 도움과 진리는 "그림"으로 오곤 한다. 또한 조니의 치유는 증오가 얼마나 사랑과 가깝게 연결될 수 있는지를 잘 보여준다.

나는 조니가 아버지를 향해 증오심을 품고 있음을 알고 있었다. 나는 그에게 그의 아버지가 예수님 옆에 서 계신 것을 마음에 그려보라고 했다. 마음에 증오심이 가득한데 예수님을 향해 눈을 들고 그분을 보는 것은 매우 어려운 일이다. 또 우리가 미워하는 사람의 얼굴을 그려보는 것도 어려운 일이다. 우리는 미워하는 사람의 얼굴을 지워버리거나 완전히 없애버리려는 경향이 있다. 조니는 예수님도 아버지도 마음에 그리기 위해 쳐다볼 수가 없었다. 하지만 주님의 임재 앞에 굴복하여 그의 머리가 거의 바닥에 닿을 때까지 몸을 굽혔을 때, 깊이 자리 잡은 아버지를 향한 증오가 마음으로부터 솟아나오자 그는 주체할 수 없이 흐느끼기 시작했다. 그러고 나서 그는 아버지를 용서해야 했다. 그리고 그 용서는 조니의 상처 입은 마음 가장 깊은 곳에서부터 나와야만 했다. 그것은 조니에게 절대로 불가능한 일처럼 보였다. 그럼에도 그는 난관을 헤쳐 나가야 한다는 것을 알고 있었다. 지금과 같은 오래된 고통스러운 방식으로는 더 이상 살아갈 수가 없었기 때문이다. 나는 조니에게 다른 사람을 사랑하고 용서하는 것은 감정의 문제가 아니라 의지의 문제라는 것, 그리고 그가 느끼는 것이 당연히 어린 시절 아버지의 학대를 반영한다는 것을 확인시켜주었다.

조니의 의지를 강인하게 해주시기를 기도하고 아버지를 마음에 그려보라고 끈질기게 요구하면서, 나는 손을 뻗어서 아버지의 손을 잡으려고 의지를 발휘해보라고 그에게 말했다. 조니는 계속 머리를 숙인 채 마치 아버지의 손을 잡으려는 듯 천천히 팔을 들어 올렸다. 그는 "내 의지로 아버지, 당신을 용서하려 합니다. 아버지, 당신을 용서하렵니다"라며 흐느꼈다. 나는 조니에게 아버지의 얼굴을 올려다보고 "아버지, 난 진심으로 아버지를 용서해요"라고 말하라고 했다. 그러자 놀랍게도 억눌렸던 사랑의 급류가 쏟아져 나오기 시작했다. 조니는 울고 또 울면서 이렇게 말했다. "아버지, 사랑해요. 아버지, 사랑해요. 제가 아버지를 용서해요. 예수님, 제가 아버지 미워한 거 용서해주세요. 예수님, 절 용서해주세요. 예수님, 절 좀 도와주세요." 조니는 계속 말을 이어갔다. "저에게 따뜻한 말 한마디라도 해주셨으면 좋았잖아요." 이때 조니는 평생 무뚝뚝하고 적대적인 표정을 보여줬던 아버지의 얼굴을 서서히 올려다보았다. 나는 조니가 아버지의 얼굴을 "보고" 놀라워했던 순간을 잊을 수가 없다. 조니는 "내 아버지가 날 보고 웃고 계셔! 나에게 미소 짓고 계셔!"라고 소리쳤다.

조니 입장에서 평생 갈구해오던 것을 달래주는 것 같았던 그 미소가 뭔지 다 이해할 수는 없지만, 나는 이런 일을 자주 목격했으며, 동시에 이것이 결코 의심할 수 없는 건강하고 지속적인 열매들을 맺어가는 것을 보아왔다. 용서는 산 사람뿐만 아니라 죽은 사람도 결박으로부터 풀어주는 무엇일까? 죽은 사람이 누군가의 용서하지 못하는 마음으로부터 놓임 받을 때 그것을 알 수 있을까? 이는 생각해볼 만한 굉장한 질문들이다. 물론 생각만 해볼 수 있지만 말이다. 그러나 내가 분명히 아는 것은, 우리가 예수님의 이름으로 치유할 때 주님이 우리에게 치유의 말씀만이 아니라 치유하게 하는 그림도 보내주신다는 것이다. 조니가 본 그 미소를 보여준 분은 예수님이다. 또 내가 아는 것은 용서하는 기도를 하면서 조니가 아버지와의 관계 속으로 들어가게 되었다는 것이다. 그 관계는 아버지가 살아 계실 때에는 결코 가질 수 없던 관계였다.

조니가 아버지와 사별한 후에 동성애 파트너를 찾기 시작했다는 사실을 기억하자. 마음속에서 조니는 항상 아버지의 사랑과 인정 그리고 인자한 미소를 얻으려고 갈구해왔다. 이것들 중 아무것도 얻지 못한 상태로 아버지는 돌아가셨고, 그로 인해 조니 안에는 아버지의 사랑을 찾아 울부짖는 상처 입은 어린 소년이 남게 되었다. 그리고 그 소년은 아버지의 사랑과 함께 따라오는 남성으로서의 정체성을 찾아 헤맸던 것이다. 아마도 조니는 모든 동성애 파트너들과의 관계에서 부분적으로나마 아버지를 찾고 있었을 것이다. 매튜처럼 조니도 분명히 다른 사람에게서 자신을 찾고 있었다. 그는 격심한 정체성의 위기 가운데 있었다.

조니는 아버지를 용서하면서 실패에 대한 두려움으로부터 자유로워지는 발판을 마련했다. 이 두려움은 마음의 정원에 솟아난 단순한 잡초가 아니라 내적 생명을 송두리째 위협하며 조여오는 거대한 뿌리였다. 이 뿌리가 어떤 모양인지는 기도 중에 내게 그림으로 나타났다. 그것을 제거하기 위한 기도는 추악한 늙은 나무 한 그루를 뿌리째 뽑아내는 것과 같았다. 나는 하나님의 사랑과 권능이 그 뿌리 속으로 흘러들어 뿌리의 조임이 풀어지도록 기도했다. 그리고 그 일이 일어나기 시작하면서 나는 실패의 두려움이 조니 밖으로 나오는 것을 보았다. 그러고 나서 나는 예수님께 그분의 자유케 하고 치유하시는 사랑으로 그 끔찍한 뿌리의 촉모들이 자리 잡았던 모든 공간을 채워주시도록 간구했다. 우리는 치유가 일어나는 것을 보면서 조니의 마음에서 두려움이 남김없이 사라질 때까지 기다렸다.

앉은뱅이가 고침을 받고 뛰며 하나님을 찬양하고 성전에 들어갔던 것처럼(행 3:1-10), 자유하게 된 자신을 발견한 조니의 반응은 열광 그 자체였다. 오랫동안 주님을 찾고 이런 치유를 찾았던 조니는 이제 그 일이 실현되자 참으로 감격해했다. 그의 기쁨은 보는 이에게도 복된 일이었다.

조니의 사례에서 우리는 어린 시절에 동성에게 강간을 당한 채 치유되지 않은 트라우마, 잔혹한 아버지와 성장 환경으로 완전히 억눌린 남성성, 끔찍이도 갈구했던 아버지의 사랑과 자신의 정체성, 이 모든 것이 하나로 섞여버린 것을 본다. 조니에게 주된 치유는 그가 아버지를 향한 억제된 증오심으로부터 자유롭게 되어 아버지를 용서할 수 있었을 때 이루어졌다.

지나친 자기사랑: 혹은 지나친 불안정인가?

 랜디의 이야기

랜디는 매우 창의적인 젊은이로, 지적이고 예술적인 작업의 성공에서 그의 동료뿐만 아니라 스승마저도 뛰어넘고 있었다. 내가 랜디를 처음 만났을 때, 그는 자신이 여성을 포함해서 어느 누구와도 자기 삶을 나눌 수 없다는 것을 깨닫기 시작했다. 그에게는 그럴 시간이 없었으며, 타인들은 그의 예술 활동에 방해만 될 뿐이었다.

실제로 살아 있는 여성과 삶을 나눈다는 것은 많은 문제를 안고 있다. 찰스 윌리엄즈는 명작 소설 『지옥으로의 추락』(Descent into Hell)에서 살과 피가 있는 실제 여성과 시간을 소비하며 골칫거리를 더하지 않기 위해 자신을 사랑하기로 선택하면서 나락에 빠진 한 남자를 충격적으로 묘사하고 있다. 그는 진짜 여인 대신에 상상 속의 여인을 지칭하는 오컬트 용어인 서큐버스(잠자는 남자와 정을 통한다고 알려진 마녀―역자 주)에게로 간다. 실제로 이것은 공상의 삶을 수반하는 자위행위와 같다. 독자들은 이 소설의 주인공이 실제 여성에게 다가가려는 의지가 희미해지면서 상태가 더욱 악화되는 것을 보게 된다. 점차로 선택해온 환영의 세계가 더 중요하고 강박적으로 되면서 그의 내면은 소름 끼칠 정도로 황폐해진다. 그러고는 잘못된 자기도취적 자아의 지옥으로 향하는 그의 고의적이고 파괴적인 추락이 다가온다.

랜디가 자기만의 예술을 추구하기 위해 혼자만의 시간과 고독을 필요로 하는 것은 정당했지만, 하나님이 주신 예술적 재능을 가지고 한 인간으로서 어떻게 살아가야 하는지 배우는 것에는 문제가 있었다. 그것을 배우기도 전에 랜디는 윌리엄즈의 소설 주인공인 웬트워스가 걸었던 길에 들어설 위험에 직면해 있었다. 많은 면에서 경험이 부족하면서도 여전히 자기도취의 수준에 정체되어 있는 젊은 랜디는 한동안 그렇게 머물러 있는 것이 별로 불편하지 않았다. 그의 재능이 동료들 사이에서 통했기 때문이다. 당시 그는 의기양양한 자기만족감과 그것이 주는 안정감 속에서 살았던 것이다. 그렇지만 웬트워스와는 다르게, 랜디는 자신에게서 그릇된 자긍심을 보기 시작했고 그것에서 벗어나고 싶었다. 자기 안에 다른 사람을 업신여기는 마음이 있음을 발견하고 그것을 직시하기 시작했던 것이다. 이런 성향은 대개 꾸준히 자기 일을 하는 유형의 사람들에게서 흔히 볼 수 있지만, 이는 오만한 동시에 잘못된 것이다.

또한 랜디는 자신이 오랫동안 자위행위의 습관에 사로잡혀 있다는 것도 깨닫게 되었다. 그는 자위행위가 전혀 해로울 것이 없다고 스스로를 납득시키려 했으며, 거기에 관한 글을 찾아 읽으면서 실제로 아무 문제가 없다는 정보를 얻기도 했다. 그러나 지금은 자위행위가 항상 머리에서 떠나지 않을 정도로 강박적인 수준에 이르렀다. 자신이 자위행위를 주도하는 것이 아니라 오히려 자위행위가 자신을 주도하고 있다는 사실을 인정해야 했을 때 랜디는 자존심이 크게 상했다. 그런데 더 큰 문제는 **자위행위에 수반되는 유혹과 환상 속에서 탐닉했던 것들이 동성애적 판타지로 바뀌어가고 있었다는 것이다.**

이렇게 상태가 심각하게 확대되면서 스스로 가지고 있었던 이상적인 자아상이 심각하게 뒤흔들렸을 뿐 아니라, 그의 자존심에 가장 심한 타격을 입히는 일이 일어났다. 랜디가 가장 존경하는 멘토들이 그가 예술적 재능을 충분히 표현하는 데 있어서 뭔가 문제가 있다고 말했던 것이다. 예술의 여러 영역에서 재능을 타고 났지만, 그는 각 영역에서 자기 능력에 못 미치는 작업을 하고 있었다. 랜디의 스승들은 이 당혹스러운 사실에 대해 그와 솔직하게 대면했다. 달라진 그의 작품들을 비평하면서 스승들은 어느 정도 잘된 부분들을 하나씩 지적하면서 말했다. "봐봐, 이건 좋아. 근데 네가 네 안에 가지고 있는, 사람들에게 줄 수 있는 그것에는 거의 미치지 못하잖아. 뭐가 잘못된 거야? 왜 다 꺼내서 주질 못하는 거지?"

사춘기가 지나서도 지속된, 잘못된 자기사랑의 한 형태인 자위행의 문제가 여러 방면으로 랜디에게 해를 끼치기 시작했다. 과도한 자기 애착의 또 다른 형태인 동성애의 유혹과 그것을 장난으로 한번 실행에 옮기려고 시도한 것은 **단지 자위행위의 연장선일 뿐이었다.** 채워지지 않은 같은 내적 필요가 이 두 가지 형태의 자기도취적 사랑 이면에 잠 재하고 있었다.

위와 같은 유형에 속하는 동성애 문제를 가진 사람들을 위해 기도 할 때 자주 보게 되는 것인데, 그 뿌리가 되는 기억이 떠오를 때 그것은 혼자서 하거나 그룹으로 하는 자위행위와 자주 관련된다. 이런 자위행 위는 단순히 어린아이 같은 호기심이나 거짓된 죄책감에 빠지는 계기 정도에 그치지 않고, 정욕이 안으로 들어와 뿌리내리는 시점을 만들어 낸다. 이 기억과 연계된 죄를 고백하면 치유가 빠르게 일어나는데, 우 리가 이 문제의 기원에 닿았기 때문이다. 따라서 과도한 자기사랑이라 는 건강하지 못한 나무를 뿌리에서부터 송두리째 뽑아낼 수 있다. 이 나무를 뽑아내는 것은 대단히 중요하다. 그리고 잡초로 인해 갈라지고 구멍 난 곳에 하나님의 사랑이 부어지고 채워져서 치유되는 것도 마찬 가지로 중요하다. 기도 사역자는 항상 기도 받는 사람의 마음에 하나님 의 치유하시는 사랑과 주의 영이 흘러들어 올 수 있도록 간구한다. 이 시점에서 나는 지금까지 내 기도의 대상이 되었던 동성애 문제(어떤 유 형에 해당하든지)를 가진 남자들 중, 자위행위로 곤란을 겪지 않았던 경 우는 없었다는 사실을 거듭 강조하고 싶다. 자위행위와 동성애 둘 다 집요하게 파고들 경우, 인격 발달에 해악을 끼친다. 랜디는 예술성의 발달에서도 마찬가지임을 깨달았다. 그러나 나중에 보게 되겠지만, 랜 디가 겪고 있던 문제 이면에는 단순한 정욕 이상의 무엇이 있었다.

랜디에게는 강력한 권고를 통해 자아를 죽이는 방향으로 이끌어주는 기도가 필요했다. 그러나 잘못된 종류의 자기사랑(옛 사람의 현존을 사는 것)에 대해 죽는 것은 오직 랜디만이 선택할 수 있었다. 기도 사역자로서 내 역할은 그에게 애매모호하지 않고 분명한 언어로 자아의 죽음을 선택하도록 권고할 뿐만 아니라, 할 수 있는 한 최선을 다해 생기 넘치는 참된 자아가 어떤 것인지를 그림으로 묘사해주는 것이었다. 이것은 예수님의 임재를 구하는 것이었는데, 그렇게 함으로써 랜디는 그분을 바라보고 그분의 음성을 들을 수 있었다. "사람이 천하를 얻고 참된 자아를 잃어버리면 무슨 소용이 있겠느냐?" 이것은 랜디가 흔들리지 않고 예수님께 향하도록 함으로써 분리의 지옥으로부터 그를 끌어내어 하나님과의 온전한 연합과 자신의 새로운 자아를 깨닫도록 이끌었다.

이는 의지의 완전한 회심을 요구하는, 초인적인 존재로의 부름이라고 할 수 있다. 따라서 랜디는 지나친 자기애라는 구체적인 죄와 그 죄에서 파생된 교만, 자위행위, 동성애의 죄를 고백하고 그것들로부터 돌아설 뿐 아니라, 자기 **의지**를 그리스도의 뜻과 하나가 되도록, 그리고 주님이신 그분께 전적으로 의탁함으로 새 사람을 입고 다시 살도록 선택해야 했다. 랜디가 그렇게 할 수 있도록 돕기 위해 나는 복음서를 읽는 숙제를 주었고, 예수님이 자기 백성에게 하신 말씀을 그에게 개인적으로 하시는 말씀으로 들으라고 했다. 그는 기도 일기에 성경구절들을 그리스도께서 마치 자기에게만 말씀하고 계신 것처럼 적어야 했다. 예를 들면 마태복음 22:37을 "랜디, 너는 너의 마음을 다하고 너의 목숨을 다하고 너의 뜻을 다해서 주 너의 하나님을 사랑하라"라고 읽는 것이다. 그런 후 랜디는 최고의 계명인 이 말씀을 실행하기 위해 하나님이 말씀하시는 것에 귀 기울여야 했다. 이런 방식으로 그는 예수님을 주님으로 알아갔다.

랜디는 과거를 떠나서 순종의 삶을 살고 그 순종을 통해 깨달아가기 시작했다. 이런 순종은 근본적인 변화를 요구하기 때문에 때로 제자가 말씀 안에 잠겨 그 의미를 온전히 자기 것으로 만들기까지 몇 달이 걸리기도 한다. 랜디도 그랬다. 하지만 이런 순종을 통해 그는 서서히 자신의 내적 존재와 만나고 마음과 생각에 있는 모든 것을 하나님께 내어놓기 시작했다. 그는 자신의 과거, 현재, 일상의 생각, 상상의 세계 등 자신의 모든 것을 하나님과의 대화 속으로 가져왔다. 그렇게 하면서 랜디는 예술가로서 자신의 문제를 접하고 이해했다. 머지않아 랜디로부터 내게 편지가 도착했다. 아래 그림들과 함께 일부 발췌한 내용을 보면, 랜디가 개인적인 삶과 창작 활동에서 자위행위가 끼친 영향에 대해 새롭게 이해한 바를 볼 수 있다.

"(자위행위라는) 단어가 그림과 함께…제 마음에 맴돌았습니다."

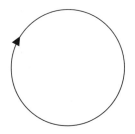

"자위행위는 육체적으로 자기를 향해 휘어져 있습니다. 그 중심이 안으로 향하고 있지요. 나눌 줄도 모르고 공유하는 것도 없습니다. '준다'라는 동사가 무엇인지 모릅니다. 이것은 자기에게만 불을 때는 연료입니다. 그래서 이 그림을 보면 삶이 죄책감의 고리로 둘러싸여 있습니다."

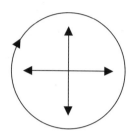

"자유를 억누르는 껍질 같은…나에 대한 걷잡을 수 없는 혐오감, 육체적인 외로움, 자기수용의 결핍."

실제로 자신이 겪어온 개인적인 삶에 대한 이런 묘사는 예술가로서 가지고 있던 문제와 동일선상에 있었다. 랜디는 자신이 보유하고 있는 풍성한 예술적 재능의 창고로부터 다른 사람에게 충분히 맘껏 나눠줄 수 없었다. 그는 다음과 같이 말했다.

"이 다이어그램은 정말 이렇게 그려져야 해요."

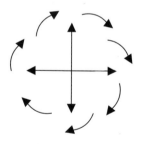

"느슨하게! 활짝 열고! 나누면서! 자유롭게! 이제 안으로부터 [그의 글쓰기, 그림, 연기의 영역에서 가지고 있는 창의적인 아이디어들의] 부요가 맘껏 밖으로 흘러나가도록 허락합니다. 안에서만 소용돌이치지

말고, 혼자만을 위해 쌓아두지 말고, 너그럽게 나눠주는 거예요."

랜디는 예술가로서의 삶을 가두었던 자기본위적 습성에 대해 이렇게 말했다. "우리는 아주 오랫동안 깊숙이 견고하게 자리 잡은 고통과 습관에 대해 이야기하는 겁니다. 오랫동안 나를 착각하도록 만든 자기만족 말이에요." 랜디는 하나님께 부르짖으며 편지를 마무리했다. "아버지, 오셔서 이 껍질을 깨뜨려주세요!"

랜디는 자위행위 습관이 상상의 세계와 개인적인 삶에 미치는 영향에 대해 이해한 것을 편지로 써 보냈는데, 그 내용은 C. S. 루이스가 "이 감옥을 사랑하게" 된 사람들에게 그 습관의 영향에 대한 질문에 대답했던 것과 동일했다.

내가 생각하기에 자위행위의 실제적 해악은 그것이 한 개인으로 하여금 자신으로부터 벗어나서 자기의 인격을 다른 사람(결국에는 자녀, 심지어 손자손녀)의 인격 속에서 (교정하고) 완성하려는 의욕을 빼앗아간다는 것입니다. 이 습관은 스스로를 거꾸로 되돌려 자기의 감옥에 가두게 되는데, 거기서 신부처럼 곁에 두고 싶은 가상의 애첩과만 함께하려고 하기 때문입니다. 이 애첩은 한번 들여놓으면 절대 떠나려 하지도 않고 상대방이 실제의 여성과 진실로 하나가 되지 못하게 합니다. 이 애첩은 언제나 상대할 수 있고 늘 순응하기 때문에 적응 시간이 필요하지도 않으며 대가를 지불할 필요도 없습니다. 그녀는 실제 여성은 상대도 할 수 없는 관능적이고 심리적인 매력을 선사해줍니다. 이 그림자 같은 신부와 함께라면, 그는 언제든지 흠모의 대상이자 완벽한 연인이 되고, 이타적이 되라는 요구도 받지 않으며, 자신의 허영심에 대해 금욕을 강요받지도 않습니다. 종국에는 이 그늘지고 어두운 신부는 그로 하여금 점점 더 자신에 대해 애정 어린 집착을 갖도록 만드는 매개물이 됩니다. 찰스 윌리엄즈의 『지옥으로의 추락』을 읽고 웬트워스의 성격을 연구해보세요. 그는 거세되어 다시 자신에게로 돌아올 수밖에 없는 사랑을 하는 기질뿐만 아니라 공상을 하는 기질도 가지고 있습니다. 제가 생각하기에 진정한 상상력의 발현은, 첫째는 다른 사람들을 이해하도록 도와주고, 둘째는 상상의 세계에 반응해서 예술을 창출하도록 해줍니다. 그러나 상상력은 오용되기도 합니다. 우리에게 미덕과 성공과 탁월함 등 **바깥의** 실제 세계에서 찾아야 할 것을 어슴푸레한 형태의 대용품으로 제공합니다. 예를 들어 돈을 벌고 저축하는 일은 하지 않고, 대신 만약 내가 부자라면 할 수 있는 모든 것을 마음에 그려보며 상상의 나래를 펼치는 것입니다. 자위행위는 에로틱한 영역에서 이런 상상력의 오용(제 견해로는 그 자체로 해롭습니다)을 가져오고 따라서 다른 모든 영역에서도 유사하게 상상력을 그릇 사용하도록 부추깁니다. 결국 우리 모두의 인생의 **주된 과업은** 우리 자아로부터, 즉 우리 모두가 태어났던 그 작고 어두운 감옥으로부터 **밖으로 나오는 것입니다.** 이 과정을 지연시키는 모든 것을 피해야 하는 것처럼 자위행위 역시 피해야 합니다. 자신을 가두어두는 감옥을 **사랑하게** 되는 것은 정말로 위험천만한 일입니다.[9]

특정한 죄에 빠져 있어서든, 오랫동안 주술의 영향을 받아서든, 아니면 나태나 소극적인 성격 혹은 다른 이유에서든, 자아라는 지옥(지나

---

9) Letter (March 6, 1956) to a Mr. Masson, Wade Collection, Wheaton College, Wheaton, Illinois.

친 자기사랑)의 나락에 떨어지는 것은 창의적인 상상력에 해악이 된다.

하늘과 땅이 살아 있는 피조물과 가상이 아닌 실재의 것들로 가득하고 그
것의 실체를 아는 것은 경이로운 일이기 때문에 사람은 오직 피조세계를
향해 손을 뻗을 때―예를 들어 외향성을 가질 때―온전한 존재가 되어간
다. 사람은 오직 다른 사람을 앎으로써, 말하자면 자기 외부에 거하는 **존재
들**의 경이로운 다채로움을 맛봄으로써 자신을 알게 된다. 솔로몬은 잠언
에서 이 문제에 대해 부분적으로 언급하고 있다. "철이 철을 날카롭게 하는
것같이 사람이 그의 친구의 얼굴을 빛나게 하느니라."[10]

우리는 하나님을 사랑하고 다른 사람들과 모든 피조물을 그 자체로
사랑하면서 그 선함과 아름다움에 참여하기 시작한다. 우리 자신 외의
다른 것을 바라보고 사랑하면서 우리는 그것을 "구현하기" 시작한다. 이
것은 영적이고 심리적인 성장뿐만 아니라 예술적인 성장에서도 결정적
이다. 내적 함몰이나 자기애착, 주관성이라는 원형 혹은 구형에 갇혀 격
리된 채로는 자신을 알 수 없다. 오히려 객관적으로 실재하는 것을 향해
외향적인 태도를 가져야 한다. 하나님을 알고 그분을 사랑하는 것이 모
든 기쁨의 시작이며 그것은 자기망각이라는 신적인 선물을 낳게 한다.
그리고 이 선물이야말로 위대한 예술을 일구어낼 수 있는 비결이다.
루스 티파니 반하우스(Ruth Tiffany Barnhouse)는 동성애와 창의
력이 긴밀한 관계에 있다는 대중적인 사상을 겨냥해서 반론을 제기했

---

10) Payne, *Real Presence*, 127.

다. 반하우스는 여기에 대해 홍수처럼 쏟아지고 있는 논문과 책들이 변명의 여지없이 학문적 정밀성이 부족하다는 점을 다음과 같이 밝히고 있다.

동성애 옹호론자들은…예술 작품에서 작가 개인의 일생을 추론하는 일을 계속해오면서, 비록 가장 큰 부분은 아닐지라도 세계에 존재하는 창조성의 상당 부분이 그들 일생의 특징에 의한 것이라고 부당하게 주장해왔다. 그러나 이런 추론을 뒷받침할 어떤 근거도 존재하지 않는다. 실제로 현대의 심리학적 연구는 창의력과 확산적 사고에 관한 조사 결과를 통해 이성애자가 동성애자보다 더 월등한 창작 능력을 발휘하는 경향이 있다고 밝히고 있다.[11]

계속해서 반하우스는 다음과 같이 경고한다.

창의력과 남성의 동성애가 긴밀하게 연관되어 있다는 관념이 대중의 마음에 남게 되었으며, 어떤 경우에는 자기성취적 예언의 힘을 발휘하기까지 하는 것 같다. 예술적인 재능을 가진 어떤 청년이 자신의 이런 재능이 동성애적 성향을 드러내는 표지라는 말을 종종 듣는다면, 그는 그것을 믿게 될 뿐만 아니라, 특별히 그의 남은 성장기 동안 여기에 대해 적절한 교육이 전혀 없다면, 결국 동성애에 발을 들여놓게 될지 모른다.[12]

---

11) Barnhouse, *Homosexuality*, 26.
12) Ibid., 2.

그러나 나는 대중의 마음에 위와 같은 관념이 남아 있는 또 다른 이유(이 주제에 관한 부정확한 학문적 성과 외에)가 있다고 생각한다. 성적 신경증 치유 사역을 해온 내 경험으로는, 특별히 예술성을 가지고 있는 사람들은 동성애나 다른 형태의 성적 난교의 유혹에 물들어 있으며 또 그럴 만한 이유가 있어 보인다. 나는 『진정한 현존』(Real Presence)에서 다음과 같이 기술했다.

인지적 기능이 성령의 역사 및 이성의 선함과 동떨어진 채 발달하게 되면, 성(性)은 종종 예술이나 종교 양쪽에서 누미노숨(numinosum; 정령, 귀신, 법, 이념, 이상 등과 같은 역동성을 띄는 신적인 힘—역자 주)으로 귀착하게 된다. 그렇게 되면 어떤 종류든 성적 우상숭배가 뒤따른다. 예술에서든 종교에서든 종종 어두운 힘이 (공상이든 실제 행위로든) 먼저 사람의 생산 능력을 조여오고 또 그렇게 함으로써 그를 속박하게 된다. 결코 창조는 할 수 없고 파괴만 할 수 있는 힘이 한 사람의 내면 가운데 하나님이 사람에게 생명을 주기로 하신 바로 그 지점에서 죽음의 여정을 시작한다.[13]

나는 이런 유혹이 사람들의 예술적 재능을 빼앗아 그 수명을 단축시키고 숨통을 끊으려는 악마적 시도임을 종종 보아왔다. 예술가들이 가진 직관력은 **실제 세계**(the Real), 즉 참된 것의 수용체라고 할 수 있다. 예술가는 실제 세계와 거짓된 모조품 양쪽 모두에 대해 종노릇할

---

13) Payne, *Real Presence*, 149.

수는 없다. 알렉산더 솔제니친(Aleksander Solzhenitsyn)이 상기시켜준 것처럼, 예술가의 임무는 "세상보다 더 큰 진리의 말 한마디"를 받아들이는 수용체가 되는 것이다.[14] 이 진리를 담은 말 한마디가 (솔제니친 자신도 그랬듯이) 예술가로 하여금 그 시대의 사고방식과 편견 너머로 솟아오르게 하고, 그의 예술을 통해 다른 사람들까지도 이런 감옥으로부터 자유롭게 만든다. 위대한 예술가는 거짓과 불의, 절망스러운 황폐함으로 눈이 어두워진 세상에 진리와 정의 그리고 아름다움을 드러낸다. 이 한마디 진리의 말은 정의와 아름다움을 지탱하고 있기에, 미혹하는 판타지에 지속적으로 자신을 열어온 마음은 그 진리를 헤아릴 수가 없다. 이런 공상은 과도한 성적 희열을 주는 심상으로 사람들을 끌어들일 뿐만 아니라, 결국에는 한 인격과 그의 세계를 산산조각 낼 거짓의 말(미혹)로 이끌고 간다.

앞서 소개한 것처럼, 랜디는 잘못된 종류의 자기사랑이라고 할 수 있는 자아도취적 발달 단계에 고착되어 있었다. 랜디는 인간 누구나의 운명이라고 할 수 있는 이기심과 교만을 대면함으로써, 자기 내면의 이야기를 볼 수 있었다. 그래서 그의 영혼은 자신이 인정받고 싶은 크나큰 욕구와 실패에 대해 끔찍할 정도로 오랜 두려움을 갖고 있음을 받아들이기 시작했다. 랜디는 자기 인생에 대한 진짜 이야기를 읽기 시작했다. 잘못된 종류의 자기사랑 이면에는 항상 어떤 식으로든 자기혐오가 존재하는 것 같다. 심리학적으로 말해, 미숙한 인성이라고 할 수 있는 지나친 자기사랑의 뒷면에는 깊은 불안정의 얼굴이 있다.

---

14) Nobel lecture, 1973.

랜디는 자기 삶을 다른 이들에게 나눌 줄 모르는 무능함이 (이것은 문제의 영적 차원을 가리키는데, 독자의 양해를 구하고 말한다면, 자기와 타인 모두에게도 증명된 바와 같이 자아중심적인 이기심을 의미한다) 심리학적으로 "어떤 거대한 공백, 자신을 가리려고 안간힘을 쓰는…자아와 더불어 살아남기 위한 가차 없는 과잉 보상심리"라는 것을 보았다. 그것은 과도한 불안감이었다. 자위행위라는 옛 습관에 대해 랜디는 다음과 같이 썼다.

이제 나를 오염시켰던 충동적인 자위행위의 실체를 어린 소년으로서 끊임없이 마주했던 바로 그 질문에 비추어볼 때 더 명확히 이해가 갑니다. "내가 잘될까?" 그 거대한 불확실성이 내 깊은 불안의 감정과 마침내 거절당할 거라는 두려움을 남겼습니다. 바로 이것이 내가 왕이 될 거라는 환상을 전심으로 그리고 광적으로 받아들이게 된 이유입니다. 나는 스스로를 깊이 사랑하는 것처럼 보여야 했는데, 그렇게 해서 다른 이들을 꾀어 그들도 반드시 나를 좋아하도록 만들어야 했습니다.

불행하게도 이런 내 노력은 다른 사람들을 매료시키기도 전에 그들을 멀어지게 만들었습니다. 자위행위는 마치 모든 것이 괜찮은 것처럼 보여야 했기에 시작하게 됐고…자위행위가 의미하는 것은 안도감을 느끼고 싶은 절박함이 전부였음을 이제 분명히 알게 되었습니다.…충동적인 자위행위의 경우, 매번 깊은 두려움과 불안함이 없이 시작될 수 있을지 잘 모르겠습니다.…그 내적 필요는 그것이 영혼이 살아남기 위한 방법을 만들려고 애쓰는 것과 더 관련된다는 점에서 전적으로 성의 영역을 떠나 있습니다.…저는 이런 노력이 전혀 생존을 위한 것이 되지 못하고, 오히려 겁에 질린 영혼을 거짓의 감옥으로 이끄는 사이렌의 노래(유혹의 말)라고 생각합니다. 이것은 더욱더 깊이, 더욱더 옥죄는 파괴와 절망의 내적 독방으로 이끌어갑니다.

이 편지를 내가 받아보기 한참 전부터 하나님은 랜디의 기도에 응답하셔서 "그 껍질을 깨뜨려주셨다." 그분은 랜디의 상상력과 지적인 은사들을 통해 드문 강건함과 성숙의 자리로 그를 이끌어오셨다. 그의 성숙은 곧바로 역경과 개인적 슬픔에 의해 불 시험을 거쳐야 했다. 그러나 랜디는 깨달음과 강건함, 참된 사랑과 겸손 가운데 성장했다. 고난에 관해서 그는 다음과 같이 썼다.

하루하루 내딛는 발걸음마다 그것을 인정해주고 자신감을 주는 어떤 말도 들리지 않는 정말 힘든 나날을 보내면서 오히려 저는 더 강건해졌습니다. 더 분명하게 보게 되면서, 자위행위라는 고무 보족에 몸을 의지하고 기대라는 값싼 속임수에 순응하지 않기로 자유롭게 선택할 수 있게 되었습니다. 충동이 몰려올 때는, 그 충동이 괜찮을 거라는 안도감을 느끼려는 내적 필요와 더 많이 관련되어 있음을 볼 수 있었습니다. 이제 "주님, 이 성적 충동이 멈추게 해주세요"라고 기도하지 않습니다. 맞아요! 그건 지극히 정상적이고 건강한 욕구입니다. 그래서 이제는 "네, 주님 그렇습니다. 당신이 저를 위해 말씀하셨고 지금도 말씀하고 계시고 항상 말씀하실 아주 커다란 예스(YES)가 제 것임을 선포합니다"라고 기도합니다. 거기에 제가 인정받는 길을 찾는 유일한 원천이 있어요…

저는 이제 하나님이 저를 자유롭게 하셨다고 말하는 데 전혀 거리낌이 없습니다. 하나님은 그 죽어가는 닫힌 원형의 족쇄를 끊으셨습니다. 제 안에 있는 창조적인 힘이 점점 더 뻗어나가고 있어요.…주는 법을 배우는 데에는 시간이 걸리지만요.

랜디가 지금 살아가는 이야기를 아는 사람만이 랜디가 어떻게 전적으로 그리고 놀랍도록 주는 것을 배우게 되었는지 알 수 있다. 이렇게 베풀며 주는 삶 가운데 어린 랜디(Randy)가 아닌 진짜 랜돌프(Randolph)가 온갖 은사와 더불어 그 모습을 드러냈다.

동물적 자아

육체의 죄는 악하지만 다른 죄에 비하면 가장 미미하다고 할 수 있다. 쾌락 중에서 가장 나쁜 것은 전적으로 영적인 쾌락이다. 즉 잘못을 남에게 미루고 즐거워하는 것, 남을 자기 마음대로 휘두르거나 선심 쓰는 척하면서 남의 흥을 깨뜨려놓고 좋아하는 것, 험담을 즐기는 것, 권력을 즐기는 것, 증오를 즐기는 것이야말로 악한 죄다. 내 안에는 내가 정말 추구해야 할 인간적 자아와 싸우는 두 가지 적이 있다. 하나는 동물적 자아이고, 다른 하나는 악마적 자아인데, 둘 중에 더 나쁜 것은 악마적 자아다. 교회에 꼬박꼬박 출석하는 냉정하고 독선적인 도덕가가 거리의 매춘부보다 훨씬 더 지옥에 가까울 수 있는 이유가 여기 있다. 물론 우리는 둘 중 어느 쪽도 되지 않는 편이 좋겠지만 말이다.[15]

---

15) C. S. Lewis, *Mere Christianity* (New York: Macmillan, 1964), 94-95. 『순전한 기독교』,

자연적인 것과 영적인 것의 관계는 계속적인 변형이 필요한 부분이다.…
자연적인 생명이 아니라 하나님이 우리를 다스리셔야 한다.[16]

랜디의 사례에서 다룬 지나친 자기사랑은 과도한 불안정감이라는
다른 면을 지니고 있었다. 이것을 염두에 두면서 동성애적 행동이 빠질
수 있는 또 다른 두 함정인 강한 육욕과 반항에 대해 잠시 짚고 넘어갈
필요가 있겠다. 색욕과 반항이라는 두 요소는 결국 모든 동성애적 행동
에서 발견되는데, 특정 사례들에서는 이것들이 우선적으로 다루어지고
치유되어야 할 주된 증상으로 나타난다. 한편에서는 동물적 자아가 지
배하고, 다른 한편에서는 이 동물적 자아와 더불어 마귀적 자아가 다스
린다. 이 두 자아의 삶의 실제 이야기를 보면 심리적으로도 두 자아가
다른 면들을 가지고 있다는 것이 발견되는데, 이것은 인간 성품 가운데
충족되지 않은 기본적인 필요로서 기도를 통해 치유될 수 있다.

우리는 소설이나 실제 삶에서 조니의 아버지와 같이 스스로도 난폭
할 뿐 아니라 다른 사람들도 그렇게 되도록 만드는 도구 역할을 하는
사람들을 보게 된다. 이런 사람은 소름 끼칠 만큼 심하게 몸과 영혼이
육체적이고 영적인 정욕에 의해 지배되고 있다. 인생의 어느 시점에 어
떤 이유로 인해, 동물적이고 악마적인 자아가 독재적인 주도권을 쟁취
한 것이다.

청소년기에 마약이나 알코올을 쉽게 접하게 되면, 영적으로 민감하

(홍성사 역간).
16) 오스왈드 챔버스, 『주님은 나의 최고봉』, 12월 28일.

게 반응하지 못하는 것은 말할 것도 없고, 삶에서 좀 더 고상하고 합리적으로 반응하지 못하도록 스스로 차단되어버린다. 그 결과 좋은 것을 선택하는 데(이는 의지적 행위다) 무관심해지고 실패하게 되면서 청소년들은 자신의 인격적·성적 정체성이 성숙되는 데 있어 실패를 경험할 뿐만 아니라 동물적 자아가 지배적인 인격으로 자리 잡게 된다. 아무도 막아설 수 없는 폭군처럼, 관대하고 감각적인 우리 문화의 방조에 힘입어, 이 동물적 자아는 점점 더 폭력적이고 일그러진 성욕을 가진 채 자라나고, 이제 막 모습을 드러내던 인간적 자아를 매우 효과적으로 죽일 수 있다. 따라서 어떤 사례에서는 주요한 문제가 이 동물적 자아가 지배하도록 소극적으로 그리고 점진적으로 허용해온 것이었다는 점이 드러난다. 집회서 23:16에서 저자는 통제 불가능한 내면의 폭군이 몸과 영혼 모두를 휘두르는 파괴력에 대해 이야기한다.

> 그들의 욕정은 불처럼 훨훨 타서 다 타버리기 전에는 꺼지지 않는다. 자기 육체 안에 정욕을 안고 있는 자는 그 불길을 다 태워버리기 전에는 가라앉지 않는다. 호색가는 상대를 가리지 않고 다 좋아해서 죽을 때까지 지칠 줄 모른다.

본질적으로 모든 그리스도인의 내적 치유는 지나치게 자기를 사랑하는 것으로부터 지속적으로 해방되는 것이다. 모든 이가 겪는 이 괴로움은 삶에 있는 타락(the Fall)이다. 그것은 교만이다. 내가 여기서 이야기하고 있는 것은 모든 사람의 삶의 이야기에 해당한다. 우리 모두가 정도의 차이는 있을지언정 다 경험하기에, 이를 이해하기가 어렵지 않을 것이다. 이 문제에 관해 성찰할 기회가 주어진다면, 자기사랑의 지옥에 빠져드는 모든 경우에 (마귀적 자아뿐만 아니라) 동물적 자아가 지배하기 시작한다는 것도 알 수 있다.

우리가 자기 훈련의 기쁨과 참된 자아로 이끄는 자유케 하는 권위를 배웠다면, 그 과정이 어떻게 이루어지는지 잘 알 것이다. 우리는 자신이 어떻게 치유받았는지 알고 있으며, 그렇기 때문에 우리는 가장 변태적이고 짐승 같은 성행위에 사로잡힌 사람들에게 줄 수 있는 동일한 처방전을 가지고 있다. 나는 사람들의 삶 속에 있는 분명한 내적 필요들이 얼마나 쉽게 외면당할 수 있는지 알기 때문에 다른 사람의 치유를 위해 기도하는 사람들 모두를 위해 이것을 말하고 있다.

짐승과 성교 행위를 해왔음을 내게 처음으로 고백하며 도움을 구하기 위해 찾아왔던 사람을 나는 아직도 기억한다. 두려움에 떨던 그 사람은 마침내 이 고백을 간신히 털어놓았다. 그를 움켜쥐고 그의 삶을 산산조각 내는 그 강박증에 대해 내가 조금이라도 충격을 받거나 두려워하는 기색을 보였다면, 나는 그를 잃게 되었을지도 모른다. 나는 단순하고 신속하게 움직여 그를 죽이고 있는 암흑에 대항했으며, 그의 참된 자아가 자유롭게 되는 것을 보았다. 강박증에 대해 이야기한다는 것은 하나님이 아닌 다른 어떤 것에 의해 지배당했거나 지배당할 위험에 처한 인격의 한 부분에 대해 이야기하는 것이다. 이 경우에는 그리스도가 들어오셔서 음침하고 텅 비어 있는 "영혼의 집"을 자유롭게 하시고, 그분의 영광으로 그 집을 가득 채우셨다. 인간적 자아는 그 주인 되시는 존재와 하나가 되면서 모든 모양의 더러운 정욕을 죽이고 몸과 영혼을 다스리는 고유의 권위를 행사하게 되었다(골 3:5). 또한 (영, 혼, 육을 가진) 전인(全人)이 자유롭게 되어 충만한 삶을 살 뿐만 아니라 **하나님이 본래 지으신 존재가 되어가는** 기막힌 특권을 깨닫게 되었다. 수년이 지난 지금도 여행 중에 가끔 그를 보곤 하는데, 그의 소중한 삶을 채우고 있는 그 아름다움과 능력에 나는 여전히 놀라게 된다.

악마적 자아

윌리엄 바스위그(William Vaswig) 목사는 『나는 기도했고 그분은 응답하셨다』(I Prayed, He Answered)에서 아들 필립이 받은 역동적인 치유에 대해 소개한다. 치료가 불가능한 정신분열증 환자라는 진단을 받았음에도, 아그네스 샌포드 여사가 필립과 기도했을 때 그가 치유된 것이다. 현재 다른 사람들을 위해 책임 있는 사역을 펼치고 있는 필립은 뿌리 깊은 반항심이 자신의 질병 기저에 깔려 있었다고 거듭 강조한다. 불의하게 반항하는 상태로부터 어떤 종류든 온갖 끔찍한 것들이 양산될 수 있다. 그리고 동성애 행위를 낳는 원인들 중 이런 반항심이 주범이 되는 경우들도 있다.

예를 들면, 레즈비언 행위가 아버지나 다른 남자에 대한 두려움과 증오와 관련된 경우가 있다. 한 남자를 향한 증오를 다른 모든 남자에게 일반화하는 여성은 여러 이유 중 보복하려는 마음에서 다른 여성과의 관계에 성적 특색을 부여하기 시작한다. 미움의 씨앗이 자라서 증오와 반항의 황무지를 낳게 되는 것이다. 또한 반항은 예언자 사무엘이 말했듯이 "점치는 죄와 같다"(삼상 15:23). 반항으로부터 온갖 종류의 변태적 도착 증세가 생길 수 있다. "원수 갚는 것이 내게 있으니 내가 갚

으리라고 주께서 말씀"하셨다(롬 12:19, 개역개정). 그러나 악마적 자아는 자신이 복수하기를 원한다. 여기서 우리는 짐승의 자아와 마귀의 자아가 협력해서 일하는 것을 보게 된다. C. S. 루이스가 말한 것처럼 둘 중에 악마적 자아가 더 해롭다.

나는 부모님이 자녀가 어릴 때 그들의 동물적 자아와 악마적 자아를 재갈 먹이는 일에 실패하는 경우, 그들이 성장해서 청년이 되었을 때 그 두 자아의 고삐를 쥐는 것이 얼마나 어려운지 수없이 언급해왔다. 어린아이는 처음에는 스스로 재갈을 먹일 줄 모른다. 아이들은 현명하게 훈육되면서 스스로 절제하는 법을 배운다. 화가 치밀어 오르거나 게으름을 피우거나 다른 해로운 무질서로 인해 고통을 겪을 때, 이런 기본적인 감정들에 대해 적절한 권위를 행사하는 현명하고 애정 어린 부모를 가진 아이는 행운이라고 할 수 있다. 그렇게 해서 아이는 옳고 좋은 것에 의지력을 발휘하는 것을 배우면서 동물적 자아와 악마적 자아의 고삐를 쥐는 법을 배우게 된다.

동물적 자아나 악마적 자아가 삶을 오랫동안 다스려왔을 때 나는 그 사람이 가진 **의지**를 전면에 불러냄으로써, 그가 자기 인성 안에 가지고 있는 이 의지적 기능과 접촉하도록 돕는다. 그리고 잘못 사용되어서 전혀 발달이 안 되었거나 위축된 의지력이 치유되도록 구체적으로 기도한다. 나는 그들에게 선택하라고 한다. "당신은 오늘날 누구를 섬길지 선택하세요." "지금 천국 아니면 지옥을 선택하세요. 지금까지 해오던 방식대로 계속하려 한다면, 기도하는 건 시간 낭비입니다. 그러나 천국을 선택하면 그 길을 가도록 제가 도울 겁니다." "지금 당신이 진정 누구인지 알고자 선택을 하세요. 그러면 우리는 오늘 당신이 자유케 되는 것과 하나님이 창조하신 온전한 당신이 되어가는 길에 서 있음을 보게 될 거예요." 동물적이거나 악마적인 자아와 논쟁을 하거나 대화하기보다, 나는 앞의 방법이나 다른 방법들을 통해 무감각해진 의지를 불러내어 선택하도록 한다. 그렇게 해서 시간을 낭비하는 것을 사전에 방지할 뿐만 아니라(이것만으로도 이유는 충분하지만), 너무 오랫동안 수동적인 자세로 옛 사람의 현존을 구현해온 의지력을 자극하고 도전할 수 있다. 그리고 나는 누구에 대해서도 **옛 사람의 현존**을 구현하도록 도우라고 부르심 받지 않았다. 오히려 나는 거룩한 하나님의 현존으로, 그분의 거룩 가운데 풍성하게 참여하도록 우리를 부르시는 그분의 임재 안으로 나아오도록, 할 수 있는 모든 것을 다해 돕도록 부르심 받았다.

레즈비언 관계

 베트와 보니타의 이야기

뉴잉글랜드 출신인 베트는 동북부 산악 지대에서 탐험을 즐기는 것을 좋아했다. 가장 상쾌한 순간조차 항상 내면에 있는 불만족스러움이 자기 일부가 된 것 같은 베트는 그렇게나마 위안을 찾았던 것이다. 모든 것이 행복하지는 않음에도 결혼한 지 몇 년이 되었고 직장에서도 좋은 성과를 올렸지만, 그 무엇도 베트의 내면의 갈증을 만족시키지는 못했다. 베트는 자기 내면에 무언가 벌어진 틈이, 깊은 골이 파여 있음을 느꼈으며 그 틈을 무엇으로든 메꾸고 채워야만 했다. 남편은 따뜻하고 사려 깊게 받아주는 사람이 아니었으며, 베트는 남편에게 받을 수 있는 것보다 더 많은 사랑을 필요로 했다. 자신이 그토록 열망하던 애정을 찾으면서 그녀의 모든 삶은 여성들에게 쏠리게 되었고 결국에는 가장 친한 친구와 레즈비언 관계에 들어갔다. 베트는 그것이 잘못된 행동임을 알았고 죄책감에 시달렸다. 또한 남편이나 사이좋게 지내온 이웃들이 그 사실을 알게 될까봐 두려웠다. 몇 번이고 그 친구를 멀리하려고 시도했지만 결국에는 다시 그 관계로 돌아오게 될 뿐이었다. 이제는 외부의 도움 없이는 스스로 그 관계로부터 벗어날 수 없을 것만 같았다. 그녀는 예수님께 돌아왔고 그리스도가 자기에게 주실 수 있는 도움을 전심으로 갈망했다.

베트의 어린 시절에 대해 물었을 때, 나는 그녀 자신의 이해 수준을 완전히 벗어난 현재의 문제에 대해 그 배경이 무엇인지 곧 알아차릴 수 있었다. 영유아기를 포함해서 베트의 어린 시절 내내 아버지는 어머니가 베트를 들어 올려 안지 못하도록 금지했다. 아버지는 자기 딸을 상자에 넣어 길렀던 하버드 대학교의 심리학자 B. F. 스키너(B. F. Skinner)의 영향을 받았다. 그러나 아버지의 주된 목적은 단순히 아이를 "응석받이로 만들지 않는" 것이었기에 스키너의 생각과는 차이가 있었다.

아버지의 이런 생각으로 인해(이런 조치가 본성을 거스르는 것이기에), 본래 사랑 많고 따뜻한 사람이었던 어머니는 몹시 괴로워했다. 그러나 어머니는 말없이 괴로워하기만 하면서 전적으로 아버지의 뜻을 따랐다. 결과적으로 베트의 어린 시절의 가장 큰 고통은 어머니의 품에 포근하게 안기기를 바라던 마음이 좌절된 것이었다. 우리가 함께 기도하는 동안 그 고통스런 기억이 수면 위로 올라왔을 때, 슬픔이 가득한 어린 소녀였던 베트는 간절히 어머니 품에 꼬옥 안기고 싶어했다. 하지만 그 바람대로 되지 않자 그녀는 대신 팔을 벌려 홀로 세탁기를 끌어안았다.

또 다른 사례로 보니타라는 여성이 있었다. 그녀는 최근에 예수 그리스도 안에서 신앙을 갖게 되었고 다른 이들을 도와주는 데 적극적인 여성이었다. 아내이자 어머니로서 바쁘게 지내던 보니타는 성경 공부 모임에서 지적이고 세련된 한 여성을 만나면서 잘못된 길로 빠지게 되었다. 그 여성은 불신자로서의 자기 입장을 고수하면서 모임에 지속적으로 참석하던 중이었다. 그 여성은 정신과 의사였는데, 보니타는 그녀가 신앙을 가질 수 있도록 도우려다가 오히려 자신이 스트레스를 받았을 때 그녀로부터 위안을 찾게 되었다. 피로와 정신적 스트레스가 극에 달한 결정적인 순간에 이 여성의 포옹은 정도를 넘어섰고, 보니타는 곧 자신이 이미 동성애의 경험이 있는 사람과 레즈비언 관계에 들어섰음을 알게 되었다. 보니타는 마음속으로 몹시 괴로워하며 "어떻게 이런 일이 나에게 일어날 수 있었을까?"라는 생각밖에 없었다. 그녀는 자신의 질문에 대한 답을 찾기 위해, 그리고 능수능란한 그 여인의 손아귀에서 벗어나기 위해 도움이 필요했기에 비행기를 타고 먼 여행길에 올랐다.

베트와 마찬가지로 보니타도 어머니 품에 충분히 안기지 못하면서 심각한 박탈을 경험했다. 보니타는 쾌활하고 열정 넘치는 그리스도인이었지만 그럼에도 어린 시절에 거절받은 기억이 여전히 마음을 아프게 했으며 자신의 존재감이 빚어지는 데 악영향을 미쳤다. 보니타의 이야기에는 어머니가 이전에 이미 성공적으로 임신과 출산을 마쳤음에도, 그녀를 낙태하려다 실패했던 일이 포함되어 있었다. 보니타의 어머니는 아직 어린 딸에게 이런 사실을 거리낌 없이 이야기하곤 했다. 보니타가 태 안에 있을 때 지워버리지 못한 것에 대해, 그리고 자기 인생에 비집고 들어온 것에 대해 어머니는 항상 대놓고 분개했으며 남편이 아이에게 애정을 주는 것을 매우 싫어했다. 늘 그녀는 이런 환경에서 오는 고통을 갖고 있었다. 보니타가 그리스도께로 인도하고자 노력해왔던 그 여인이 자신을 너무도 평온하게, 마치 어머니가 우는 아기를 품듯이 안아버린 무방비 상태에서, 보니타는 그녀의 품 속에서 녹아들고 말았다. 그리고 그 여의사가 계속해서 자신을 그렇게 "치료"해주자, 보니타는 저항력을 잃어버렸다.

나는 베트와 보니타의 이야기를, 앞서 리사의 사연을 통해 이미 살펴본 것들을 강조하기 위해 간략하게 덧붙여 언급했다. 그녀들처럼 레즈비언 관계에 빠지는 사람은 영유아기와 어린 시절에 어머니의 품에서 받았어야 할 사랑이 심각하게 결핍되어 무방비 상태로 노출된 순간에 그렇게 된다. 리사와 마찬가지로 베트와 보니타 역시 그리스도께서 그들 내면의 외로움 가운데 오셔서 오랜 박탈감과 거절감을 치유하시도록 자신을 내어드릴 때 치유가 임했다. 그녀들은 어머니를 비롯하여 관련된 다른 모든 사람을 용서하고, 어린 시절의 상황으로 인해 자신이 겪었던 고통을 흘려보내고 자신이 지은 죄를 고백하며 그 죄로부터 돌아서는 가운데, 예전에는 공허한 채로 잃어버린 어머니의 사랑에 대한 아픈 기억만이 정처 없이 떠돌던 텅 빈 공간 안으로 하나님의 사랑과 치유를 받아들일 수 있었다.

영유아기에 얻은 상실감이 주요인이 아닌 사례들

나는 극도로 소유욕이 강하고 지배적인 어머니를 둔 여성이 그 영향으로부터 벗어나야 할 필요가 있는 경우에 그것이 레즈비언 행위와 연결되는 사례들을 보아왔다. 여기에 소개할 두 사람의 이야기는 서로 너무 닮아 있어서, 영혼이 치유되어야 할 특정한 필요를 강조하기 위해 이 둘을 마치 하나처럼 이야기할 수도 있겠다. 이 두 여성은 모두 매력적인 기혼자이고 삶의 이야기도 놀라울 정도로 유사하지만 전체적으로 아무 관련성이 없다. 두 사람의 이야기에서 놀라운 점은, 두 여성 모두 교회 문에 들어서고 나서야 처음으로 동성애 행위에 관련되었다는 사실이다. 나는 어떻게 이런 일이 일어날 수 있는지를 보여주기 위해 두 사람이 공통적으로 무엇을 가지고 있는지를 말하려고 한다.

두 사람은 모두 그리스도를 구주로 영접하고 서로가 서로를 돌보는 그리스도인의 몸의 일부가 되고 나서야 일생 처음으로 사랑스럽고 만족스러운 인간관계의 세계에 들어서게 되었다. 이것은 두 사람에게 대단히 신나는 일이었고, 각자가 살고 있는 지역 사회 안에서 새롭게 발견한 그 기쁨을 다른 사람들과 나누는 엄청난 자유를 누렸다. 또한 둘다 강인한 여성이어서, 다른 이들과 의미 있는 관계를 맺을 만큼 자유롭게 되자 이들이 가진 리더십의 역량이 두각을 나타냈다. 그러나 두사람 모두 다른 사람을 사랑하는 것이 무엇을 의미하는지 잘못 이해하고 있다는 사실을 깨닫지 못했기 때문에 레즈비언 관계에 빠지게 되었다. 게다가 두 사람 중 누구도 치유하시는 하나님의 사랑인 아가페와 애정이나 우정 및 에로틱한 사랑인 에로스와 같은 인간적 사랑 사이의 차이를 분별할 줄 몰랐다. 두 여성은 그 인간적인 사랑으로 섬김의 사역을 하려고 한 것이다. 이 두 종류의 사랑이 가까운 친구를 돕는 데 안타까울 만큼 엉켜 있었으며, 그들 각자는 자신과 상대방의 필요를 채우기 위해 인간적 사랑을 오용하거나 왜곡하기에 이르렀다.

이런 행위 이면에는 소유욕이 강하고 지배하려는 어머니가 존재하고 있다. 이 두 여성 모두 지리적으로는 어머니로부터 멀리 도망쳐 나왔지만, 감정적으로나 심리적으로는 여전히 어머니에게 묶여 있었다. 이런 사실은 그녀들이 자기 어머니를 기쁘게 하고 비위를 맞추는 것이 불가능함에도 계속 그렇게 하려고 노력하는 것을 보면 자명했다. 그들에게 전화기는 언제든지 자기를 어머니의 목소리와 의지에 연결시키는 흉물스런 탯줄로 바뀔 수 있는 위협적인 기계였다. 그러나 이들은 **여전히 어머니에게 애써 인정받기를 원했으며 어머니가 불쾌해하고 분노할까봐 두려워했는데**, 왜냐하면 어머니의 그런 반응을 견디거나 이겨내기가 너무 고통스럽고 시간이 오래 걸리는 일이었기 때문이었다. 회심하기 이전에는 두 사람 모두 "사랑"의 일부가 되기를 기대했다가 거기에 실패했다는 갈등의 경험으로 인해 친밀한 우정을 쌓기를 두려워했다. 둘 다 지배적이며 집어삼킬 듯한 종류의 사랑을 혐오했지만, 그들이 가장 싫어하던 바로 그것이 자신의 일부가 되었다는 사실을 직면해야 했다.

내가 아는 사람들 중 이 두 사람만큼 좋은 의도를 가지고 힘써 하나님의 뜻을 행하려고 하는 이도 없다. 이런 이유로 둘 다 자신에게 무슨 일이 일어났는지 금방 알아챈 것이다. (자기 어머니에게서 경험했던) 소유욕이 강하고 집어삼키려는 사랑[17]의 씨앗이 자신 안에서 움텄으

---

17) 후에 이 여성들 중 한 명이 내게 편지로 이렇게 고백했다. "이렇게 집어삼키려는 사랑 속에는 누군가가 나를 갈망해주기를 바라는 갈망, 누군가가 나를 원하고 우상시하고 흠모하고 영광스럽게 여기고 알아봐주고 동경하기를 바라는 갈망이 있었으며, 소유하려 하

며, 이 사랑은 육신적이고 사실상 마귀적이기 때문에 쉽게 성적으로 이용된 것이다. 영적인 온전함을 회복하기 위해 두 여성은 과도한 사랑의 죄(영적인 죄)와 그것으로부터 야기된 정욕의 죄(육신의 죄)를 고백해야 했다. 그 후 그들에게 필요한 심리적인 치유는, 어머니의 소유욕과 지배욕이 그들 안에 묶어놓은 결박으로부터 완전한 내적 자유를 얻도록 기도하면서, 자신의 정체성을 어머니의 정체성과 분리시키는 것이었다.

이와 같은 사례에서 필요한 심리적인 치유는 가볍게 여길 일이 아니다. 이런 치유가 없었다면, 두 여성은 다시 넘어질 위험에 놓여 있었으며 이 사실은 그들도 고통스럽게 의식하고 있었다. 사실상 두 사람 모두 그 이후로 다시 넘어질 것이 두려워 다른 여성과 가깝게 지내기를 거부해왔다. 그러는 동안 그리스도인으로서, 아내이자 어머니로서 살아가면서 자신의 문제에 대한 통찰력을 갖고 그 문제로부터 벗어나야 할 필요와 앞에서 언급한 두려움 사이에서 긴장해야 했다.

우리는 이런 문제를 치유하기 위해 주님의 임재를 구하고, 그분이 권능과 사랑으로 임하셔서 우리로 하여금 그 사람을 정서적이고 영적인 차원에서 다른 이에게 묶고 있던 억압의 결박을 분별하고 끊을 수 있게 해달라고 간구한다. 물론 경우마다 정도의 차이는 있지만, 어떤 경우들은 마치 어머니의 영혼에 그들의 영혼이 "사로잡혀" 있는 듯하다. 이 기도는 축사(逐邪)의 형태와 흡사하며, 딸의 영과 혼을 어머니의 침해와 지배로부터 온전히 해방시키는 것을 목적으로 한다. 두 사람 중 한 여성은 내게 "어머니에게 제 마음을 유린당했어요"라고 말했다. 다

고 조종하려는 갈망도 수반되었습니다."

른 한 여성은 "난 어머니와 수백 킬로미터 떨어져 있는데도 어머니의 존재감으로부터 벗어날 수가 없어요"라고 했다. 정말 끔찍한 결박이 아닐 수 없다.

이런 경우에는 대체로 거짓된 죄책감을 가장 먼저 다루어야 한다. 그러지 않으면 (비록 무의식적일지라도) 그 여성은 치유를 거부하려 하고 어머니와의 문제에 대해 스스로를 탓하고 자책할 것이다. 그녀에게는 결코 어머니를 기쁘게 해드릴 수 없었으며 어머니의 기대에 부응하지 못한 것, 어머니를 "아낌없이 사랑할 수" 없었던 것에 대한 모호하고 비이성적인 거짓된 죄책감이 있다. 어머니의 인생에 있는 텅 빈 공허에 대해 애처로워하고 슬퍼할 때마다 그녀들은 이 거짓된 죄책감으로 인해 때때로 감정이 마비될 것이다. 따라서 어머니의 교묘한 조종을 절대로 허용하지 않음으로써 자신이 그리스도인답지 않게 몰인정해지고 있다는 두려움으로부터 해방될 필요가 있는 것이다. 결국 이 여성들은 이런 심리적인 조작이 "사랑"이라고 여기며 자랐다. 이런 여성은(어머니의 정체성으로부터 자신의 정체성이 완전히 절연되면서) 그녀의 자유를 받아들인 후에야 비로소 온전하고 안정적인 한 인격으로서 어머니를 바르게 사랑하고 그녀와 관계 맺을 수 있다는 사실을 확신해야 한다. 그때까지는 미성숙하거나 어머니의 법 아래 있거나 쉽게 조작당하는 일이 부분적으로 존재할 수 있다. 마침내 이 사실을 확신하게 될 때, 그녀는 인격의 전 부분은 아닐지라도 부분적으로 활기 있고 성숙해지는 것을 막아왔던 주관주의로부터 자유롭게 되는 일을 받아들일 준비가 된다.

나는 이런 여성이 자유롭게 되기를 기도하면서 대개 그들에게 마음의 눈으로 예수님을 보라고 요청한다. 그분이 십자가에 달리신 것을 보면서, 거기서 그들의 용서하지 못하는 마음이나 죄뿐만 아니라 지금 씨름하고 있는 아픔과 결박을 그분과 함께 십자가에 못 박으라고 초대하는 것이다. 나는 그들의 영혼이 어머니의 영혼이 가진 지배력으로부터 끊어지도록 기도할 때, 그들에게 두 손을 그분께 뻗어서 아픔과 어두움이 십자가 위에서 양팔을 벌린 채 못 박힌 그분의 두 손으로 흘러드는 것을 보라고 말한다. 나는 이따금씩 기도의 흐름에 방해가 되지 않게 "마음의 눈으로 지금 보고 있는 게 뭐죠?"라고 부드럽게 물어본다. 어두움이 자신으로부터 나와 예수님께로 들어갈 때 그들이 보게 되는 것들은 경이롭다. 나는 성령께서 길을 인도하실 때면 종종 같은 "그림"을 보게 된다.

그 후 나는 매우 중요한 절차로서 그들에게 어머니를 그려보라고 요청한다. 성령께서 주관하시고 치유가 매우 강력하게 일어나기 때문에 그들은 어머니의 그림을 보게 된다. 이 그림은 진실을 밝히 보여주는 것이기에, 그들로 하여금 처음으로 어머니를 객관적으로 보고 그를 더 온전히 용서하도록 도울 수 있다. 그러고 나면 나는 어머니와 그들 사이에 어떤 결박이라도 남아 있는지 살펴보라고 한다. 그들이 그것을 **보고 그 이름을 불러낼 것이다.** 그러고는 그들에게 마치 손에 가위를 쥐고 있는 것처럼 남아 있는 결박의 끈을 싹둑 잘라내라고 말한다. 종종 결박이 풀어질 때 감정적으로나 물리적으로 분명한 반응이 나타나기도 하는데, 이렇게 자유와 해방을 만끽하는 순간은 경탄스럽기까지 하다. 이런 결박은 굵고 병든 탯줄처럼 보일 때도 있고, 두 사람의 영혼을 잇는 꼬인 실과 같은 밧줄이나 다른 무언가로 보일 때도 있다. 그것이 잘려나갈 때, 우리는 현재 일어나고 있는 바로 그 축사에 대한 상징적인 그림, 진리를 보여주는 그림을 보고 있는 것이다.

이런 극단적인 사례들 중, 심리적 결박이 특수할 정도로 심했거나, 아니면 어머니 쪽에 사술이나 귀신의 힘이 작용했을 때는 마치 내가 손에 검, 곧 성령의 검을 가지고 지옥 구덩이에 내려진 밧줄 같은 결속을 끊는 것 같았다. 이 결박들을 하나하나 불러내고 끊은 다음에도 이따금씩 그들 마음속에서 잘려나간 옛 결박의 뿌리들이 다시 자리 잡는 것이 보이는데, 이때는 기도로 그 뿌리들을 뽑아낸다. 그러고 나면 하나님의 치유하시는 사랑이 흘러들어 그 상처를 싸매시고 마음을 온전하게 만드시는 것을 볼 수 있다.

자신의 정체성을 다른 이로부터 분리해야 할 필요를 바르게 분별하고 기도할 때, 치유는 믿기지 않을 정도로 놀랍게 일어난다. 하나님이 임재하시는 권능 속에서, 온전케 하고 자유케 하는 해방이 완성된다. 그리고 그로 인한 기쁨이 때로 우리를 압도해버린다. 이런 기쁨은 앞과 같이 결속된 관계가 표출하는 문제들을 다루기 위해, 결박되었던 사람으로 하여금 객관적인 위치에 서도록 만드는데, 이것 역시도 이런 일을 가능하게 하는 내적인 온전함을 한 번도 가져보지 못한 영혼에게는 경이로운 일이다. 이런 여성들은 하나님의 빛과 사랑 가운데 둘러싸여 홀로 서 있는 자신을 보면서 그분의 임재를 경험할 수 있다.

일단 치유를 경험한 후에 이 이야기의 두 여성은 하나님으로부터 오는 말씀을 받을 줄 알게 되었고 세상과 육신, 마귀로부터 오는 오래된 정죄하는 목소리로부터 지속적으로 벗어나게 되었다. 다른 이들의 병든 사랑과 의지의 속박으로부터 벗어나면서, 둘 다 자유롭게 자기 의지를 온전히 하나님의 것과 하나가 되도록 만들었다. 그녀들은 전적으로 하나님께 귀 기울이고 그분께 순종하며, 자유롭게 (하나님이 지으신 자기 자신의 모습으로) 되어갔다. 더 이상 거짓된 정죄감이든 참된 죄책감이든 어떤 것에도 방해받지 않고 객관적 타당성이라는 놀라운 선물과 함께 성숙의 길에 발을 들여놓았다. 또한 자기 어머니뿐만 아니라 다른 모든 사람과의 관계에서도 자유를 경험하기 시작했다. 지금은 둘 다 그들이 살고 있는 지역에서 그리스도의 몸 가운데 다른 이들을 효과적으로 섬기며 살아가고 있다.

지옥과 같이 유해한 상담가들

나는 레즈비언 관계가 순전히 한 여성이 다른 여성과 "상담하는" 상황에서 시작되어, 각자가 상대방이 살아온 자기연민이라는 환상의 세계를 충족시키는 불경건한 결혼으로 끝나는 경우들을 보아왔다. 이런 일은 내적 외로움과 (영유아기의 결핍으로 고통 받았던 경우처럼) 피부 접촉의 필요가, 다른 이의 영혼을 형성하고 지시하고 그 영혼에게 "뭔가를 해주려 하거나"[18] 지배하고 다스리려는 다른 누군가의 필요와 결탁될 때 발생할 수 있다.

이렇게 지배하려는 성품을 가진 여성은 앞에서 소개한 여성들의 이야기와 같은 경우다. 단 이런 여성은 치유를 받는 것에 대해 닫혀 있고 하나님의 뜻에 굴복하려 하지 않는다는 점에서 분명한 차이가 있다. 또

---

18) Lewis, *The Great Divorce*, 89. 특히 10장과 11장에서 루이스가 그리고 있는 두 인물 힐다와 팸을 보라.

한 그녀는 자기가 가지고 있는 남을 조종하려는 마음과 소유욕, 그리고 스스로의 결핍을 감추는 데 영리할 것이다. 이런 여성 역시, 앞서 소개한 두 여성보다 더 강한 성품을 가지고 있을지라도, 앞의 여성들이 가지고 있는 피부 접촉이나 성적인 필요만 없을 뿐 똑같이 신경증에 시달리고 있을 것이다. 결국 그는 "상담가"로서 내담자의 입장에 있는 상대방에게서 분명하게 감지한 필요를 채워주기 위해 그들의 관계를 성적인 것으로 만들어갈 것이다.

이런 상황이 종국에 이르러서는 두 사람 모두에게 대단히 해로울 뿐만 아니라 불행하게도 이런 관계에 엮여서 피해를 입은 다른 영혼들에게도 마찬가지로 해롭다. 자녀와 남편, 친지와 가족들은 이런 상황에서 큰 고통을 겪는다. 우리는 사역자로서 그들을 집중적으로 도울 필요가 있다. 이런 사람들은 오늘날의 극단적인 페미니즘의 화술로 무장했기에 자기의 죄책감을 각종 미사여구로 남편이나 자신의 길을 막고 있다고 느껴지는 다른 이들에게 투사하는 데 능수능란하다. 불쌍하게도 가족은 그들이 주장하는 비이성적인 논지와 행동을 분별하고 무마할 줄 모르기 때문에, 자신들이 미쳐가고 있다고 느끼거나 극심한 정신적·감정적 혼란을 겪고 있다고 고통을 호소할 것이다. 이들은 다른 사람들의 기도와 도움의 사역이 있어야만 이런 상황에서 정신적인 붕괴를 입지 않고 계속해서 가족으로서의 책임을 다할 수 있다.

놀랍게도 이런 여성들은 자주 목회자나 사역자에게서 자신의 행동에 대한 변명거리를 얻는 것 같은데, 이것은 이미 감당할 수 없을 만큼 많은 짐을 지고 있는 남편과 가족이 참아내기에 무엇보다 힘든 일이다. 치유하는 능력을 상실한 오늘날의 언변은 몇몇 교역자들의 이성적인 능력에 대해서조차 해를 입히는 것 같다. 그렇다면 인간 심리학에 대한 교육을 전혀 받지 못하고 현대의 잘못된 사상들을 대조하고 분별할 만한 신학적·철학적 배경이 없는 평신도들의 혼돈은 얼마나 더 하겠는가?

아버지에게서 받은 영향과 관련된 레즈비언 행위

(비교적 드물지만) 아버지가 딸이 태어난 것에 실망한 나머지 여자아이를 자신이 바라던 아들처럼 다루는 경우가 있다. 딸은 아버지가 옷 입는 것을 따라하고 아버지가 집수리나 목공일 하는 것을 거들거나 같이 낚시하러 가는 등 모든 남성적인 활동에 참여하면서 그에 대한 보상을 받는다. 이런 환경에서 자라면서 그녀는 여성들에게는 공격적이 되고 행동거지는 남성적이 되기가 십상이다. 그렇게 되면 데이트 상대로서 요구되는 여성적 역할을 쉽게 받아들일 수 없게 된다. 때때로 이런 여성은 자신의 발달된 남성미를 수용하는 남자를 만나 결혼하기도 하는데, 이런 경우 결혼은 놀랍게 성공적일 수도 있다. 하지만 이렇게 행복한 결과에 이르지 못할 경우, 그녀는 다른 외로운 여성과의 만남에서만 자신의 외로움을 달랠 수 있다. 이때 자기가 애정을 쏟는 특정인을 향해 성적으로 공격적인 성향을 보이는 문제를 가지기도 한다. 앞에 소개한 제이의 이야기에서처럼 그녀는 반대 성을 가진 부모 한쪽을 모델로 삼아 배운 것이다. 이런 여성은 아버지가 한 번도 인정하고 확인해주지 않은 자기 인격의 일부, 즉 그녀의 타고난 본질적 여성성으로부터 분리되어 있다.

　(제이의 이야기에서처럼) 남성이 자신의 소외된 남성성을 발견하고

그것을 자신과 융화시키는 것보다, 여성이 자신의 낯선 여성성과 융합하는 것이 더 어렵다. 모든 남자는 여자와는 다르게 자신의 성 정체성을 어머니의 성 정체성과 분리시켜야 하기 때문에 이것은 자연적으로 주어진 과제라 할 수 있다. 최근에 "남자는 아버지가 자신이 남자라는 **말을 해주기** 전까지는 남자가 아니다"라는 옛 속담에서 인용한 글귀를 들었다. 이 격언은 내가 지금까지 확실히 보아왔던 아버지와 아들 사이에 작용하는 한 법칙을 간결하게 말해주고 있다. 그렇다면 태어날 때부터 아버지로부터 남자로 불린 어린 소녀는 어떻겠는가? 기본적으로 남자처럼 자신의 성 정체성을 어머니의 성 정체성과 분리해야 하는 과제가 주어지지 않은 여자아이가 이제는 아버지의 성 정체성과 자신의 성 정체성을 분리해야 하는 부자연스러운 과제를 떠안은 것이다. 나는 이것이 왜 이런 여성에게 자신의 여성적인 자아와 융화하는 것이 어려운 일이 되고 무의식중에 여성이 되는 것에 대해 강력히 저항하는지 설명해준다고 생각한다.

이런 여성은 한 인격으로서 거절을 경험한 것은 아니지만, 여성이라는 성적 존재로서 깊은 거절을 경험한 것에 대해서는 치유가 필요하다. 이를 위한 치유 기도에는 물론 자신의 여성성을 있는 그대로 수용하거나 인정할 줄 몰랐던 사람들을 용서하는 일도 포함된다. 레즈비언으로 살았던 일에 대한 고백과 더불어 그녀에게 필요한 축사나 죄의 사면도 이 기도의 일부로 다루어질 수 있다. 그런 후 치유 기도는 이 여성이 가지고 있는 주된 심리적 필요를 향해 접근해야 하는데, 그것은 자신의 여성적인 자아를 인정하고 받아들이는 일이다.

믿음의 기도를 통해 우리는 소외된 여성적 자아의 모습을 마음에 그려보고 그것이 인격 안으로 수용되고 융화되는 것을 볼 수 있다. 이렇게 하는 일은 어렵지 않다. 우리가 주님의 임재를 인정하면, 우리는 그분의 눈을 통해 내담자 안에서 자신을 여성으로 인정하고 불러내주기를 기다리고 있는 한 아름다운 여성을 보게 된다. 이와 같은 기도를 간구할 때에는 구체적이어야 하고, 기도 사역자는 내담자가 자신의 타고난 여성으로서의 자아를 받아들이도록 언어로 기도 그림을 그려주어야 한다. 또한 성령이 어떻게 인도하시든, 지금 기도하는 순간에 이미 여성적 자아와의 융화가 일어나기 시작했다는 점에 감사하면서 그렇게 해야 한다.

이런 강력한 주님의 도움으로, 이 여성은 **참된 자기가 되어가는** 여정, 오랫동안 부인해왔던 여성적 자아와 일치를 이루는 과정을 시작할 수 있다. 우리가 앞에서 언급했던 내적 치유의 세 번째 장애물, 즉 자기를 수용하는 데 실패를 경험하는 것에 대한 치유가 여기서 이루어지는 것이다. 지금까지의 사례들을 통해 보았던 것처럼, 이 여성은 자신만이 스스로를 인정하고 받아들이기로 결단할 수 있음을 깨달아야 했다. 이런 사람들에게는 이 시점에서 하나님으로부터 듣는 일을 가르치는 것이 대단히 중요하다. 자기가 오랫동안 가지고 있던 스스로에 대한 태도와 모든 사고 패턴을 하나님께 내어드리고, 그 대가로 주님이 자신을 여성으로 인정하심을 받아들여야 하기 때문이다.

우리는 종종 자기의 일부임에도 불구하고 우리 자신의 낯선 부분에 대해 굉장한 두려움을 가지고 있다. 정말 우리가 가진 더 고상한 자아를 받아들일 수 있을 때까지는 그것을 전적으로 두려워하며 그 고귀한 자아로부터 달아나려고 한다. 이런 성향은 찰스 윌리엄즈의 소설 『지옥으로의 추락』에 등장하는 여주인공 폴린 앤스트루더를 통해 잘 묘사되고 있다. 폴린은 "자신의 비밀스런 삶 속에서 공포감을 주는 뭔가"를 가지고 있었는데 그것이 나쁜 것이 아닐 거라는 가능성은 한 번도 생각해본 적이 없었다. 어린 시절부터 폴린은 "자신에게로 다가오는 자신"을 보곤 했는데 스스로 그 환영으로부터 달아나는 이상, 그것이 두려울 수밖에 없었다. 그래서 그녀는 홀로 있어야 하는 고독이 너무 무서웠다. 그리고 이 끔찍한 것이 모습을 드러냈을 때에야 비로소, 그것이 실제로는 "엄청나게 좋은 것"이라는 사실을 알게 되었다.

나는 우리 자신의 일부 중 선하고 유용한 부분이 처음에는 악하고 공포스러운 모습으로 나타난다는 사실을 가르쳐주는 기막힌 비유 하나를 한 친구로부터 전해 들었다. 이 비유는 혈액 순환이 좋지 않아서 잠잘 때 오른쪽 어깨와 팔에 감각을 잃어버린 옛 수피교(이슬람 신비주의—역자 주) 현자의 이야기다. 이 현자는 자다가 뭔가에 흠칫 놀라서는 왼팔을 쭉 뻗어서 더듬어봤다. 그랬더니 오른편에 차갑고 큼직한 파충류 한 마리가 느껴졌다. 그는 침대에 구렁이가 있다고 소리쳤고 형들은 그쪽으로 불빛을 비췄는데, 알고 보니 현자가 잡고 있었던 것은 자기 오른팔이었다. 우리가 지금 소개하고 있는 이 여성은 자신의 여성성을 상상할 줄 몰랐을 뿐 아니라, 옛 수피교도가 자기 오른팔을 잡고는 뱀을 잡고 있다고 생각했던 것과 같이 자기 여성성을 낯선 이방인처럼 위협적으로 느끼고 있었다. 우리는 단순하게 그 사람 안에서 "잠재된 여성"을 **보고** 인정함으로써, (비록 내면에 마비되어 있음에도) 그 여성성의 진정한 모습이 "엄청나게 좋은 것"임을 보여줄 수 있다.

문제의 여성이 지금까지와는 완전히 다른 여성스러운 방식으로 옷을 입고 의도적으로 새롭게 여성스러운 습관을 들이면서, 자신의 여성적 자아 또는 이미지로 "옷 입는" 것의 중요성을 스스로 수긍하도록 설득된다면, 자신을 여성으로 받아들이는 일은 굉장히 빠르게 진행될 것이다. 그녀는 자신을 이런 식으로 상상할 수 없기 때문에, (제이가 그랬던 것처럼) 처음에는 기도하면서 의도적으로 모델이 될 만한 사람을 찾아야 할 수도 있다. 전문가들도 이미지가 관건이라는 점에 동의할 것이다. 적어도 처음에는 은행원처럼 보이는 은행원이 더 좋은 은행원이 되듯이, 여성은 청바지나 멜빵바지보다는 말끔한 블라우스와 스커트를 입었을 때 더 여성스럽다.

어쩌면 우리는 이 원리를 영적인 관점에서 보아야 할지도 모르겠다. 바울은 내면이 그리스도와 같아지도록 우리를 초청하면서 "그리스도로 옷 입으라"라고 권고한다. 바울이 잘 알고 있었던 것처럼 외적 이미지나 옷차림은 내면의 사람이 그렇게 되어가도록 자극한다.[19] 바로 이것이 그리스도의 임재를 **연습**하는 것이 큰 효력을 발휘하는 이유다. 이렇게 "외적으로" 옷을 입는 일을 통해 그리스도인은 다른 어떤 피조물보다 우리 가운데 외면적으로나 내면적으로 더욱 참되게 임하시는 그리스도를 인식하게 된다. 이것은 심리학적 차원에서도 진리다. 자신의 여성적 자아를 옷 입은 여성은 (비록 내면에서 감지되지 않을 수 있지만) 외부적으로 취한 행동이 내면의 성장과 여성으로서의 전 존재가―

---

19) 이 옷 입는 원리는 오로지 외적 이미지에만 신경 쓰게 될 경우만 비난을 받는다. 예수 그리스도는 "화 있을진저 외식하는 서기관들과 바리새인들이여 회칠한 무덤 같으니 겉으로는 아름답게 보이나 그 안에는 죽은 사람의 뼈와 모든 더러운 것이 가득하도다 이와 같이 너희도 겉으로는 사람에게 옳게 보이되 안으로는 외식과 불법이 가득하도다"(마 23:27-28)라고 말씀하면서 이 문제를 지적하셨다.

정서적·인지적·지성적·감각적으로—성숙해가도록 자극한다는 점을 알게 될 것이다.

물론 이 여성은 다른 모든 것처럼 이 문제에 있어서도 항상 전적인 선택의 자유를 가지고 있다. 내가 "수긍하도록 설득된다"라고 한 것은 우리가 그녀 안에서 보고 있는 아름다운 여성성을 기쁨과 열의로 소개한다는 의미다. 하지만 그녀는 자신의 내적인 여성을 만질 수도 없으며, 우리가 보는 그 모습을 공유할 수도 없다. 내담자는 결코 강요받는다고 느껴서는 안 된다. 그녀(혹은 다른 누군가)를 위해 기도하는 사람이 단순히 진리를 소개하는 것에서 벗어나, (자기 견해로 보았을 때) 그 진리를 가장 잘 깨닫게 하는 길이라며 어떻게든지 내담자를 조종하기 시작한다면, 그는 치유자로서의 자신의 부르심에서 빗나간 것이다. 우리 주님은 결코 사람의 자유의지를 범하지 않으신다. 주님은 가능한 모든 방법을 동원해서 그분이 사람들 속에서 본 온전함과 자유를 그들에게 보여주신다. 그리고 그 온전함과 자유는 바로 하나님의 자녀가 받은 유산이다.

이런 자유 안에서 우리는 끊임없이 선택해야 하는 책임이 있을 뿐 아니라, 우리의 몸과 영혼에 대해 권위를 행사할 수 있는 강력한 특권을 가진다. 한 작가는 우리가 그리스도인으로서 우리 삶에 대해 가지는 이런 권위를 이야기하면서 다음과 같은 원리를 제시한다.

하나님에 대한 권위는 자아에 대한 권위를 드러낸다. 신적인 자아, 이 존재는 잠잠히 누워서, 외적 자아가 가하는 행동에 의해 움직이고자 모든 사람 안에서 기다리고 있다. 이 고요한 존재가 행동을 취하고 움직이게 만드는

두 종류의 말, 그것은 곧 명령과 찬양이다.[20]

과거의 몇몇 훌륭한 기독교 영성가들은 영혼이 그 용도에 맞게 한 몸을 만들어내며 그 몸은 성품을 반영한다는 것을 다양한 방식으로 설명해왔다. 대부분 우리는 단정치 못한 영혼에서 단정치 못한 외모가 나오고, 쾌활하고 멋진 영혼의 소유자가 쾌활하고 멋진 외관을 드러낸다는 것을 알고 있다. 자신의 여성성과 전혀 접촉이 없고 남성성이 과도하게 발달한 여성은 자신의 외모 전체에 그런 성격이 반영될 것이다. 나는 이런 여성의 축소된 여성적 자아가 삶의 전 영역에서 역효과를 일으킨다고 생각한다.

내가 이 단락에서 경계선 성격장애(borderline cases)에 대해 말하고 있는 것은 아니다. 예를 들면, 내 기도의 대상이 되었던 다음과 같은 여성의 이야기가 있다. 이 여성은 기억해낼 수 있는 가장 어린 시절부터, 정육업을 하는 아버지와 함께 일하면서 도살업을 하는 남자 차림으로만 다녔다. 남자들이 하는 것처럼 동물을 도살하고 옷도 그들처럼 입고, 독일 선조가 그랬던 것처럼 맥주를 들이켰으며 남자 조상들이 해왔던 대로 가업을 이어받을 준비가 되어 있었다. 아버지는 이런 일을 함께할 아들이 없었다. 그가 딸을 사랑한 것은 사실이지만, 단지 딸로 하여금 자신이 원하던 아들이 되도록 재촉했을 따름이다.

이 여성은 자신의 여성적 자아가 아름다우며 그것과 친숙해질 수

---

20) Emma Curtis Hopkins, *High Mysticism* (Del Rey, Calif.: De Vorss, 1974), quoted in John Gaynor Banks, *The Master and the Disciple* (St. Paul: Macalester Park Publishing, 1954), 15.

있다는 것에 자신감을 가질 수 없었다. 내 눈에는 선명하게 보이는 진실이 그녀 자신에게는 무의미할 뿐이었다. 이 여성은 아리따운 푸른 눈동자와 얼굴을 타고 늘어진 금발의 곱슬머리를 가지고 있었다. 주로 남성미와 남성적 습성을 풍기는 외적 이미지 이면에는 믿기지 않을 만큼 아름다운 여성성이 숨겨져 있었다. 그녀는 자신의 여성성을 "옷 입을" 줄 몰랐다. 하지만 나는 그런 그녀에게 "옷 입는" 원리를 강요하지 않았다. 다만 이 여성이 영적으로 그리고 상당 부분 심리적으로 치유되었다는 것에 감사했는데, 그 예로 그녀는 레즈비언의 정욕과 강박으로부터 해방되었고, 여성으로서의 거절감에 대한 치유를 경험했다. 나는 그녀가 그리스도로 "옷 입었다"는 것을 알았고, 모든 것 중 가장 높은 수준인 영적인 차원에서 작용하는 이 원리가 심리적인 수준에서도 그녀가 필요로 하는 작업, 즉 그녀를 부드럽고 자유롭게 만드는 일을 시작하리라는 것을 알았기에 평안하게 사역을 마칠 수 있었다. 그녀가 주님께 듣는 일에 신실하게 임함에 따라, 언젠가는 그리스도께서 그녀다운 모든 것을 하나로 모아 그분의 완전함으로 빚어가신다는 사실이 그녀의 몸에서도 나타날 것이다. 이 모든 것은 섬세하고도 놀라운 과정이다.

남자에 대한 증오 혹은 두려움과 레즈비언 행위

레즈비언 행위가 아버지나 다른 남자에 대해 품고 있는 두려움 및 증오와 관련된 사례들이 있다. 증오가 존재하면 거기로부터 온갖 종류의 도착이 유발될 수 있다. 치유가 안 된 균열은 그것이 성별이든 인종이든 직장 서열이든 빈부 차이든 세대 차이든 상관없이 항상 증오를 키우기 마련이고, 그렇기 때문에 언제든 각종 변태적 도착증을 양산할 수 있는 기반을 형성한다. 오늘날 이런 사태는 증오심뿐 아니라 레즈비언 성행위에도 마음을 열게 만드는 (몇몇 사례에서는 가장 먼저 유혹하는 것이 되기도 하는데) 페미니스트의 정치적 화술이 극단으로 치달으면서 더욱 악화되었다.

다른 이들의 잘못을 (그것이 얼마나 가증스러운지와는 상관없이) 용서하고 우리의 증오심과 두려움, 반항심을 내려놓을 때에만 우리는 치유되고 부드러워지고 자유롭게 되는 새 마음을 선물로 받는다. 오랫동안 남성을 향해 마음속에 증오와 두려움을 움켜쥐고 있던 한 여성을 위해 기도 사역자로서 기도할 때, 우리는 그녀로 하여금 위를 쳐다보며 마음의 눈으로 예수님을 바라보도록 인도하곤 한다. 이렇게 기도하는 것은 용서할 수 있도록 어떤 사고의 틀을 우리 쪽에서 의식적으로 이끌어내려는 시도와는 대조적이라고 할 수 있다(이번 장 초반에 소개된 조니의 이야기를 참조하라).

반면에, 어떤 지적인 성격의 장벽이 제거되기 위해서는 기도가 시작되기 전에 의식적인 이성적 사고를 다루는 사역이 필요하다. 특별히 분열과 혐오감을 조장하는 언변에 사로잡힌 여성에게는 이를 대체하는 관점이 주는 유익이 필요하다. 왜곡되거나 불완전한 이데올로기와 견해가 드러나도록 해야 하지만, 이런 일은 누군가의 마음이나 선택권을 바꾸거나 강제하는 시도로 이루어져서는 안 된다. 여기서 요구되는 것은 더 고상한 관점을 진술하는 것이다. 이런 방법을 통해 내담자의 마음은 자신이 갈구하는 자유를 가져올 뿐만 아니라 사랑할 수 있는 마음의 공간을 만들어주는 길을 선택하도록 활짝 열릴 것이다.

물론 기도 사역을 진행하면서 내담자가 용서하는 일을 돕기 위해 그의 의식적인 이성적 사고에 호소하는 경우도 있다. 예를 들면, 함께 기도하던 여성이 용서하려는 결정적인 순간에 "전 용서 못해요"라고 소리친 경우가 있었다. 그럴 때 나는 용서하지 않는다면 계속해서 마음속의 증오심과 두려움과 불합리한 파괴력이 그녀를 괴롭힐 것이라고 지적해주었다. 내 경험으로는 이렇게 이성에 호소하고 나면 내담자는 의지적으로 용서하는 경우가 많다. 이것은 경이로운 이성적 사고 행위인 동시에 마음 깊은 곳에서부터 그 힘을 끌어올린 행위임이 분명하다.

이 여성은 아버지나 다른 특정 남성을 향해 품었던 적개심에서 시작해서 그것을 모든 남성에게 일반화함으로써 남성과의 관계에서 "분열성 성격장애"(남성에 대한 증오에서 시작된 레즈비언 성향의 여성들이 다른 관계에서는 정상적인 반면, 유독 남성과의 관계에서 스스로를 고립시키는 경향이 있음을 지적하려고 사용된 병리학 용어—역자 주)를 야기했던 증오심을 하나님 앞에 내려놓았으며 그로써 자유롭게 되었다. 그녀가 받은 치유는 결코 작은 일이 아니지만, 다른 사람들처럼 그녀 역시 계속해서 주님의 임재 가운데 머물면서 병든 옛 행동 방식을 하나님만이 빚으실 수 있는 새로운 태도로 바꿀 필요가 있다. 어느 누구에게도 얽매이지 않고 모든 이를 향해 사랑의 방식을 취하는 것, 바로 이것이 우리 각 사람을 향한 하나님의 열망이다.

피부 접촉의 결핍과 레즈비언 행위

피부 접촉에 대해 논의를 시작하면서 우리는 레즈비언 행위에서 가장 주된 부류에 속하는, 영유아기 초기에 모성애가 부재했거나 애정이 제공되었음에도 그것을 받아들일 줄 모르는 경우에 대해 되짚어볼 필요가 있다. 때때로 여성들은 영유아기 때 과도하다 못해 강박적일 만큼 피부 접촉을 요구하기 때문에, 어떤 식으로든 어머니의 애정 어린 피부 접촉에 대해 박탈감을 느끼기 쉽다. 이는 어린 아기를 품에 안고 껴안고 어루만져주는 것이 중요하다는 것을 말해준다. 이런 사랑의 접촉을 잃어버리거나 그것이 부적절하게 되면, 나중에 만회하는 일은 쉽지 않다. 다른 사람들과의 피부 접촉으로는 충분하지 않기 때문이다. 그 상실감을 보상받기 위한 여러 다른 시도들은 그리 효과가 없는 것처럼 보인다. 사실상 이런 결핍을 메우고 그것을 보상받고자 행하는 모든 시도로부터 그녀를 자유롭게 하기 위해서는 주님의 치유하시는 손길이 필요하다. 이런 결핍은 끔찍한 상태라고 할 수 있다. 이를 극복하기까지 이 여성은 결코 다른 곳으로 자기 관심사를 넓혀갈 수 없을 것이며 주로 감각적이고 성적인 관점에서만 자신을 생각할 것이기 때문이다.

심각한 피부 접촉의 결핍이 있는 사람들은 때때로 과식이나 자위행위의 문제도 가지고 있다. 두 가지 습관 모두 충족되지 않은 애정 접촉을 보상받으려는 시도이지만 언제나 (정욕이나 자기연민 같은) 다른 것들이 뒤섞인 상태에 다다르게 된다. 그래서 이런 문제들은 결핍 상태에 있는 여성이 그렇게도 바라던 것, 즉 남편과의 친밀한 육체적 관계를 얻지 못하도록 방해할 수 있다.

이런 결핍으로 고통 받고 강한 애정 접촉의 필요를 가지고 있지만 레즈비언 행위에는 관여하지 않는 여성들도 적지 않다. 사라의 경험이 그 좋은 사례다. 사라는 가족 안에서 연년생을 둔 다섯째 아이로 태어났다. 불행히도 사라가 태어났을 때, 어머니는 지칠 대로 지쳐 육체적인 병을 앓고 있었다. 그녀는 체력이 약했을 뿐만 아니라 심리적으로나 영적으로도 피폐해 있었다. 어머니는 자녀 하나를 자기 팔이나 마음에 더 품어줄 여력이 없었다. 사라는 이 모든 것으로 인해 격심하게 고통스러워했지만, 어떤 이들이 그러는 것처럼 자기 정체성에 성적 특색을 부여하는 일은 하지 않았다. 다시 말해 사라 자신이 느끼는 강한 애정 접촉의 결핍이 스스로를 주로 성적인 관점에서 생각하도록 몰고 가지 않았다는 의미다. 다만 사라는 용기를 내서 자신의 내적 외로움을 직면하고 하나님을 그곳으로 초청함으로써 상실감에 그을린 영유아기의 기억을 치유받으면 되었다. 그러나 어떤 사람들은 사라와는 다르게 자신의 정체성에 과도한 성적 특색을 부여하면서 문제를 더 복잡하게 만든다.

피부 접촉의 결핍과 과도하게 성적으로 규정된 정체성

나는 사랑받고 싶었던 욕구가 충족되지 못한 여성들이 어린 시절 성적으로 곤란을 겪게 되면서 그 상태가 더욱 악화되고, 그런 환경으로 인해 (비록 무의식적이지만) 자신의 정체성을 성적인 방향으로 몰고 가는 많은 경우들을 보아왔다. 그렇게 되면 이 여성은 사랑받는다는 의미를 대부분 감각적이거나 노골적으로 성적인 측면에서만 이해한다. 우리가 살아가는 현대 문화는 성적 자유와 성적 만족을 내세우면서 위와 같은 상황을 크게 악화시키고 있다. 결혼 관계의 실패가 가시화되면, 이런 여성의 인성 속에 레즈비언 관계에 빠질 수 있는 기반이 놓이게 된다.

레즈비언 사례 중에서 라나의 이야기는 이런 조건을 전형적으로 보여준다. 라나의 문제의 기저에는 어머니의 품과 사랑이 부재했던 것 외에도 아주 어린 나이에 아버지의 동생인 삼촌으로부터 성적으로 학대당한 일이 들어 있었다. 성인이 된 라나는 이 성적 학대에 대해 모순된 감정을 느꼈다. 그것이 추악하고 모욕적인 상황이었음에도 거기서 그녀의 피부 접촉에 대한 필요가 어느 정도 채워졌기 때문이었다. 라나는 젊은 삼촌이 자신을 그렇게 취급한 것에 대해 곧바로 수치심을 느끼는 동시에, 왜곡되고 사랑 없는 손길이었지만 자신이 그것을 필요로 했던 것에 대해서도 죄책감을 느꼈다. 이런 환경 탓에 라나는 곧 스스로를 과도하게 성적 존재로 여기기 시작했으며 사랑도 대부분 관능적인 관계로 주고받았다. 여기서 내가 강조하고 싶은 점은, 근친상간 같은 극단적인 환경만이 한 여성에게 이런 결과를 가져다주는 것이 아니라는 것이다. 한 사람의 인격이 이런 양상에 처할 수 있는 가장 중요한 이유는, 단순히 성적 긴장을 둘러싼 문제를 가진 부모님을 두었다는 점일 수 있다.[21]

라나의 인생 시작이 그리 좋지 못했음은 확실하다. 그러나 그녀는 자기연민과 극단적인 이기심으로 향하는 성향 때문에 어떤 불행도 벗어버리지 못했다. 라나는 자위행위와 과식으로 문제를 더 악화시켰다. 시간이 지남에 따라 라나의 대인 관계는 상당히 복잡해졌다. 그녀는 자기가 원하는 대로 하려고 다른 사람을 교묘히 속이고 조종하는 데 능

---

21) 나는 이런 사례를 대학 교수와 같이 사고력이 발달한 사람에게서 본 적이 있다. 지적으로 발달한 고학력의 여성에게서 역설적이게도 성적 의미로 점철된 정체성을 발견했을 때, 내게는 그것이 큰 충격이었다. 그러나 심리적인 치유를 받은 이후로는 이런 역설이 더 이상 존재하지 않았다.

숙해졌다.

라나의 다양한 문제 때문에 미래의 남편이 될 사람이 의욕을 잃었을 때, 그녀는 다른 여성들과 밀착된 관계를 가지기 시작했으며, 결국에는 스스로를 "양성애자"라고 공언하며 난잡한 레즈비언 내연 관계에 들어갔다. 곧 이 관계들은 지옥같이 불쾌한 것이라는 사실이 드러났다. 내가 처음 기도와 상담을 위해 라나를 만났을 때는 라나 자신뿐만 아니라 몇몇 친지와 교회에까지 속이 뒤집힐 만한 문제들이 터진 후였다.

라나는 매우 나쁜 방식으로 상처를 주고 있었으며, 오랜 거절감과 박탈감에 대한 치유가 필요했다. 또한 그녀는 자신의 정체성이 과도하게 성적인 의미로 물들어 있는 동시에 내적 외로움과 공허를 경감시키기 위해 다른 사람을 교묘히 조정하는 것 외에 더 나은 방법이 있음을 깨달아야 했다. 라나는 나를 조종할 수 없다는 사실을 알게 되었는데, 이것은 우리에게 좋은 시작이 되었다. 나는 라나가 겪는 주된 문제, 즉 그녀가 불유쾌한 자기연민과 자기중심성에 힘입어 자아라는 지옥의 저 깊숙한 곳까지 내려갔다는 문제와 대면해야 했다. 이제 이 문제는 자위행위와 레즈비언 행위를 동반하고 그녀의 문제 이면으로 그 모습을 거대하게 드러내고 있었다. 라나는 왜곡된 사고방식을 가지고 행동했으며 그것을 다음과 같이 입 밖으로 내뱉을 정도였다. 예를 들면 이런 식이다. "이봐요! 난 아픔이 있는 사람이에요. (자위행위와 레즈비언 행동이라도) 내게는 그럴 만한 이유가 있단 말이에요. 그렇게라도 못하면 누구도 날 도와주지 않을 거예요!"

이런 지배적인 생각과 더불어, 라나는 의식적으로 인지할 수 있는 것보다 깊은 수준의 무의식에서 하나님과 남자 모두를 향해 비난하고 분노하는 마음을 품고 있었다. 라나는 여러 여성들과 잇달아 레즈비언 관계를 맺는 것에 대해 "진짜 관계로서 진정한 사랑의 일환"이라고 과시했다. 그러나 그녀는 이 모든 자신의 행동을 제대로 보고, 그것이 전적으로 유해할 뿐 아니라 자신만을 섬긴다는 진실을 깨달아야 했다. 라나는 자기와 자기의 필요에만 몰두해 있었기 때문에, 그것이 자신이 그렇게도 갖고 싶어했던 친구나 남편과 바른 관계를 가질 기회를 앗아간다는 사실을 깨달아야 했다. 이 모든 것을 고백하고 거기서 돌아서고 치유되기 전까지는 자신의 "필요"만을 충족시키려고 안간힘을 쓰면서 모든 관계를 망가뜨릴 뿐임을 알아야 했다.

C. S. 루이스는 "사랑은 순수한 친절보다 더 빛나는 그 무엇이다"라고 말했다. 라나를 죽이고 있는 바로 그 일들에 대해 별 생각 없이 "사랑으로 받아준다면", 그것은 내가 그녀를 사랑하지 않는다는 의미다. 누군가를 지금 있는 그대로의 인격으로 받아들이는 것과, 자신뿐만 아니라 다른 사람에게도 악성 종양 같은 영향을 미치는 행동을 받아주는 것은 전적으로 별개다. 자유롭게 해방될 필요를 가진 채로 당신 앞에 서 있는 진짜 사람을 끌어안는 것과, 창조적인 진짜 자아가 발현되는 것이 방해받는 상황에서, 어떤 "가면"이라도 쓰고 보는 옛 육신적 자아를 용인하고 관용을 베푸는 일은 엄연히 다르다. 예수님은 이런 오래된 육신적 자아의 "임재를 사는" 사람을 도우면서까지 자기 시간과 에너지와 기도를 결코 낭비하지 않으셨다. 예수님은 옛 성품을 상대하지도 않으셨으며 친절의 덕을 베풀지도 않았다. 주님은 주목하시면서 오직 "옛 자아에 대해 죽으라"고 말씀하셨다.

예수님의 이름으로 치유 사역을 하는 입장에 있는 사람에게 그분의 임재를 사는 일은 생명과도 같다. (내 바깥과 나를 둘러싼 모든 것뿐만이 아니라 내 **안에서**) 예수님의 임재를 살면서 나는 그분의 눈을 통해서, 오직 그분의 눈을 통해서만 내가 사역하는 사람들을 볼 수 있도록 기도한다. 수년간 이렇게 기도 사역을 하면서 한 가지 확신하는 일이 있다. 주님은 참된 그 사람을 너무나 사랑하셔서 그를 자유롭게 하는 데 집중하시기 때문에 일단 참된 사람의 자리를 강탈했던 거짓된 옛 사람을 분별하고 그 이름을 불러내고 나면, 그분은 그 헛된 옛 사람을 더 이상 거들떠보지 않으신다는 것이다. 오히려 예수님의 자비는 그분이 창조하신 **참된 사람**을 향해 치유의 빛을 비추며 불타오른다.

나는 라나 안에 있는 참된 자아가 자기중심성과 자기연민과 옛 육신의 본성으로 겹겹이 싸인 층들을 뚫고 아래에서부터 위로 솟아오르려고 안간힘을 쓰고 있음을 보았다. 나는 진짜 라나에게 호소하며 예수님의 이름으로 자아의 지옥 밖으로 그녀를 불러내 나오도록 했다. 정확히 이 일이 시작되었으며, 몇 번의 만남을 더 가진 후에 우리는 거절과 박탈을 경험했던 옛 기억에 대해 치유를 구하는 기도를 드릴 준비가 되어 있었다. 이제 라나는 전혀 다른 삶을 살고 있다. 그녀의 정체성이 더 이상 성적인 측면에서만 부각되지 않기 때문에, 그녀가 가지고 있던 지성과 상상력과 영성의 지평이 그 모습을 드러냈고 계속해서 확장되고 있다. 라나는 하나님의 자녀로서 "그리스도인은 지금도 일해야 하고, 몸뿐 아니라 마음으로도 여전히 고난 받고 소망하고 죽어야 한다"라는 것을 깨달았다.[22] 다른 말로 하면 삶은 언제나 전투이고 승리를

22) J. R. R. Tolkien essay "On Fairy Stories"에서 인용.

위해 반드시 용감하게 싸워야 한다는 것이다. 이제 라나는 하나님이 지으신 라나가 **되어가는**(becoming) 무한한 가능성을 보고 자신이 그 가능성과 조화를 이루고 있음을 알고 있다. 이제 그녀는 자신의 모든 "굴곡과 실패에 어떤 목적이 있었고"[23) 그것을 하나님이 구속하고 계시다고 느낀다.

때때로 라나는 하나님과 필요한 수직적 관계를 개발하기보다 나나 다른 그리스도인을 통해 계속 도움을 받고 싶어했다. 나는 단호하게 라나가 스스로 하나님께 귀 기울이고 매일 그분과 함께하는 고독하고 고요한 시간을 따로 떼어놓으라고 권면하고 가르쳤다. 라나의 참된 자아가 완연히 드러나고 성숙하고 꽃피우기 위해서는 이런 시간이 절대적으로 필요했다. 또한 이것이 라나의 자기연민의 마지막 흔적인 자위행위와 과식 습관을 극복하는 열쇠이기도 했다.

라나처럼 어린 시절에 박탈을 경험했던 사람뿐만 아니라 우리 각자도 내적 외로움을 대면하기 위해서는 용기와 결단을 가져야 하며, **거기서** 하나님과 우리 자신의 가장 진정한 자아의 음성을 들어야 한다. 수많은 라나와 리사들에게는 이런 필요가 좀 더 긴급할 뿐이다. 헨리 나우웬(Henri Nouwen)이 훌륭하게 형상화했듯이, 우리는 각자의 깊은 내면에 있는 "외로움의 황무지"를 영적 생명이 시작되고 꽃피는 "고독의 정원"으로 바꾸어야 한다. "우리의 외로움으로부터 도망치고 그것을 잊으려 하거나 부인하는 대신에 우리는 그 외로움을 보호하고

---

23) Ibid.

결실을 맺는 고독으로 변화시켜야 한다."[24] 이것이 주님의 임재를 사는 것과 하나님과의 수직적인 관계 안으로 나아오는 것이 의미하는 요체다.

라나는 자신의 내적 외로움을 직면하지 않고 회피하며 그것을 두려워하는 데 너무도 익숙하고 고착되어 있었다. 이 외로움을 두려워하고 도망치는 것은 자신의 참 자아가 두려워서 달아나는 것과 같았다. 라나는 (처음에는 끈질긴 자기절제의 훈련을 통해) 자신이 가장 두려워하던 그것, 바로 자신만의 외로움을 **보호하는** 법을 배우고 그것이 참으로 "숨겨진 미지의 아름다움"이었다는 사실을 깨달아야 했다.[25] 그녀는 하나님의 임재 속에서 지적이거나 영적인 차원만이 아니라 정서적인 차원에서도 성장할 것이다. 여기서 내 역할은 끈기 있게 이 영적 훈련으로 가는 길로 이끄는 것이다.

기억 창고에서 일그러진 이미지 제거하기

레즈비언 경험이 있는 기혼 여성은 대부분 다음과 같은 치유가 필요한데, 이것은 기도하기에 매우 단순하지만 경이로운 치유라고 할 수 있다.

성직자나 상담가가 내게 내담자 여성들을 보내곤 하는데, 그녀들은 보통 이렇게 말하기 시작한다. "제 남편이 저를 안기 시작하면 그 끔찍한 그림들이 머릿속에 떠올라요. 그러면 제 몸이 그저 얼어붙어 버려

---

24) Henri Nouwen, *Reaching Out* (New York: Doubleday, 1966), 22. 『영적 발돋움』 (두란노 역간).

25) Ibid.

요. 제가 예수님께 왔을 때, 그분은 저를 용서해주셨어요. 전 그걸 알지만, 정말 무서워요. 그 장면들이 남편과 저의 관계를 망치고 있어요."

마음의 심연은 컴퓨터 같기도 하고 그렇지 않기도 하다. 마음에는 단 한 개의 기억도 잊히지 않고 다 저장되어 있는데, (컴퓨터와는 다르게) 어떤 사실만이 아니라 그 기억에 대한 생생한 장면들도 저장되어 있다. 누군가 그리스도인이 되어서 기도하거나 고요함 가운데 있거나 예전의 삶을 상기시키는 상황에 놓이면, 이 오래된 장면들이 떠오르려고 한다. 그러면 이 그리스도인은 "그럴 리가 없어!"라고 생각하면서 마치 쓰레기통 뚜껑을 재빨리 닫듯이 그것을 다시 쑤셔 넣어버린다.

물론 이것들은 이미 과거의 레즈비언 행위로부터 떠난 여성의 마음 속에 떠오르는 이미지들이다. 그녀는 지금은 용서받고 그 행위로부터 자유롭게 되었지만 마음속 컴퓨터에 프로그래밍 되었던 옛 그림들을 제거해야 한다.

우리는 함께 기도로 들어가서 그 여성에게 마음의 눈으로 예수님을 바라보고 손을 뻗어서 그분이 주시는 것을 받으라고 말한다. 어느 정도 예비적으로 선행되어야 할 기도를 마친 후에는 그녀의 마음과 생각으로부터 온갖 부정하고 끔찍스런 그림을 끄집어 올려달라고 예수님께 간구한다. 그리고 내가 기도하면 예수님은 정확히 그 일을 행하신다. 내가 그녀에게 손을 뻗어 자기 이마에 대고 머릿속에서 떠오르는 것을 하나씩 말하라고 하면 그 그림들은 한 번에 한 개씩 떠오른다. 그러고는 그녀가 마음속에 그리는 대로 예수님이 내미신 손에 그 그림을 하나씩 넘겨드리도록 한다.

이 기도를 하는 데는 오랜 시간이 걸리지 않으며, 기도 후에는 늘 문제가 치유된다. 내담자가 마지막 그림까지 넘겨드리고 나면, 나는 그녀에게 예수님이 이 옛 그림들을 가지고 무엇을 하고 계신지 보라고 일러준다. 그러면 그녀는 예수님이 이 그림들을 자신에게 가장 의미 깊은 방법으로 없애버리시는 것을 보게 된다. 그러고 나서 나는 병적 형태의 성적인 행위와 성관계를 담은 옛 그림들이 있던 모든 공간으로 예수님의 빛과 사랑이 들어와서 채워주시기를 기도한다. 이제 이 문제들은 그녀의 밖에 있다고 말할 수 있다. 그녀는 이제 마음속 깊은 곳에서 그림을 만들어내는 기능을 다시 프로그래밍 하려는 악마적 시도를 이겨낼 수 있다.

나는 그룹으로 기도하면서, 구성원 모두에게 "상상의 여정"에 오르기 전에 이와 같은 기도가 필요하다는 것을 배웠다. 위의 기도는 기억에 대한 치유 기도를 하기 전에 하나님이 어떤 그림을 보내시더라도 그것을 볼 수 있도록 마음을 자유롭게 풀어주는 연습으로 내가 자주 하는 기도다. 그렇지 않으면 억눌려 있던 끔찍한 포르노의 영상이 그 아름다운 상상의 여정을 가는 동안 불쑥불쑥 떠오를 것이다. 어떤 이들은 기도 중에 이런 영상이 튀어나와서 기도나 묵상하기를 두려워하게 된다. 이런 사람들 역시 이처럼 매우 단순한 치유가 필요하다.

영유아기에 적절한 존재감을 갖는 데 실패한 경우와 동성애 행위

이번 단락에서 다루는 정체성 문제들은 가장 심각한 사례라고 할 수 있다. 여기에 해당하는 사람들은 정도는 좀 다르지만 **존재한다**는 느낌 자체로부터의 분리를 경험했기 때문이다. 지금까지 우리는 우리 자신으로부터 분리되어 받아들이지 못하는 부분인 우리의 남성성이나 여성성, 외모, 선량한 마음 등을 논의해왔다. 그런데 여기서 다룰 문제는 앞의 경우에 트라우마가 심하게 더해져 존재감 자체가 극도로 희미해지거나 완전히 없어질 정도가 된 경우다. 이 트라우마가 언제나 동성애 행위에서 그 증후를 드러내는 것은 아니기 때문에, 고통을 겪는 이들은 이따금 자기 정체성을 어떤 물건이나 페티쉬(심리학에서 성적 감정을 불러일으키는 물건―역자 주)에 둘 수도 있다. 또는 이들은 홀로 있는 것을 고통스러워하고 평범한 사람들은 상상조차 할 수 없는 정신적·정서적 고통을 겪을 수도 있다. 이런 고통을 겪는 사람이 동성애의 경로를 통해 자기의 비존재감을 경감시키려 한다면, 그것은 잃어버린 존재를 찾거나 아니면 극도로 연약해진 자기 존재감과 정체성을 다른 사람에게 두려는 일종의 히스테리적[26] 시도라고 할 수 있다.

이와 같이 가장 심각한 범주는, 인간 아기가 스스로 고유의 권리를 지닌 한 인격체라는 것을 깨닫기 위해 필요로 하는 사랑과 돌봄을 잃어버렸거나 어떤 상처와 고통스러운 상황 때문에 어머니의 사랑과 돌봄을 의미 있는 수준으로 받을 수 없었을 때 겪는 심리적 트라우마의 정도가 훨씬 더 심하다는 것을 반영한다. 이런 고통을 겪은 사람들의 필요는 매우 중하기 때문에, 환자들은 종종 길고 복잡한 의료 이력을 가지고 사역자들의 연구 대상으로 등장하거나, 그들을 진료한 의사들에 의해 분열성 성격장애(schizoid)나 히스테리성 혹은 정신분열성 인격으로 분류되기도 한다.

---

26) 심리학적으로 다른 사람에게 집착하는 히스테리성.

나는 이번 장에서 몇 가지 전문용어를 사용하려고 하는데, 이에 대해서는 영국의 정신과 의사이자 신학자이며 한때 인도에서 선교사로 활동했던 프랭크 레이크 박사의 도움이 컸다. 진중한 심리학자였던 레이크 박사는 생애 초기의 심리적 상흔에 대한 방대한 연구물을 남겼는데, 초기에는 심각할 정도로 병적인 동성애 환자들을 대상으로 약물과 최면요법(hypnosis)을 사용해서 어린 시절에 겪었던 경험을 해제하고 제거했다. 그가 발견한 연구 성과는 우리가 기억 치유를 위한 기도 사역을 하면서 발견한 것과 일치할 뿐 아니라 그것을 과학적으로 확증한다. 사실상 지금은 레이크 박사 자신이 기도를 통해 이런 기억을 해제하는 것을 배웠으며, 더 이상 환자들에게 최면요법이나 약물을 사용해서 깊이 침전되어 있는 근원적인 트라우마를 되살아나게 하지 않는다. 이번 장에서 다루는 그룹에 속하는 동성애의 고충을 겪고 있는 이들을 심리적으로나 영적으로 이해하려는 분이나 히스테리적 행동에 대한 목회적 통찰력이 필요한 분 모두에게 레이크 박사의 책 『임상 신학』(*Clinical Theology*)을 추천한다.[27]

레이크 박사는 정신적 고통이란 본질적으로 분리-불안(separation-anxiety)이며, 초기 영유아기에 거절당한 경험에서 생긴 트라우마에 그 뿌리를 두고 있다고 말한다. 아기가 자기 존재의 원천인 어머니로부터 자신이 분리되어야 한다는 것을 알기도 전에 그런 일이 벌어진 상황인 것이다. 레이크 박사는 어머니의 눈을 통해 비추는 사랑이 아기가 자신

---

27) 특히 chapter 4, "The Understanding and Treatment of Hysterical Personalities," and chapter 10, "Homosexuality: The Development of an Androcentric Personality"를 보라. 『임상 신학』, 성공회 서울대교구 일반병원 사목부.

의 존재감을 끌어내는 탯줄이 된다고 설명한다. 병이나 죽음 혹은 유기로 인해 어머니나 어머니 역할을 하는 사람을 잃었을 때, 아니면 과도한 스트레스를 겪는 상황에서 어머니가 부재했을 경우, 아기는 (1) 안정감을 갖는 데 실패하거나, (2) 존재감(sense of being) 자체를 형성하는 데 실패한다. 후자의 경우, 비존재감(nonbeing)이 정체성으로 남게 된다.

아기가 어머니와 교감할 수 없게 만들고 그로 인해 어머니의 사랑의 빛 안에서 건강한 존재감을 얻을 수 없도록 하는 상처는 심리적인 것뿐 아니라 물리적인 것도 있다. 출생 트라우마가 여기에 해당하는데, 아기가 자신에게로 물러나 다시 태중으로 돌아가고 싶게 만드는 것으로 드물지 않게 일어나는 일이다. 최악의 경우에 아기는 어머니를 포함해서 태 밖에 있는 것은 무엇이든 거부한다. 다음에 소개할 영유아기의 기억의 해제 반응을 접하고 나면, **분리 불안**이라는 용어가 예사롭지 않은 무게로 다가올 것이다. 내가 기억 치유 기도를 통해 배운 모든 내용은 다음 인용문에서 레이크 박사가 단언하는 진리를 확증한다.

신경 불안과 이 신경 불안 자체로 번역될 수 있는 비이성적인 두려움과 고통은 현재의 불행한 환경에서 나온 직접적인 결과가 아니다. 신경쇠약의 정신적 고통은 오랫동안 잃어버렸던 관계에서 비롯된 고통의 메아리다. 메아리는 이제 의식 속으로 널리 울려 퍼지는데, 고통스런 외로움이 다시 그 사람 위에 드리워졌기 때문이다.…신경 불안은 오래 억압되었던 영유아기에 겪은 분리 불안으로 인한 낯설고 납득하기 어려운 공포에서 느끼는 정당한 두려움의 부산물이다.…묻어둔 과거가 현재의 견딜 만한 두려

운 순간을 견딜 수 없는 불안한 순간으로 바꾸어놓는다.[28]

모든 신경증은 영유아기 때 겪은 견딜 수 없는 분리의 경험에 그 뿌리를 두고 있다. 이런 분리의 경험이 일어나는 순간에, 환자는 의식의 차단을 요구할 만큼 극심한 정신적 고통을 겪는다. 이 경험들은 억눌린 채 묻혀 있다. 공황의 실제 원인은 태어난 후 초기 몇 달 동안 지속되는 분리 불안의 시기에 있을 것이다. 그 시기에 어머니나 어머니 역할을 하는 사람 안에서 "존재한다는 것"의 원천을 시각적으로나 감각적으로 인식할 수 없도록 분리된다는 것은 서서히 영혼을 목 졸라서 죽음이 임박하도록 하는 것과 같은 고통이다. 신경증의 다양한 패턴을 보면 거기에는 이런 분리 경험을 막으려는 여러 가지 방어기제들이 포함되어 있다.[29]

동성애 행위가 방어기제를 형성할 때

동성애 행동은 이런 방어 행위의 일종에 지나지 않는다. 레이크 박사는 분리 불안과 관련된 두 가지 유형의 동성애가 있다고 본다. 하나는 건강한 존재(well-being)의 상실과 관련되고, 다른 하나는 더욱 좋지 않은 경우로서 **존재**(being) 자체를 잃어버린 것과 관련된다.

레이크 박사는 트라우마를 남긴 고통스러운 영유아기 기간을 (약물을 사용한 해제 요법으로) 다시 체험하는 동성애 환자들에 대한 수많은

---

28) Ibid., 9.
29) Ibid., 10.

사례를 이야기한다. 이 환자들은 여성의 돌봄을 받아야 했던 아기 시절의 삶이 끔찍했으며 그 결과 분리 불안의 상태가 되었다. 이런 경우 아기는 두려움에 휩싸이는 스키조이드(분열성 성격장애) 상태의 문턱까지 떠밀려 간다. 이럴 때 가지게 되는 근본적인 두려움의 정체는 곧 자신을 비존재와 동일시하는 두려움이다.

레이크 박사의 용어 사용 용례에서 스키조이드 상태란 견딜 수 없는 두려움이나 관계 단절의 경험, 비존재로 자기를 인식하는 경험과 동일한 의미다. 그렇기 때문에 생후 육 개월이 되기 전에 이런 트라우마를 겪는 남자아이는 어머니에 대해 "스키조이드" 증상을 보인다. 어떤 이유에서인지, 어머니의 손길을 통해 건강한 존재감을 가지지 못했거나 심지어 존재감 자체에 이르지 못했는데, 그래서 어머니를 그 끔찍한 두려움과 연관 짓게 된다. 이런 관련성이 다른 모든 여성에게 일반화되고 남성 중심적으로 편향되면서, 그는 남자에 대한 히스테리적인 집착을 갖게 된다. 히스테리성 인격에서 나타나는 정신 역학을 보면 이런 환자는 사물이나 사람에게 집착하는 성향을 보이는데, 남자든 여자든 자신의 정체성을 그런 사물이나 사람에게서 찾거나 찾으려고 시도하는 것이다.

여자아이는 남자아이와는 다르게 반응한다. 여자아이는 동일한 상처를 받았을 때(어머니나 어머니를 대신하는 여인의 사랑 안에서 건강한 존재감이나 존재감 자체를 얻지 못했을 때), 여자에 대해 스키조이드의 상태에 들어가기보다는 오히려 히스테리적인 상태로 들어간다.

모성이 주는 생명력을 잃어버리는 순간이 임박하는 경험에 대해 히스테리적으로 반응했던 경험은 여자아이에게는 레즈비언 성향으로 기울게 만드는 근원이 된다. 남자아이의 경우, 모성 역할자에게 히스테리적으로 밀착되어 있으면 그 고정된 집착을 결혼한 여성에게 전가하고, 그녀에게 다른 모든 것과 더불어 어머니 역할까지 요구한다. 같은 경험을 한 여자아이의 경우는 모성 역할자에게 의존하는 고착된 욕구를 다른 여성에게 전가한다.[30]

이런 상태에 있는 사람을 대상으로 한 사역을 조금이라도 경험해본 사람은 누구라도 그것이 참으로 인생이 지고 가야 할 혹독한 짐이라는 사실에 동의할 것이다. "사람이 지각할 수 있는 가장 끔찍한 박탈이라고 할 수 있는, 갓난아기가 어머니의 사랑을 박탈당한 경험"을 정신심리학적으로 치유한다는 것은 여간 고통스러운 일이 아닐 뿐 아니라 상상하기조차 쉽지 않다. 왜냐하면 이런 치료는 내적 외로움과 공허함을 직시할 것을 요구하기 때문이다. 박탈의 고통을 겪은 사람들 중 어떤 이들은 평생을 그 내적 외로움과 공허함으로부터 도망치려 한다.[31] 그들은 한 움큼의 힘이라도 있다면 "끔찍한 비존재의 나락"으로부터 올라오는 망령들에 직면하기보다는 오히려 그것을 억누르는 데 그 힘을 다 소진해버린다. 영유아기 초기에 겪는 트라우마를 인정하지 않는 전제

---

30) Ibid., 940.
31) 이런 정도의 고통을 겪는 사람들이 항상 직시하지 않고 달아나지는 않는다. 한 여성이 나에게 편지로 한 말이 이 사실을 상기시켜준다. "나는 거듭해서 도움을 찾아 손을 뻗었지만 아무도 도움을 주지 않는 것 같았습니다. 제가 스물아홉이 될 때까지는 다른 여성과 관계하면서 방어적인 패턴에 빠지지 않았습니다. 그 후로 저는 팔 년 동안 정신과 치료의 도움을 받았고 우울증에 시달리며 극도로 어두운 시기를 보냈습니다."

와 방법론을 가지고 있는 사람들에게 그것이 선천적(유전적 조건)인 것처럼 보이는 것은 납득할 만하다. 이런 고통을 겪은 사람들의 상태가 **항상** 그래왔던 것처럼 보이기 때문이다. 이 남성 중심적 편향성은 아기가 태어날 때부터 함께 지니고 온 것처럼 보이기도 한다.

그들의 필요는 동일한 의미에서 타락한 존재인 우리 모두의 필요와 다르지 않다. 물론 이들의 필요가 더 선명하게 드러나기는 하지만 말이다. 그 필요란 용감하게 자기 내면의 공허를 대면하고 우리를 온전케 하고 치유하실 수 있는 유일한 그분께 부르짖는 것이다. 그들도 앞서 이 책에서 소개된 다른 이들과 똑같은 방식으로 치유된다. 그러나 그들과 함께 기도하고 섬기는 사람들은 거의 상상하기 어려운 차원의 치유를 그들이 필요로 한다는 사실을 깊이 인식하고 있다. 이런 고통을 겪는 사람은 다른 모든 이와 마찬가지로 십자가(십자가가 의미하는 모든 것)를 붙들어야 한다. 자신이 살아온 바로 그 인생의 정황을 용서하고 그리스도의 용서하고 치유하시는 은혜를 얻기까지 말이다. 그 은혜로 인해 그는 자신의 고통을, 깊이 뿌리내린 모든 울분과 분노와 함께, 십자가에 달리신 예수님의 손에 넘겨드릴 수 있게 된다. 이 은혜 가운데 그는 예수님이 **왜** 죽으셨는지 알게 된다. 바로 그의 이 고통을 짊어지시기 위함이다. 그리스도께서 그 짐을 감당하셨으며 자신은 단지 그것을 온전히 예수님께 드리기만 하면 된다는 것을 알게 된다. 사람이 되신 그리스도가 우리 고통을 짊어지셨을 뿐만 아니라, **그분이 우리를 위해 죄가 되셨음**을 알게 된다. 사랑이신 그분이 하나님의 희생양이 되셔서, 우리에게 이렇게 심한 상처를 남긴 사랑의 부재라는 끔찍한 **죄가 되셨다.**

기도 가운데 우리는 십자가에 달리신 예수님을 보고, 그분의 못 박히신 몸에서 우리의 자리를 찾는다. 이것은 실제로 영적으로 일어나고 있는 일로서, 우리는 이를 우리 마음의 눈으로 본다. 그러고 나면 우리는 존재감을 얻는 데 실패했던, 비존재감(nonbeing)의 나락에 빠져들던 그 혹독한 두려움조차도 더 크신 그분의 존위(Being)와 희생 가운데로 올려드릴 수 있다.

> 우리가 예수의 피를 힘입어 성소에 들어갈 담력을 얻었나니 그 길은 우리를 위하여 휘장 가운데로 열어 놓으신 새로운 살 길이요, 휘장은 곧 그의 육체니라(히 10:19).

"휘장 곧 그의 몸"을 지나면서 우리는 자신이 붙들어온 옛 병적 형태의 사랑에 대해 죽고, 말로 표현한 수 없는 외로움과 모든 층위 중에 가장 기저에 있는, **관계를 맺을 수 없는 것**으로 인해 겪어야 했던 고통에 대해 죽는다. 다른 이들을 용서하고 삶에서 겪은 모든 정황을 용서하면서 우리는 새롭게 된 생명 안에서 그분과 함께 일어선다. 새로 태어나면서 우리는 부활하신 그분의 존재 가운데서 우리의 자리를 찾는다. 십자가 안에 치유가 있고, 그분의 부활하신 몸과 생명 안에 우리의 **정체성**과 우리의 **존재**가 있다.

다음에 나오는 발췌문은 이와 같은 가장 심각한 상처를 입고 어머니의 사랑 속에서 존재감을 가지지 못하는 견딜 수 없는 고통을 달래기 위해 은폐된 레즈비언 관계를 가졌던 여성이 보낸 편지의 일부다. 편지에 나타난 것처럼, 그녀는 여전히 자신이 치유된 것에 대해 경외하는 마음으로 살고 있다.

오늘 아침 참으로 깊고 고요하게 어제 새해 전야를 떠올리며 기뻐하고 있
어요. 저는 예수님의 몸과 피를 받으려고 성찬 대열에 섰습니다. 그분의 임
재를 생생히 느낄 수 있었어요. 그분은 저의 서두르고 싶지 않은 마음을 알
고 계셨습니다. 성찬 위원이 제게 다가와서 축성한 포도주가 다 떨어졌다
고 했을 때 저는 S신부님이 잔을 더 축성하시는 동안 차분히 그분과 함께
기다렸습니다. 그리고 저는 그분의 잔을 받았습니다. 그분의 임재가 너무
나 강하게 느껴졌어요.…제가 [자정 미사 후] 오늘 새벽 잠자리에 기어들
때, [20년 전부터] 송구영신 예배 때마다 성찬에 참여했을 때는 이렇지 않
았다는 생각이 잠시 스쳤습니다. 그리하여 저는 최근 몇 년 동안 그분이 베
풀어주신 보호와 치유에 경이로워하며 평안히 잠들 수 있었습니다.

성경의 다음과 같은 두 구절이 그녀의 마음을 만지기 시작했다. 첫
성구는 고린도후서 5:17로서 "그런즉 누구든지 그리스도 안에 있으면
새로운 피조물이라 이전 것은 지나갔으니 보라 새것이 되었도다"이다.
두 번째는 18절로서 "모든 것이 하나님께로서 났으며 그가 그리스도로
말미암아 우리를 자기와 화목하게 하시고 또 우리에게 화목하게 하는
직분을 주셨으니"이다. 그녀는 편지에서 이렇게 적고 있다. "화목! 그분
의 새로운 시대를 시작하는, 참으로 놀라운 말씀이에요!"
평생 짊어져야 했던 극심한 분리 불안과 그것으로 인한 결과가, 그
리스도와 하나가 됨으로써 알게 된 평안과 기쁨에 의해 집어삼켜지고
있다는 것이 어떤 의미인지 헤아리기 위해서는, 박탈로 인한 그녀 내면

의 황무지가 어느 정도였는지 알아야 한다.

그날 저녁 예배에서 당신과 A자매와 제가 함께 기도할 때, 예수 그리스도
께서 제 안에 들어오셔서 제 몸의 모든 세포 하나하나까지 다 채우신 이후
로, 그분의 임재는 계속 지속되고 있습니다. 그리고 제 영은 더욱더 성부와
성자와 성령 하나님을 인식하고 있습니다. 당신이 그분의 임재를 살아야
한다고 여러 번 말했던 것을 저는 선명하게 기억합니다. 하나님을 찬양합
니다! 그날 함께 기도한 후 지난 열 달 동안 그분의 실재가 제 안에서 계속
자라고 있습니다.

내가 강의하던 세미나에 앉아 있던 이 젊은 여성의 표정을 결코 잊
을 수가 없다. 나는 수년간 그녀를 따라다니던 내적 고통과 결핍을 그
얼굴에서 그대로 읽어낼 수 있었다. 그녀의 얼굴은 그렇게 도움을 찾아
헤매던 수년간의 노력 끝에 어쩌면 여기서 그 도움을 얻을지도 모른다
는 생각으로 점차 놀라움으로 변하기 시작했다. 그런데 갑자기 뭔가 몸
서리치는 듯 고뇌가 그 놀라움을 뒤따랐는데, 그것은 희망을 경험한 다
음 그것이 좌절되는 것이 견딜 수 없었기 때문이었다. 그녀는 내게 속
사포처럼 연이어 질문을 해댔는데 그것은 온전해지고 싶은 열망으로
인해 지성적이고 신학적인 길로 상당히 이끌렸음을 말해주고 있었다.

당신과 함께 기도하기 전에, 저는 하나님께 높은 곳을 경험하지 않게 해달
라고 기도했습니다. 저는 자신이 얼마나 낮은 데까지 떨어질 수 있는 사람
인지 알고 있었기 때문입니다. 대신 깊은 곳으로 인도해달라고 간구했습

니다. 어젯밤 예수님이 그 기도에 응답해주신 것뿐만이 아니라 지금도 그 기도를 존중하고 계신다는 사실에 감사했습니다.…제가 이야기하는 것이 일시적이고 충동적인 경험이 아님을 믿어주시기 바랍니다. 제겐 고뇌하며 울부짖기도 하고, 기쁨에 흐느끼기도 하고, 주님보다 앞서 달려가기도 하고, 절뚝거리며 뒤쳐지기도 했던 시간이 있었습니다. 그러나 예수님은 견고하고 부드럽고 자상하게 그분의 말씀과 기도, 그리고 A자매(이분이 성령이 역사하시는, 참으로 맑고도 흐트러짐 없는 통로인 것에 대해 하나님께 감사드립니다)와 신부님을 통해 저를 깨우치셨습니다.…시간과 에너지의 한계로 인해 지난 팔 개월 동안 제가 많은 일에 관여할 수가 없었는데도, 당신은 아실 겁니다. 하나님의 일하시는 손길이 얼마나 놀라운지! 저는 아직도 경이로움으로 놀라고 그 기이함으로 입이 벌어집니다(눅 1:37, "하나님께는 능치 못하심이 없느니라").

그녀는 이제 막 알게 된 그 사랑이 계속해서 그녀의 존재를 새롭게 한다는 사실에 대해 하나님께 감사와 찬양을 드리면서 편지를 끝맺고 있다. 충만한 **존재**, 그것의 영광은 이제 그녀의 것이다. 이는 예수 그리스도 안에 있는 모든 자녀에게 주어진 유산이다.

위와 같은 극심한 상처를 가진 동성애자였던 한 사제가 내게 시 한 편을 편지로 보낸 적이 있다. 그의 시는 자신이 그리스도의 죽음 가운데로 들어간 경험과 그곳에서 치유를 찾게 된 내용을 담고 있다. 시의 한 소절은 "내 안의 죽음을 죽음에 이르게 하면서" 십자가에 달리신 분의 펼친 손을 그려내고 있다. 어머니의 품에서 한 번도 존재감에 이르지 못한 사람이 받은 치유를 이보다 더 멋지게 묘사하기란 쉽지 않을 것이다.

이것이야말로 그리스도와 연합하고 그분께 귀 기울이는 관계를 맺기로 선택한 사람들의 유산이다. 세상을 치유하시기 위해 하나님 스스로 고안하신 이 연합은, 자신과 동일한 성별에 속한 사람과 하는 비정상적인 성적 연합, 즉 오늘날 동성애 옹호론자들이 동성애적 욕구에 대한 육체적 충족의 수단으로 위와 같은 고통을 겪는 사람들에게 권고하는 처방전과는 정반대다. 이런 동성애적 욕구는, 우리가 살펴본 바와 같이, 순전히 "상징적 혼돈"에 지나지 않으며 하나님의 도우심으로 깨끗이 씻길 수 있다.

"모든 상처가 할렐루야를 외치다"[32]

심리적인 치료를 경험한 이후뿐만 아니라 그전이라도, 하나님은 "가장 심각한 것으로 분류된" 상처를 치유의 능력으로 바꾸실 수 있다. C. S. 루이스가 깨달았듯이 "모든 장애는 소명을 감추고 있다." 루이스는 쉘던 바노켄(Sheldon Vanauken)에게 쓴 다음과 같은 편지에서 이런 깨달음을 동성애적 환경과 관련해서 내비치고 있다.

당신만큼은 아니겠지만 저도 스스로 원하는 것보다 더 많이 이 끔찍한 문제를 보아왔습니다. 저는 제가 그리스도 안에서 지혜롭다고 여기는 분들과 함께 당신이 쓴 편지에 대해 논의해보겠습니다. 이 편지는 단지 **임시적으로** 쓰는 것입니다. 첫째, 모든 논의가 진행될 때 반드시 있어야 하는 경계를 설

---

32) Quoted by Ruth Pitter, see Letters to Ruth Pitter, p. 2, Wade Collection, Wheaton College, Wheaton, Illinois.

정하기 위해 제가 동성애적 욕구를 육체적으로 만족시키는 것을 죄로 여긴다는 것을 분명히 해두겠습니다. 이것이 어떤 이유에서든 결혼을 하지 못한 평범한 사람보다 동성애자를 더 나쁘게 몰아세운다는 의미는 아닙니다. 둘째, 이상 현상의 원인에 대한 우리의 추론이 중요하지 않다는 것과, 우리는 이런 우리의 무지에 만족해야 한다는 것입니다. 제자들은 나면서부터 소경된 자(요 9:1-3)가 왜(결과를 발생하게 한 원인에 관해) 그렇게 되었는지가 아니라, 최종적 원인 즉 그에게서 하나님의 하시는 일을 나타내고자 함이라는 말만 들었습니다. 이것은 다른 모든 시련처럼 동성애에서도 하나님의 일들이 나타날 수 있음을 암시합니다. 즉 모든 장애는 소명을 감추고 있다는 말입니다. 우리가 찾아낼 수만 있다면, 그것은 "숙명을 영광스러운 유익으로 바꿔놓을 것입니다." 물론, 첫 번째 단계는 어떤 박탈도 받아들이는 것입니다(이런 박탈이 비정상적이어서 합법적으로는 받아들일 수 없는 것이라도 말입니다). 동성애자는 성적 절제를 받아들여야 합니다. 마치 어떤 가난한 사람이, 자신이 가난하지 않다면 정당할 자신의 취미생활이 아내와 자녀에게 부당할 수 있어서 그것을 포기해야 하는 것처럼 말입니다. 이는 단지 부정적인 조건일 뿐입니다. 그러면 동성애자에게 긍정적인 삶은 무엇이겠습니까? 언젠가 동성애자였던 경건한 한 남성이 제게 편지를 쓴 적이 있습니다. 물론 지금 그분은 유명을 달리했기에, 그 편지는 조심스럽게 파기를 고려해야겠지요. 그분은 자기가 가진 불가피한 내적 결핍이 영적인 유익으로 전환될 수 있다고 믿었습니다. 자기에게 어떤 특정한 종류의 동정심과 배려심, 단순히 남자거나 여자인 사람이 줄 수 없는 어떤 사회적 역할이 있다고 믿은 것입니다. 편지를 읽은 지가 너무 오래되어 기억이 가물가물합니다만, 어떤 동성애자라도 자기 십자가를 겸허히 받아들이고 하나님의 인도 아래 자신을 둔다면, 아마도 그 길을 보게 될 것입니다. 어떻게든 이를 피하려고 시도하는 것은(예를 들어 동일한 성별에 속한 사람과 육체적인 행위를 하지 않더라도 거짓 결혼이나 사이비 결혼 같은 것은) 잘못된 길입니다. 질투심은(이것은 또 다른 동성애자가 저에게 인정한 것입니다) 우리 안에서보다 그들 가운데 훨씬 더 끔찍할 정도로 만연합니다. 그리고 저는 개인적으로 다른 성별의 옷을 입는 것과 같이 작은 양보 역시 바른 길이 아니라고 생각합니다. 내가 기대하는 것은, 다른 성별이 가지는 의무와 부담과 덕성들을 그들이 기르려고 노력하는 것입니다. (여성에 대해서는 모르지만) 남성 동성애자는 사람들이 자신을 공포와 멸시로 대하지 않음을 아는 순간, 쉽게 극단으로 치달아서 정상적인 유형보다 자신이 좀 더 우월하다는 것을 암시하기 때문에, 저는 겸손에 대해 언급했습니다. 제 논의가 좀 더 명확할 수 있으면 좋겠습니다. 이 모든 것을 통해 제가 진정 말하고자 하는 것은, 다른 모든 시련과 마찬가지로 동성애가 하나님께 드려져서 그것이 어떻게 사용되어야 하는지 그분이 지도해주시기를 구해야 한다는 것입니다.[33]

루이스가 말한 것처럼 "신체적으로 절름발이거나 장애를 겪는 사람이 그러듯이 심리적인 장애"를 받아들임으로써 완전한 영적 치유를 경험한 사람들이 많이 있다. 이들은 하나님이 가장 끔찍한 고통조차도 가장 깊은 의미를 지닌 선으로 바꾸실 것이라는 사실을 아는 지식 가운

---

33) 이 편지의 복사본을 휘튼 대학(Wheaton College, Wheaton, Illinois)의 Wade Collection에서 찾아볼 수 있을 것이다. 원본은 옥스퍼드(Oxford)의 보들레인 도서관(Bodlein Library)에 있다. 이 편지는 Sheldon Vanauken, *A Severe Mercy* (New York: Harper & Row, 1977), 146-47에서도 인용되었다.

데 안전하게 그들의 손을 맡길 수 있다. 레이크 박사는 이런 세 사람에 대해 언급한다.

나는 영적인 삶에서 긴급히 영적인 도움이 필요한 세 번의 위기를 겪었는데, 명백히 같은 짐을 지고 있었던 성직자들로부터 그 도움을 얻을 수 있었다. 또 다른 의미에서 그들은 그 짐을 짐으로 여기기를 멈추었다고 할 수 있다. 이들은 자기 한계를 극복했으며, 그들 안에 있는 그리스도의 생명이 그들과 나 모두를 짊어졌던 것이다. 그들은 옛 자아에 대해 죽은 상태에 있었으며, 때로는 그 고통마저 씻겨나간 듯 보였다. 물론 고통을 겪었다는 사실은 지워지지 않지만 말이다.[34]

레이크 박사는 이들이 희망을 걸 만한 것이 아무것도 없다는 말을 의사들로부터 들은 자들이었다고 진술했다. 그러나 박사는 우리가 교회 안의 남성과 여성 동성애자를 위한 해답과 "치료책"을 가지고 있다고 단언한다. "성직자 훈련에서 간과할 수도 있는 많은 측면이 있지만, 동성애를 이해하고 다루는 책임은 그럴 수 없다."[35]

히스테리성 성격장애

가장 심각한 형태의 분리 불안과 관련된 동성애 상태에 있거나 히스테

---

34) Lake, *Clinical Theology*, 932.
35) Ibid., 933.

리성 인격의 특징이 두드러진 이들을 대상으로 상담하고 기도하기를 두려워하는 데에는 이유가 있다. 의료 행위이든 기도 사역이든 이런 임상에 있어 초보자인 경우는 아무런 해를 입지 않기가 어렵다. 앞에서 레이크 박사가 언급했던 목회자처럼, 내적 소외감으로 인한 고통을 겪으면서 그리스도께서 그들의 마음과 생각 깊은 곳에 자리한 무섭도록 황량한 땅을 자신과 다른 사람들을 치유하기 위한 열매 가득한 동산으로 바꾸어놓으시도록 했던 사람들도 적지 않다. 그럼에도 어떤 사람들은 더욱 심하게 히스테리 상태와 스키조이드 상태(분열성 성격장애)로 빠져든다. 기도하는 사람은 누군가에게 히스테리성이라거나 분열성 성격장애라는 식으로 꼬리표를 달지 않도록 주의를 기울여야 한다. 왜냐하면 무엇보다 정신과 의사와 심리학자조차도 이런 표를 달거나, 꼭 필요한 경우에라도 그렇게 하는 데 신중을 기하기 때문이다. 또한 우리처럼 치유 사역을 하는 사람들도 이런 꼬리표를 다는 일이 얼마나 위험할 수 있는지 알고 있다. 이는 문제를 과도하게 진단하고 예수님이 보시는 그 사람의 진면목을 과소평가하는 것이다. 그러나 기억의 치유를 위해 기도하는 사람들에게 안내 지침을 줄 목적으로 히스테리성 성격장애에 대해 내가 언급해야 할 내용이 있다.

죄 가운데 있으며 하나님 나라에 합당하지 못했던 우리 모두는 히스테리적 특성을 가지고 있다. 다시 말해 우리는 언제나 "하나님 안에서, 오직 그분 안에서만 우리의 존재를 발견하고 그 안에서 살아가는 데" 실패했다. 오히려 우리는 우리를 창조하고 보존하시는 분이 아닌 다른 누군가나 어떤 것을 의존하면서 자기 정체성을 발견하려 했다. 히스테리성 성격장애를 겪는 사람은 이런 특징의 정도가 과도하고 일반적이지 않은 경우다. 만약 히스테리성 성격장애가 최고조에 이른 사람이 정직하게 자신의 감정을 말로 표현할 수만 있다면, 상담가에게 이렇게 말할지도 모른다. "당신이 제게 관심을 가지고 계셔야만 저라는 사람은 존재해요. 지금 이 순간 제 정체성은 당신 안에 있어요. 제가 존재하기 위해서는 당신께 기댈 수밖에 없어요. 그렇게 할 수 있기를 간곡히 부탁드립니다. 제 안에는 아무것도 없는 것같이 느껴져요. 그리고 아무도 나를 사랑할 수 없다는 걸 알아요. 그러니까 이런 식으로 당신의 관심을 끌어서라도 당신을 붙잡을 수밖에 없어요. 당신의 관심을 끌 수 없다면 성적으로라도 당신을 붙잡아야 해요. 할 수만 있다면 어떤 식으로든 당신을 곁에 묶어두어야 해요." 이런 행동은 **담당 사역자가 고통을 겪고 있는 내담자 속에 있는 심각한 분리 불안과 비존재감이라는 진짜 문제에 접근할 때까지 무한정 지속될 수 있다.**

> 좀 더 명석한 정신과 의사와 덜 숙련된 의사의 차이점이 있다. 명석한 의사가 더 빨리 히스테리성을 알아보고 더 신속하게 도망간다고 한다. 이것은 그냥 웃자고 하는 이야기가 아니다. 히스테리성 환자가 도움을 주려는 이들에게 유별나게 요구하는 것을 보면, 꼭 의료진이나 간호사들 중 불행히도 지혜롭지 못한 방식으로 관여하는 사람들을 정신 파탄에 이르게 하는 문어의 촉수 같다.[36]

상담 과정 중에 목회자나 상담가들이 성적으로나 다른 방법으로 자

---

36) Ibid., 401.

기를 유혹하는 히스테리성 환자를 단 한 번 잘못 다루는 것만으로도 교회 안의 질서와 안정을 파괴할 수 있다. 순진하고 영적으로 미숙한 사람은 무슨 일이 자신에게 일어났는지 모를 정도로 심각하고 급속하게 타격을 입을 것이다.

기억 치유를 위한 기도 사역에서 정말 중요한 것은 히스테리적 특성들이 진짜 문제인 "비존재감의 심연"을 들여다보는 바로 그 통찰에 저항하는 방어기제라는 사실이다. 기억 치유를 위한 기도보다 더 빨리 이런 통찰력에 이를 수 있는 길은 없다. 히스테리성 장애를 겪는 사람은 기도나 영적인 지도를 부탁하거나 그저 수다를 떠는 것을 기대하면서 찾아와서는, 그것을 빌미로 자신이 필요로 하고 갈구하는 관심을 얻으려 할 수 있다. 상담가가 듣기만 한다면 내담자는 소위 "거기에만 머물려고" 할 것이다. 그러나 치유 기도의 은사를 가진 사람이 환자의 존재 깊은 곳에 있는 외로움의 틈새로 접근하려는 순간, 그의 발달된 모든 방어기제들이 작동하기 시작할 것이다. 이런 사람들 중 (분명히 모든 사람이 그렇지는 않지만) 많은 이들이 자신의 존재 중심에 자리 잡은 엄청난 두려움을 직면하도록 안내하며 도울 수 있는 사람으로부터 재빨리 벗어나려 할 것이다.

이런 이유에서 내담자의 치유를 위해 기도하는 목회자를 포함해서 모든 이들에게 아래와 같이 몇 가지 권고와 주의 사항을 주고자 한다.

1. 이런 내담자를 위한 기도에서 가장 중요한 것은 타이밍이다. 우리는 주님이 말씀하시는 것을 듣고 그것을 행해야 한다. 인도하는 주체는 하나님의 성령이지, 선한 뜻과 의도를 가진 다른 사람의 의견이 아

니다. 분리 불안의 상처가 있는 사람들이 이따금 내가 사역하는 곳이나 "목회적 돌봄 학교"에도 찾아온다. 만약 집회 기간 동안 성령이 그들의 내면을 살피시고 강의가 진행되면서 통찰력이 생기기 시작할 때까지 앉아 있을 수만 있다면, 이들은 대개는 자신의 내적인 트라우마를 직면할 준비가 된다. 그들은 이미 다른 피조물과의 히스테리적인 수평적 관계들을 버리고 창조자이신 하나님과의 수직적 관계를 바로 세우기 시작한다. 그러면 비록 과거에나 현재까지도 히스테리적인 동성애 관계를 가지고 있을지라도, 그들은 스스로 내적 외로움을 직면하려는 결정을 했기에 그에 따라 치유를 위한 준비가 된 것이다.

주의 사항: 타이밍이 중요한 핵심이다. 누군가가 내담자를 당신에게 보냈다고 해서 히스테리성 장애가 있는 사람과 함부로 기도하지 말라. 그렇지 않으면 깊은 필요와 갈망으로 당신의 관심을 얻으려 하는, 거의 사술적일 만큼 교묘한 방어기제에 휘말릴 수 있다.

2. 상황 컨트롤 역시 무엇보다 중요하다. 상담가는 언제나 주도권을 가져야 한다. "사랑은 순수한 친절보다 더 빛나는 그 무엇이다." 상담가는 단호하고 엄중한 하나님의 사랑을 알아야 한다. 그리고 자신을 통해 그 사랑이 흐르도록 해야 한다. 하나님의 사랑을 인간적인 애정이나 동정심으로 대체하려는 유약함 때문에 시작도 하기 전에 전쟁에서 패배하게 된다. 다시 한 번 말하지만 최고조에 이른 히스테리성 장애는 거의 사술에 가까울 정도로 교묘하게 주도권을 쥐려고 하고 또 다른 사람을 조종하면서까지 자신이 필요로 하는 관심을 차지하려 든다. 반드시 상담가는 고통을 겪고 있는 내담자가 나약해지기보다는 자신으로

부터 떠나는 것을 볼 준비가 되어 있어야 한다. 그렇게 하는 것이 사랑이다. 그렇게 함으로써 내담자가 치유되는 길에 들어서도록 준비시킬 수 있다. 상담가나 목회자 혹은 가족의 일원 중에 교묘하게 조종할 수 있는 사람이 한 명이라도 있으면, 내담자는 자신의 내적 트라우마를 직면하려 들지 않을 것이다. 레이크 박사의 말을 빌리면, 상담가는 "비밀을 털어놓는 지기(知己) 역할"을 사양해야 하고, 처음부터 불합리한 요구에 대해서는 "안 된다!"라고 말해야 하며, 자살로 위협하며 조종하려 하거나 감정적인 필요에 따라 자극하려 할 때 순응해서는 안 된다.

3. "히스테리적인 사람은 통찰에 대한 저항 때문에 우리가 말한 것을 잘못 듣거나 틀리게 전달할 수 있다."[37] 이런 내담자와 함께 기도하려는 사람들, 특히 부주의한 젊은 목회자나, 누군가를 만나봐 달라는 부주의한 요구에 책임감을 느끼는 사람들은 자신이 한 말과 노력이 엉뚱하게 사용되고 잘못 인용되는 일은 물론이고, 내담자가 수 킬로미터 반경에 들어오는 모든 사람으로 하여금 자기에 대해 검은 것은 하얗고 하얀 것은 검다고 생각하게 만드는 일을 자주 경험하게 된다. 이런 내담자는 연장자와 변호사, 판사의 분노를 사왔을 것이다. 동성애적 히스테리성 환자들에 관한 한, 바로 이런 일들이 동성애 옹호론자 그룹이나 심지어 시민 자유 연대가 출범하는 계기가 되었을 것이다. 이런 경우는 내담자가 직면할 준비가 되기 전에 상담가가 진짜 문제에 너무 가까이 다가가는 실수를 범한 것이다.

---

37) Ibid., 429.

4. 때로는 내담자 혼자보다는 그의 가족 전체에게 기도나 치유 사역을 하는 것이 우리의 주된 부르심이 된다. 거의 대부분의 경우, 히스테리성 내담자를 상대로 사역을 하는 동안 가족에게도 기도와 사역이 필요한 것 같다. 가족은 심각하게 조종당해왔으며 그들의 동기와 노력이 악했다고 생각하게 되었을 것이다. 종종 가족은 이렇게 외친다. "저는 미쳐가고 있는 것 같아요. 이 사람이 옳은 건 틀리고, 틀린 건 옳게 느끼도록 만들어요. 전 정말 혼란스러워서 더 이상 뭐가 옳고 뭐가 그른지 모르겠어요." 우리는 그들을 육체적·정신적·영적으로 가두는 악한 그물 같은 결박으로부터 벗어나게 해줄 필요가 있다. 내담자가 겪는 고통만큼 가족도 가장 어두운 혼돈 가운데 발목이 잡힌 것이다. 가족은 평소에 자신의 행동에 대해 무력할 정도로 객관성을 잃어버리고, 그래서 더 심하게 혼돈 속에 갇히게 된다.

5. 여성보다 남성이 위와 같은 내담자에 의해 자주 농락당하곤 한다. 여성은 앞서 말한 위험에 대해 남성을 능가하는 직관력을 가지고 있는 것 같다. 남성 목회자와 상담가들은 자기 아내나 소속 교회의 신뢰할 만하고 지혜로운 여신도에게 귀를 기울이는 것이 현명할 것이다.

6. 나는 이런 사역을 해야 할 때, 내담자에게 영적 권위를 가지고 있는 사람들의 원조 명단을 작성한다. 이들은 때로 주교이거나 대개 사제나 목회자인데, 나는 내담자를 만나기 전에 치유를 위해 그들과 함께 기도한다. 가능하거나 타당성이 있는 경우에는 내담자의 정신과 의사와 담당 의료진에게 도움을 요청하고 상의하기도 한다. 그렇지 않고 일

반적인 경우에는 내담자나 그 가족의 허락을 받는다.

7. 위와 같은 상황에 처해 있는 내담자는 그리스도의 몸 가운데 있는 지체들과 관계를 맺기 시작하면서 (보통 느리게) 최고조의 기쁨과 온전함을 누리게 된다. 이는 이전에는 불가능했지만 이제 치유가 시작되고 나서는 가능할 뿐만 아니라 매우 필요한 일이다. 또한 내담자의 삶 가운데 성령의 "치료"가 계속되기 위해서는 "흐트러짐 없는 통로"가 될 누군가의 영적 지도가 필요할 것이다.

하나님은 고통 받는 자를 결코 실망시키지 않으신다

고통 속에 있는 누군가에게 하나님의 임재 가운데 순종하며 나아오기만 하면 치유가 임한다는 사실을 확신시킬 수 있다는 건 굉장한 일이다. 나는 이 기쁨이 넘치는 확신에 대해 항상 강조하는데, 왜냐하면 환자들은 고통이 너무 심해서 대개는 터널 끝에서 비치는 치유의 빛을 볼 수 없기 때문이다. 하나님은 결코 실망시키지 않으신다. 이것을 선포할 수 있다는 건 놀라운 일이 아닐 수 없다. 레이크 박사도 동일하게 이 경이로운 진리를 언급한 바 있다.

> 남성 편향적 남자나 여자의 히스테리(집착성 성격장애)나 스키조이드 (분열성 성격장애) 기질 안에는 그 영혼을 위한 하나님의 일을 제한하는 어떤 것도 존재하지 않는다. 오히려 이런 영혼에는 이미 끝없는 집착 (attachment)과 무심함(detachment)이 자리하고 있기 때문에, 그들은

그리스도가 십자가에서 그분의 몸으로 덮으셨던 그 깊은 나락이 어느 정도인지 인간적인 수준일망정 예상하고 있다.[38]

예수님은 위대한 영혼의 의사다. 예수님 안에서 살고 그분 안에서 행하고 그분 안에서 존재를 발견하는 우리가 만약 이 일을 하지 않는다면, 단언컨대 어떤 일도 이루어지지 않을 것이다. 우리가 그분의 임재 가운데 있으면 성령의 모든 치유의 은사가 우리와 함께한다. 예수님은 우리에게 명하신 모든 일, 그분의 이름으로 치유하는 것까지 우리가 할 수 있도록 놀라운 능력을 주셨다. 우리 모두는 하나님이 위임하신 이 일을 위해 함께 일해야 한다.

---

38) Ibid., 984.

5장

정체성 위기에 대한
성경적 관찰

그 안에는 신성의 모든 충만이 육체로 거하시고 너희도 그 안에서 충만해졌으니 그는 모든 통치자와 권세의 머리시라(골 2:9-10).

인격은 우리의 출발점이 되는 "기정 사실"이 아니다(C. S. 루이스, 『영광의 무게』).

우리는 자라가고 변화하는 인격체다. 현재의 당신은 앞으로 되어갈 당신일 수 없다. 하나님의 은혜로 인해 현재의 나는 미래의 내가 아니다. 예수 그리스도는 자신의 정체성을 고기 잡는 기술과 건장한 남성다움에 두는, 갈팡질팡하는 어부에게 "너 요한의 아들 시몬아"라고 부르셨다. 그러나 시몬이 예수님을 향해 살아 계신 하나님의 아들이요 메시아라고 고백했을 때, 그분은 그가 가진 더 높은 차원의 정체성을 가리키시며 "너 베드로는 반석이다"라고 말씀하셨다(마 16:13-19). 베드로가 스스로를 예수님이 자신을 바라보시는 것처럼 참되게 볼 수 없었음은 분명하다. 예수님이 보신 베드로는, 그가 충분히 성숙하고 하나님의 권위와 사랑 안에서 자기 역량을 온전히 발휘할 때에 **되기로** 예정된 베드로의 모습이었다. 이런 이유로 예수님은 우리 각 사람에게도 동일하게 다음과 같이 말씀하신다. "나를 따르라. 내 임재 안에 계속 거하라. 그러면 내가 너에게 보여줄 것이다. 너의 뜻을 나의 뜻과 하나가 되도록 선택한다면, 나는 너에게 진실로 네가 누구인지, 그리고 네가 무엇을 하기 위해 태어났는지 보여줄 것이다."

시몬은 죄의 지배를 받는 옛 자아, 옛 아담과 연합을 이룬 자아에 대해 죽어야 했다. 또한 스스로 되리라고 생각했던 자신에 대해서도 온전히 죽어야 했다. 시몬이 자신의 지체 가운데 역사하는 죄의 법에 대해서뿐만 아니라 스스로에 대한 옛 내적 비전에 대해 죽을 때까지, 다음과 같은 그리스도의 말씀은 계속해서 그에게 충격으로 다가올 것이다. "누구든지 나를 따르려 하는 자는 자아를 버려야 하고 자기 십자가를 지고 나를 따라야 한다." 이 말씀 못지않게 전율하게 하는 것은, 그리스도께서 시몬으로 하여금 옛 시몬의 비전으로부터 시선을 거두게 하시고 아직은 보이지 않는 새 베드로를 가리키시는 것을 계속해서 보게 되리라는 것과, 다음과 같이 묻는 그분의 음성을 듣게 되리라는 것이다. "사람이 자기의 참된 자아를 잃으면서까지 온 천하를 얻는다고 해서 무엇이 유익하겠는가?"(막 8:36)

처음으로 우리가 **의지적으로** 예수님을 따르려고 할 때, 즉 첫 순종의 시도에서,[1] 하나님은 어떤 막연한 힘이 아니라 매우 인격적인 존재로 다가오신다. 그리하여 하나님에 대한 우리의 생각이 바뀐다. 하나님이 선한 것이든 나쁜 것이든 우리가 손대지 않은 우리 인격의 깊은 곳을 가리켜 보이시면, 우리 자신에 대한 생각도 변한다. 우리는 자신이 스스로를 잘 알지 못했음을 발견한다. 여기에 정체성의 위기와 그 치료, 둘 모두가 있다. 우리가 의지적으로 **그분 안에** 있으려 하면, 하나님은 산산이 흩어져서 자기로부터 격리된 우리 자신의 조각들을 한곳으

---

1) Payne, *Real Presence*, chapter 7, "The Great Dance."

로 모으신다.

이 진리는 우리 모두가 치유를 경험할 수 있는 비결이지만, 아마도 이는 동성애의 치유에서 가장 극적으로 볼 수 있을 것이다. (앞에서 살펴보았듯이) 온전해지기 위한 동성애자들의 씨름은 항상 인격적 정체성 문제와 깊이 연관되어 있기 때문이다. 안정된 성 정체성은 안정된 인격적 정체성의 일부에 지나지 않는데, 그 인격적 정체성이란 인간으로 존재한다는 것의 모든 범위를 아우르고 있다.

한번은 현명하고 학식 있는 분으로부터 "우리가 자신을 조금이라도 알게 된다면, 그것은 가장 큰 난관을 통해서다"라는 말을 들은 적이 있다. 이 말은 진리다. 우리 자신을 조금이라도 알게 된다는 것은 타락한 본성으로부터 영향 받은 것들이 치유되기 시작한다는 것이다. 왜냐하면 이것은 듣고 말씀하시는 하나님과의 관계 안으로 들어가는 일을 포함하기 때문이다. 또한 이것은 어느 정도 에덴에서의 상태를 되찾는 것이며, 하나님과의 연합과 교제를 더 온전히 실현하는 것이다. 그것은 결코 작은 일이 아니다. 이는 (등한시되기도 했지만) 우리가 그리스도인으로서 누릴 유산이며, 우리의 원초적인 외로움을 치유하는 것이다.

C. S. 루이스의 말처럼 "우리는 무력하게 태어난다. 우리의 자의식이 완연히 무르익자마자 우리는 외로움과 만난다."[2] 외로움을 가지고 태어났기에 우리는 어딘가에 속하려고 열심히 노력하고, 다른 사람들이 좋아할 만한 사람이 되려고 부단히 노력한다. 다른 사람의 인정을

---

2) C. S. Lewis, *The Four Loves* (New York: Harcourt, Brace and Co., 1960), chapter 1. 『네 가지 사랑』(생명의 말씀사 역간).

너무도 바라고 필요로 하기 때문에 우리는 타협한다. 수많은 얼굴을 한 채, 어울리는 사람이 되기 위해 심지어 하기 싫은 일도 한다.[3] 우리는 (루이스의 표현을 빌리자면) 피조물을 향해 구부러지는데, 이는 우리 정체성을 그 피조물에게서 찾으려고 시도하기 때문이다. 서서히 그리고 강박적으로 거짓 자아가 딱딱하고 거친 껍질로 우리를 감싸고 우리의 외로움은 그대로 남는다.

엘로힘(*Elohim*)은 하나님의 주요 이름들 중 하나로, 성경에서 하나님을 언급할 때 2,701번이나 사용된다. 히브리어 단어 엘로힘은 창조자로서의 하나님과 인간의 관계를 가리킨다. 인간의 치유, 특히 외로움의 치유는 스스로가 **창조된 존재**, 즉 피조물이라는 것을 인정하는 것과, 눈을 들어 자신과 자신을 예배하는 것에서 벗어나 시공간, 물질세계, 나 자신을 포함한 모든 것의 창조주 되신 엘로힘을 예배하는 것과 관계된다. 바로 이 예배 가운데, 우리의 참된 얼굴이 드러나고 거짓된 옛 얼굴들을 버리게 되는 것이다. 이렇게 정직하고 열린 대화의 관계 가운데, 옛 거짓 자아의 껍질이 깨지면서 참된 자아가 밖으로 터져 나오는 동시에 옛 결박과 강박들이 떨어져 나간다.

그러나 인간은 하나님이 되고자 한다. 그래서 각 사람의 의지는 자기만을 의식하는 성향으로 기울어져, 그를 대화로 부르시는 하나님으로부터, 즉 하나님을 의식하는 것으로부터 달아나려 한다. 그렇게 인간은 창조자인 하나님을 예배하는 것에서 벗어나 피조물인 자기 자신을 예배

---

3) C. S. 루이스의 『그 가공할 힘』(*That Hideous Strength*; 홍성사 역간)에 등장하는 마크 스터독(Mark Studdock)이라는 인물을 연구하라.

한다. 순전히 동성애 행위는 이처럼 근본적인 타락의 상태에 있는 인간이 취하는 뒤틀린 길 중 하나일 뿐이다. 진정, 동성애의 치유에 대한 글을 쓴다는 것은 어느 곳에나 있는 모든 사람의 치유에 대한 글을 쓰는 것이다. 우리는 모두 타락한 존재다. 우리 자신을 하나님 안에서 발견하기 전까지 우리는 정체성을 찾아 창조된 피조물들에게로 달려든다.

바울은 성경을 가지고 있는 유대인이나 그리스도인만이 아니라 모든 사람이 하나님이 만드신 피조세계를 통해 엘로힘을 알고 인정할 수 있다고 말한다.

> 이는 하나님을 알 만한 것이 그들 속에 보임이라. 하나님께서 이를 그들에게 보이셨느니라. 창세로부터 그의 보이지 아니하는 것들 곧 그의 영원하신 능력과 신성이 그가 만드신 만물에 분명히 보여 알려졌나니, 그러므로 그들이 핑계하지 못할지니라. 하나님을 알되 하나님을 영화롭게도 아니하며 감사하지도 아니하고 오히려 그 생각이 허망하여지며 미련한 마음이 어두워졌나니, 스스로 지혜 있다 하나 어리석게 되어 썩어지지 아니하는 하나님의 영광을 썩어질 사람과 새와 짐승과 기어다니는 동물 모양의 우상으로 바꾸었느니라. 그러므로 하나님께서 그들을 마음의 정욕대로 더러움에 내버려 두사 그들의 몸을 서로 욕되게 하게 하셨으니, 이는 그들이 하나님의 진리를 거짓 것으로 바꾸어 피조물을 조물주보다 더 경배하고 섬김이라. 주는 곧 영원히 찬송할 이시로다. 아멘!(롬 1:19-25)

피조물을 예배하면서 우리는 우리의 정체성을 잃어버린다. 내 생각에는, 바울이 동성애 행위를 언급하는 것은 단순히 동성애 안에서 정체성의 위기를 가장 선명하게 볼 수 있어서인 것 같다. 우리 모두는 하등의 존재에 탐닉하고, 심지어 그것 안에서 우리 정체성을 찾는다.

> 율법 없는 이방인이 본성으로 율법의 일을 행할 때에는 이 사람은 율법이 없어도 자기가 자기에게 율법이 되나니, 이런 이들은 그 양심이 증거가 되어 그 생각들이 서로 혹은 고발하며 혹은 변명하여 그 마음에 새긴 율법의 행위를 나타내느니라. 곧 나의 복음에 이른 바와 같이 하나님이 예수 그리스도로 말미암아 사람들의 은밀한 것을 심판하시는 그날이라(롬 2:14-16).

바울은 우리가 유대인이나 그리스도인처럼 율법과 복음에 의한 성경적 **계시**를 가지고 있든, 이방인처럼 하나님이 그분의 창조를 통해 말씀하시는 자연의 계시를 가지고 있든, 하나님을 엘로힘으로 인정하고 창조자로서 그분을 예배할 책임이 있다고 단언한다.

이런 예배야말로 하나님과 분리되어 오랫동안 왕좌를 찬탈해온 거짓 자아를 부인하고, 참된 자아가 하나님과 연합을 이루도록 자유롭게 하는 궁극적인 수단이다. 우리가 하나님을 엘로힘으로 예배할 때 우리도 창조하는 사람이 되는데, 그분의 모습으로 창조된 우리 안에서 하나님의 형상이 양분을 얻어 강건해지기 때문이다. 참된 정체성을 찾는다는 것은 자신의 가장 높은 진정한 소명을 향해 열린다는 의미다. 왜냐하면 그것은 우리가 그분의 형상으로서의 역할을 할 때 엘로힘이 우리의 손과 마음으로 하는 일들을 축복하시기 때문이다.[4] 그렇지 않으

---

4) 켈커타의 마더 테레사는 오늘날 이 진리에 대한 가장 훌륭한 본보기 중의 하나일 것이다.

면 우리는 피조물과 자기 자신을 경배하면서 **창조력 없고 파괴적인** 모든 행동 양식에 빠지게 된다. 더욱이 우리는 우리 안에 있는 엘로힘의 형상을 손상시키고 약화시키는 동시에, 하나님의 아들로서의 정체성을 잃어버린다. 우리는 더 이상 하나님이 아니라 자아만을 의식하게 된다.

하나님의 속성을 담고 있는 또 다른 중요한 이름은 **야웨**인데, 이 이름은 그분이 만든 창조세계와 언약 관계에 계신 하나님을 묘사한다. 이 히브리어 단어는 성경에 6,400번 나온다. 엘로힘이신 우리의 창조주 하나님, 삼위일체이신 분께서 타락한 인간(우리 모두)이 다시 한 번 그분과 연결되도록 하시려고 길을 예비하셨다. 이것이 분리(혹은 단절)된 우리를 치유하시는, 우리 안에 있는 그리스도의 진리 곧 좋은 소식이요 복음이다. 그것은 "우리를 위해 그리스도의 몸인 휘장 가운데로 열어놓으신 새로운 살 길", 곧 성육신과 십자가의 진리다(히 10:19).

바울이 우리에게 상기시키는 것처럼 새 언약뿐만 아니라 옛 언약도 복음이고 좋은 소식이다. "이 복음은 하나님이 예언자들을 통하여 그의 아들에 관하여 성경[구약]에 미리 약속하신 것이다"(롬 1:2). 피 흘리는 희생 제물로 세워진 옛 언약은 새 언약의 그림자다. (이 새 언약은 그분의 아들이 흘린 피로, 그리고 그 피 안에서 우리와 함께 맺은 야웨의 언약이다.) 우리의 이해를 뛰어넘는 방식으로 성부와 성자는 하나이시다. 구약의 하나님이신 야웨이자 엘로힘은 신실하고 참된 하나님인 동시에, 우리를 구원하시기 위해 자신을 내어주신 아들로서 우리 세상에 들어

그녀는 세상에서 불가능하다고 여기는 모든 일을 하나님의 형상 안에서 해냈다. 그리고 그 사랑의 기적은 주님을 향한 찬미와 헌신으로부터 여과없이 나온 것이다.

오신, 전적으로 인애와 자비가 되시는 하나님이시다. 바로 이것이야말로 우리 신앙의 중심에 십자가가 있어야 하는 이유다. 사랑과 평화와 진리와 의가 되시고 신실하신 하나님이 **우리를 위해** 그리고 **우리에게** 자신을 내어주셨다. 그분은 우리 안에 사신다. 바로 이것이 **영광**이고 **존재**의 충만함이며 정체성이다. 바로 이것이 우리가 선택한 것 또는 선택하기를 실패하는 것이다. 타락한 인간은 끊임없이 성육신과 십자가를 피하면서, 치유될 수 있는 다른 길이나 방법을 찾으려고 시도한다. 그러나 결국 우리의 선택은 둘 중 하나가 된다. 우리는 하나님 안에서 깨닫게 된 정체성이라는 천국을 선택하거나, 하나님과 분리된 자아라는 지옥을 선택하는 것이다.

순종이 열쇠다. 그리고 하나님께 순종하는 것은 그분께 귀 기울이는 것이다.

6장

치유의 말씀에
귀 기울이기

그가 그의 말씀을 보내어 그들을 고치시고 위험한 지경에서 건지시는도다

(시 107:20).

보이지 않는 것을 보기

어제 주일 성찬에 참여하기 위해 교회에 들어갈 때였다. 세례반(洗禮盤)이 준비된 중앙으로 향하는 순간, 갑자기 내 눈이 열리면서 (아주 짧은 순간에) 주님이 거기 서서 몸을 굽혀 물을 내려다보시는 것이 보였다. 곧이어 나는 성전을 가득 채운 사랑과 기도를 느꼈으며, 비록 그곳을 처음 방문했음에도 여기서 예배하는 사람들 가운데 그리스도의 형상이 아름답게 이루어져 있음을 알게 되었다. 세례 의식이 거행되는 동안, 몇몇 사람들은 자신이 흐느끼고 있다는 사실에 놀랐다. 그들도 우리 가운데 특별한 방식으로 함께하시는 주님의 임재를 느끼고 있었던 것이다. 내 인생 가운데 이런 놀라운 비전을 "보고" 난 후에, 그 기쁨을 간직할 줄도, 다른 이들과 올바르게 나눌 줄도 몰라 힘겨워했던 때가 있었다.[1] 그러나 지금은 그렇지 않다. 내가 어떤 평범하지 않은 방식으

---

1) 물리적인 시력이 가지고 있는 감각적인 힘까지 포함하는 비전(혹은 환상)을 말하는데, 예를 들면 고도화된 통찰력이 그렇다.

로 하나님을 이해하든 아니든 상관없이 주님이 나와 함께하심을 알기 때문이다.

수년 전 기도 가운데 내가 주님께 질문한 후 처음으로 하나님의 음성을 듣기 시작했을 때, 주님은 지금까지 내 영적인 삶과 그분의 제자로 살아가는 내 소명에서 핵심이 되어온 말씀을 내 마음에 보내주셨다. 나는 이사야 58장을 묵상하면서 그분이 받으실 만한 **금**식에 대해 알기를 간절히 소망하며, 내가 지켜야 할 금식에 대해 주님께 물었다. 비록 그때는 아래의 말씀이 금식과는 아무 상관이 없어 보였지만, 나는 주님이 주신 이 말씀을 기록해두었다.

> 온종일 내가 너와 함께하도록 하라. 내게 네 하루의 일부만을 할당하지 마라. 나는 너를 창조했고 너를 위해 죽었다. 내가 너에게 인내했던 것처럼 나를 인내하라.

"인내하라"라는 말이 내 심금을 울렸다. 오직 하나님이 나에 대해 인내하셨던 것을 통해 그분이 얼마나 신실하신지 그 깊이를 알았기 때문이다. 하나님은 **그분이 나를 인내하신 것처럼** 그분을 인내하라고 내게 부탁하고 계셨다. 내가 이 땅을 순례하는 동안 내내 내 마음과 영혼에 울려 퍼지도록, 성령이 보내주신 이 한마디 말이 지금도 눈시울을 적시게 만든다.

금식을 하는 주된 이유는 하나님께 더욱 온전히 우리를 내어드리기 위함이다. 육체적인 단식을 행함으로써 우리는 몸의 요구를 힘써 잠잠케 하고, 주님이 우리에게 말씀하시는 바를 듣고 순종할 수 있도록 겸허하게 몸을 낮추는 것이다. 그럼으로써 우리는 올바르게 회개할 수 있고, 다른 사람들을 위한 중보와 속죄의 기도를 할 수 있다.

나는 인내하라는 말에 하나님의 임재 연습을 요구하는 영적 훈련도 포함되어 있다고 이해한다. 우리는 특히 보이지 않는 것을 인정하는 것을 어려워하는 시대를 살고 있다. 불신자뿐만 아니라 불가지론적인 신앙을 가지고 있거나 신앙은 전혀 없이 교회 친교만을 아는 그리스도인에게, C. S. 루이스의 말처럼 "실체는 있지만 비물질적인 것을 보기 위해서는 오직 고통스런 노력이 필요할 뿐이다." 천사든 성령이든 육신의 눈에 보이지 않을 때, 그리스도인들이 하나님에 대해, 그들과 **함께** 그들 **안에** 임재하시는 그분의 임재에 대해, 천사적 존재에 대해, 그리고 세례와 성찬에서 그들에게 일어나는 일에 대해 추상적으로 생각하는 일은 너무도 쉽게 일어난다. 보이지 않는 위대한 실재(초월하고 내재하시는 분)에게서 "눈을 떼지 않는 것"을 시작하는 것은 하나님의 임재를 연습하는 일이다. 이것은 우리의 단 하나의 가장 중요한 영적 훈련이다. 바로 이것이 하나님이 나를 부르셔서 하도록 하신 금식이었다. 나는 아직 완주하지 못했다. 여전히 나는 인내를 이루는 중이고, 내가 하는 사역뿐만 아니라 내 모든 기쁨과 온전함이 이 금식 안에 있음을 발견하곤 한다.

하나님이 우리와 진정으로 함께하신다는 지식, 그분과 친밀한 교제가 가능하다는 것을 아는 지식은 모든 외롭고 고통 받는 영혼에게 가장 우선적으로 필요한 것이다. 고통을 겪는 사람들에게 사역자로서 우리가 할 "사역"은 "주 예수님 오시옵소서"라고 기도하는 일[2]이고, 그렇

---

2) 가장 초기의 그리스도인들이 드렸던 필수적인 기도였다.

게 함으로써 모든 영혼을 치유하시는 임재 가운데로 초대하는 일이다. 물론 이것이 자명하고 그리스도의 이름으로 사역을 하는 사람들에게는 기준이 되어야 함에도 불구하고, "상담"에서 얼마나 많은 말이 선점해서 이 단 한 가지 필요한 일을 대체하는지 놀라울 따름이다. 오늘 아침 기도하면서 이번 장을 쓰기 위해 인도하심을 구할 때 다음과 같은 말씀이 다시 떠올랐다.

> 내가 **너와 함께**한다는 것과, 참으로 네 안에 **거한다**는 것을 알아라. 이것이 내 치유를 전심으로 찾는 모든 이들이 굶주리고 있는 지식이다. 사역자가 내 임재를 구하고 도움이 필요한 이들을 내 안에서 걷도록 초청할 때, 바로 이 지식이 경험되고 실재가 된다. 내 안에서 그들은 영원한 사랑과 성실을 경험한다. 바로 이것이 그들이 굶주리고 있던 실재가 있는 사랑이다.

이 길을 통해 사람들은 치유될 뿐만 아니라 하나님과의 연합으로 나아온다. 그들은 하나님을 **알게** 된다. 이 **앎**이란 하나님에 "대한 정확한 지식(savoir)"이 아니라 "친분을 통해 서로를 아는 지식(connaître)"이고 "사랑이신 그분을 맛보아" 아는 것인데, 이는 은혜 가운데 우리가 가장 겸손할 때 알 수 있는 종류의 지식이다.[3]

이런 관계 가운데 있을 때 우리는 이적을 구하거나 하나님의 임재에 대한 어떤 감각적인 증거를 찾는 일을 멈추고 그분 안에서 우리 자신을 기뻐하기 시작한다. 그분이 우리의 목적이 되신다. 우리는 말씀을 읽거

---

3) Lewis, *The Four Loves*, 174.

나 기도할 때, 운전할 때나 일과 중이거나 여가를 즐길 때도 우리와 함께하시는 그분의 임재를 산다. 우리는 이 진리를 망각했다고 스스로 자책하지 않고 다시 한 번 기억하며 즐거워한다. 종종 우리는 자신의 감각이 가장 깨어 있지 못할 때 그분이 가장 가까우심을 발견한다. 가장 기도할 기분이 아닐 때가 기도하기 가장 좋은 때인 것처럼, 기대하는 마음이 가장 적을 때 자주 하나님은 우리의 감각을 일깨우시는 방식으로 자신을 나타내 보이신다. 그렇게 우리는 **믿음**을 가로막는 현시대의 장벽들을 극복하고 보이지 않는 것에 더 이상 걸려 넘어지지 않는다.

들리지 않는 것을 듣기

예수님이 진정 임마누엘이시라는 것, 즉 하나님이 우리와 함께하심을 아는 것과 그분의 임재를 살고 연습하는 것은 치유와 치유의 유지를 위해 결정적이다. 이 임재의 연습은 어떤 방법이 아니라 인격이신 그분과 함께 걷는 것이며, 그 동행 가운데 언제나 치유가 있다. 또한 거기에는 성경과 우리의 경험이 가감 없이 보여주듯이, 지속적인 대화가 있다. 그렇기에 하나님께 귀 기울이는 것은 임재 연습의 핵심적인 부분이다.

　이 귀 기울임은 기독교 치유 사역에서 없어서는 안 될 요소다. 헨리 나우웬은 "사랑하시는 하나님의 고요 속으로 함께 들어가서 그곳에서 치유하시는 말씀을 기다리는 방식으로 목회자와 내담자의 관계를 경험하는 것은 가능하다"라고 말한다.[4] 내가 이 책을 통해 지금까지 나눈

---

4) "Silence, the Portable Cell," *Sojourners*, July 1980.

것도 바로 이런 사역이다. 우리는 창조하는 힘을 가진 치유의 말씀을 듣고 다른 이들도 그렇게 하도록 가르치도록 부르심 받았다.

성경을 통해 하나님께 귀 기울이기

"성경은 능히…그리스도 예수 안에 있는 믿음으로 말미암아 구원에 이르는 지혜가 있게 하느니라"(딤후 3:15). 이는 사도 바울이 사랑하는 젊은 제자 디모데에게 한 말이다. 우리는 결코 성경 속에 있는 하나님이 주신 보물의 깊이를 다 헤아릴 수 없을 것이다. 이 기록은 하나님의 영감에 의해 우리에게 주어졌다. 또한 이 렉시오 디비나(*lectio divina*)는 말씀, 하나님의 말씀, 그리스도의 말씀, 진리의 말씀, 주님의 책, 율법의 책, 성령의 검, 하나님의 신탁과 같이 다양한 별칭으로도 불린다. 하나님의 음성을 듣기 시작할 때 첫 번째 원리는 성경 본문을 기도와 같은 묵상을 통해 우리 영과 혼에 섭취하는 것이다. 그러면 그분의 말씀이 내면의 빛으로 타오르면서 "우리 안에 거한다." 그리고 우리는 하나님께 부르짖게 된다. 이것이 오라시오(*oratio*), 곧 하나님의 말씀이 내면에서 타오르면서 생긴 말로 반응하는 것이다.

우리의 영적 생활을 지탱하는 것은 성경이다. 예수님도 모세의 글을 인용해서 이를 강조하셨다. "기록되었으되 사람이 떡으로만 살 것 아니요, 하나님의 입에서 나오는 모든 말씀으로 살 것이니라"(마 4:4). 성경은 우리가 갖추어야 하는 기초와 균형만이 아니라 진리의 기준을 제공해준다. "그러므로 여러분은 진리의 허리띠로 허리를 동이고…발에는 평화의 복음을 전할 차비를 하십시오"(엡 6:14, 15, 새번역).

어떤 방향에서 어떤 말이 오든지 우리는 이것을 성경으로 검증해보아야 한다. 바울과 실라는 베뢰아의 유대인들에게 그리스도의 죽음과 부활의 메시지를 성공적으로 전할 수 있었는데, 왜냐하면 그곳 사람들이 이 초창기 그리스도인 제자들이 무엇을 말하고 있는지 검증하기 위해 성경을 연구했기 때문이었다.

> 베뢰아의 유대 사람들은 데살로니가의 유대 사람들보다 더 고상한 사람들이어서 아주 기꺼이 말씀을 받아들이고 그것이 사실인지 알아보려고 날마다 성경을 상고하였다. 따라서 그들 가운데서 믿게 된 사람이 많이 생겼다. 또 지체가 높은 그리스 여자들과 남자들 가운데서도 믿게 된 사람이 적지 않았다(행 17:11-12, 새번역).

성경은 하나님이 자신의 백성에게 보내신 러브레터라고 불린다. 성경에서 하나님은 우리에게 자신이 어떤 분인지 말씀하고 계신다. 하나님은 신실하시고 자신에게 신뢰를 두는 모든 이에게 한없이 인자하시다. 하나님의 말씀을 묵상한다는 것은 우리를 향한 하나님의 사랑을 묵상하는 것이다. 말씀 안에서 그리고 말씀과 함께 그 사랑이 "우리에게 주신 성령을 통하여 우리 마음속에" 가득 부어진다(롬 5:5). 하나님이 나 같은 사람조차도 사랑하심을 아는 일 역시 고통을 겪고 있는 모든 영혼이 절실히 필요로 하는 것이다. 하나님이 우리에게 쓰신 러브레터를 묵상하면서 우리의 뜻이 그분의 뜻과 하나 되게 할 때, 우리는 "지식에 넘치는 그리스도의 사랑을 알고 그 너비와 길이와 높이와 깊이가 어떠함"을 깨닫게 된다(엡 3:18-19).

듣는 기도

오늘 그의 음성을 듣거든 너는 그의 능력을 알지어다(시 95:7, NEB).

기도의 다음 단계는 우리의 영적 성장에서 매우 큰 가치를 지닌 부분
이지만, 우리가 사는 이 시대에 가장 간과되기 쉬운 부분이기도 하다.
그것은 하나님의 음성에 조용히 귀 기울이는 기도다. 그분을 향해 말로
터져 나온 우리 마음의 부르짖음에 그분이 응답하시는 것을 조용히 듣
는 것이다. 이렇게 할 때 우리는 하나님의 인도와 권면의 말씀, 지혜와
지식의 말씀을 향해 우리 마음을 열게 된다. 하나님의 임재를 사는 연
습을 하면서 우리는 우리 삶의 주인이신 그리스도께 우리 마음의 모든
생각과 상상력을 복종시키게 된다. 하나님께 귀 기울여 들을 때, 우리
는 **우리가** 보는 방식을 **그분이** 보는 방식으로 바꾸게 된다.

이사야는 순종의 종으로 오셔야 했던 그리스도에 대해 예언하면서
다음과 같이 말했다.

> 그가…그의 눈에 보이는 대로 심판하지 아니하며, 그의 귀에 들리는 대로
> 판단하지 아니하며, 공의로 가난한 자를 심판하며, 정직으로 세상의 겸손한
> 자를 판단할 것이며…(사 11:3-4)

예수님은 정확히 이 예언대로 행하셨다. 예수님은 아버지가 말씀하
시는 것을 들은 대로 판단하셨다. 그리고 성령의 능력으로 오직 아버지
가 하시는 것을 보고 행하셨다(요 8:28-29을 보라).

우리 역시 우리 주님이 하신 것처럼 순종하는 제자가 되기 위해, 하나님의 일을 하기 위해 귀 기울여 듣는다. "성령의 검 곧 성령께서 주시는 하나님으로부터 오는 말씀을 가지라"(엡 6:17, NEB).

하나님께 듣는 것이야말로 우리가 가지고 있는 "치유 키트"에서 가장 효과적인 도구다. 들음으로써 우리는 성령과 동역하는 법을 알 수 있기 때문이다. 다른 사람에게 듣는 법을 가르쳐주는 것은 영적 지도의 역할을 담당한 사람으로서 우리가 줄 수 있는 가장 값진 수업 중 하나다. 그리고 이렇게 들을 수 있는 자유로 인해 사람들은 한 인간으로서 그리고 그리스도인으로서 (율법 아래 있는) 미성숙으로부터 (성령 안에서 그리스도와 함께 걷는) 성숙으로 이행한다. 주님이 친히 그들의 최고 상담가(모사)이자 인도자가 되실 때 우리의 사역과 일은 더 수월해진다.

분주한 삶 가운데 조용히 듣는 시간과 장소를 할애함으로써 우리는 하루 종일 성령이 보내시는 말씀을 우리 마음과 생각에 받아들일 수 있는 더 많은 공간을 마련하게 된다. 한번은 아그네스 샌포드가 성령이 어떤 비행기를 타지 말라고 말씀하시는 것을 들었다. 아그네스는 말씀대로 했고 그 비행기는 추락 사고를 당했다. 나중에 아그네스가 이 이야기를 어떤 모임에서 들려주었을 때, 한 여성이 매우 화가 나서 왜 하나님은 다른 사람에게는 말씀하지 않고 아그네스에게는 그렇게 하시는지 되물었다. 아그네스는 바로 대답을 했다. "저는 하나님이 우리 모두에게 말씀하고 계시다고 생각해요.…다만 듣는 사람이 너무 적은 것이지요." 우리는 우리의 활동과 응급 상황 가운데서 성령이 무엇을 말씀하고 계신지 알 필요가 있다. 귀 기울여 듣는 일은 시간을 떼서 하나님께 듣고 그분과 교제를 갖는 기도의 단계에서 익히게 된다. 우리는 사람들이 기도하도록 가르치는 일에 부름을 받았다. 아마도 이것은 이 기도의 단계가 너무도 자주 도외시되기 때문일 것이다. 신뢰할 만한 영적 지도자는 우리에게 이렇게 기도하는 것을 가르쳐줄 필요가 있다. 이런 영적 지도자는 하나님께 듣는 이들과 교제하는 가운데 자신의 영적 은사와 통찰력으로 우리가 가진 은사와 통찰력을 예리하고 완전하게 만들어주는 역할을 한다.

인격이 자라는 과정에서 하나님의 음성을 듣는 일의 중요성

> 모든 기도에서 우선적인 것은 "말하는 자가 진정 나이기를 원합니다. 내가 말하고 있는 대상이 진정 당신이기를 원합니다"라는 기도다.[5]

타락한 자아는 자기 자신을 알 길이 없다. 이미 살펴본 것처럼, 자기 자신을 하나님 안에서 발견하기 전까지 우리는 스스로가 누구인지 알지 못하며 우리 정체성을 다른 사람이나 하나님이 아닌 다른 무엇에서 찾으려 한다. 우리는 오직 하나님 안에서만 인간이 되어간다(우리의 인격이 자라난다). 그분의 임재 안에서 그분과 대화하면서, 우리는 죄에 빠지고 신경증에 걸리고 병적 강박증에 시달리며 내면에서 초라한 역할을 하고 있는 "옛 사람"이 진짜가 아니라는 사실, 그리고 그것이 하나님

---

5) C. S. Lewis, *Letters to Malcolm: Chiefly on Prayer* (New York: Harcourt, Brace and World, 1963).

안에 결코 뿌리내릴 수 없는 거짓 자아라는 사실을 발견할 수 있다. 또한 우리는 하나님이 진실한 존재라는 것과, 그분이 우리를 병고와 죄로부터 분리시키고 진실한 "나"를 불러내신다는 것을 발견한다. 이런 식으로 우리는 더 이상 스스로를 우리의 죄악, 신경증, 내적 결핍으로 규정하지 않으며, 우리를 깨끗케 하시고 우리 안에 거하시며 치유의 생명을 가지신 분이 우리를 규정하시도록 한다. 우리는 타락으로 인한 수평적 자세, 즉 피조물로 기울어지는 성향으로부터 벗어나서, 자유로운 피조물로서 창조자와의 연합을 완성하기 위해 수직적으로 듣는 자세로 곧게 선다. 우리는 우리가 그분 안에 있는 것과 그분이 우리 안에 있음을 발견한다. 그렇게 그분의 임재 가운데 성령이 보내시는 말씀에 귀 기울이면서 영적·심리적 치유가 일어난다. 우리 주님은 기쁨과 분별, 교훈과 지도의 말씀을 보내신다. 그리고 이 말씀이 순종하는 마음속에 간직되어 있는 한, 이것은 한 사람의 인성이 통전적으로 되어가도록 일할 것이다. 나는 듣고 순종함으로써 나 자신으로 **되어간다**.

알랜 존스(Alan Jones) 신부는 성직자를 위한 일련의 담화에서 다음과 같은 문구를 반복하고 있다. "우리는 심사숙고하거나(contemplate) 아니면 이용해먹는다(exploit)." 이어서 알랜 신부는 다음과 같이 말한다.

오직 침묵 가운데 그분의 말씀이 임한다. 그러면 우리는 성령의 방식을 분별한다. 그러고 나면 그 말씀이 성령 안에서 펼쳐지면서 우리의 가장 깊은 자아가 그 말씀을 따를 준비가 된다.

"우리는 심사숙고하거나 아니면 이용해먹는다." 우리는 하나님께 듣는 것을 배우거나 아니면 속이고 조종한다. 우리는 다른 사람을 속이고 하나님의 음성으로부터 분리되는 외로움을 달래기 위해 우리 자신조차 기꺼이 속인다. 나는 그분의 임재 가운데 귀 기울이면서 가면을 벗으며 나의 수많은 거짓된 얼굴들을 벗는다. 그러고 나면 내 진실한 자아가 예수님과 대면하게 된다. 내가 나를 찾으려 하면 나는 결코 찾지 못하며 오직 파편화된 수많은 자아들만 발견할 것이다. 그러나 내가 그분을 찾으면, 마침내 나는 내 전부가 예수님 안에 연합을 이루고 있음을 발견할 것이다.

진실한 기도 가운데 나는 모든 사실들과 직면한다. 나는 진짜 이야기, 내 인생의 진실한 이야기를 하기 시작한다. "주께서 우리의 죄악을 주의 앞에 놓으시며 우리의 은밀한 죄를 주의 얼굴 빛 가운데에 두셨습니다"(시 90:8).

이런 빛 가운데 나는 내 존재의 진짜 사실들에 대해, 그것이 얼마나 흉물스럽든지 사소하든지 상관없이 하나님과 대화하기 시작한다.

레이크 박사는 다음과 같이 말한다. "우울하거나 억눌린 사람이 기도하기를 그만두는 것은, 분노와 정욕으로 타락한 것이든, 불성실이나 근심이나 공허함을 느끼는 박탈감이든, 그것을 기도로 전환할 줄 모르거나 그렇게 할 수 없다고 느끼기 때문이다."[6] 우리가 내담자들에게 주어야 할 정확한 도움은, 그들을 하나님의 임재 가운데로 데려와서 그분께 귀 기울이도록 하는 것이다. 일단 "하나님과의 의사소통인 기도가 재정립되면…사람은 자신의 불평, 반대 의사, 요구, 정죄, 울분, 의심, 불

---

6) Lake, *Clinical Theology*, 40.

신을 숨김없이 목회자와 하나님과의 대화 안으로 가지고 올 수 있다."[7] 즉 내 강박증과 중독, 불안과 납득할 수 없는 두려움, 이 모든 것을 인정하게 되고 하나님과의 대화 안으로 가지고 오는 것이다. 또한 내가 귀 기울여 들을 때, 하나님은 미성숙의 악순환과 죄의 결박을 끊는 말씀을 보내신다. 나는 과거의 악순환으로부터, 그리고 스스로를 바라보던 잘못된 방식으로부터 자유롭게 되기 위해 싸울 수 있다.

더 나아가, 나는 이전에는 마주치기 두려워하던 어두운 것들과 함께 이제는 밝고 아름다운 것 역시 나타나는 것을 발견한다. 이는 조물주 하나님이 지으신 참다운 나로 되어가는 과정에서 중요한 일이다.

> 부글거리는 분노와 떠날 줄 모르는 탐심뿐만 아니라 번뜩이는 기쁨과 영감도 표면에 나타난다.[8]

이것 역시 내가 인정하기를 두려워하던 것들이다.

내 생각에는 "찬란하게 빛나는 것들" 중 얼굴을 드러내도록 허용해야 할 가장 중요한 것은 **갈망**일 것이다. 참된 자아가 겹겹의 베일과 자의식 아래에 숨어 겁먹고 있을 때, 이 자아는 아직 벗어나지 못한 이기심(육욕)과, 한 번도 빛으로 나오도록 허용되지 않았던 가장 깊은 희망과 염원이 겪을지도 모를 실망 사이에 서서 두려워하고 있다. 하나님만이 우리의 목표가 될 때, 우리 눈은 그분만 바라보는 단 하나의 눈

---

7) Ibid.
8) C. S. Lewis, *Christian Reflections* (Grand Rapids: Eerdmans, 1971), 169. 『기독교적 숙고』(홍성사 역간).

(single eye)이 된다(눅 11:34, KJV 참조). 또한 우리는 몇몇 교부들이 무사무욕(disinterestedness)의 미덕이라고 부르던 것을 얻는다. 우리의 의로움이 되시는 하나님만을 찾을 때 우리는 더 맑게 보기 시작하고, 깨끗한 마음과 생명이 뒤따르게 된다. 그다음으로 우리가 추구해야 할 목적은 ("행복", "애정", "물질적 소유" 같은 것보다) **성결**이다. 성결은 첫 번째 목적의 다른 이면에 놓여 있다. 그래서 우리는 이전에 인정하기를 두려워했던 것도 안심하고 바랄 수 있는데, 왜냐하면 그것을 하나님께 온전히 드렸기 때문이다. 듣는 기도는 하나님과의 거룩한 대화이자 거룩한 교감이다. 하나님이 알곡 가운데서 가라지를 제하실 것과, 언제 어디서든 필요할 때 소망을 전달하실 것과, 하나님의 뜻에 대해 우리의 인식이 너무 낮을 때 그 소망을 더 드높이실 것을 그분이 우리에게 확증해주셨으며 우리는 그것을 참으로 확실히 알고 있다.

다음은 존 게이너 뱅크(John Gaynor Bank) 신부가 시인 트라헌(Traherne)이 노래한 한 소절, 곧 "하나님처럼 갈망하라. 당신이 하나님처럼 만족하도록"에서 영감을 얻어 갈망에 대해 묵상한 글귀다.

주(Master): 갈망은 장대한 힘, 네가 가진 가장 신적인 성품 중 하나다! 네가 기도할 때 무엇을 **갈망**하든지 네가 이미 그것을 받았고 받게 될 것을 믿어라! 갈망의 신적인(Godlike) 속성을 알라. 그것은 영혼이 가진 원자력의 일부다. 네 안에 있는 하나님 나라는 갈망을 통해 작용한다. 그 불씨를 꺼뜨리거나 짓밟거나 억누르지 마라. 대신 그것을 내게 **바쳐라**. 너의 가장 원초적인 갈망, 행복과 사랑, 자아를 표출하고 건강과 성공을 바라며 기쁨을 추구하는 것들이 네 존재의 어느 단계에 존재하든지 내게 바쳐라. 이것들을 부끄럽게 여기지 말고 거리낌 없이 내게 바쳐라. 그러면 나는 그 갈망들을 바꿔서 네가 매이지 않으면서도 그것들을 성취하고 절망의 두려움으로부터 완전히 자유롭도록 만들 것이다.[9]

나는 고통 받는 이들이 주님의 임재 가운데 잠잠히 거하며 전에는 너무나 두려워서 인정하지조차 못했던 마음속 가장 깊은 곳의 갈망을 끌어올려 주시기를 구할 때, 억눌려 있던 사람에게 치유가 시작되는 것을 많이 보아왔다. 그래서 이런 이들은 그 갈망에 대해 하나님과 대화하기 시작한다. 진짜 자아만이 진정으로 소망할 수 있으며, 모든 선하고 아름답고 참된 것들을 갈망하는 가운데 이 진짜 자아는 자신을 만드신 이의 형상을 따라 더욱더 빠르고 경이롭게 일하게 된다.

듣는 기도 가운데 우리는 비어 있는 공간을 발견하며 그 공간 속에서 과거에 질려버렸거나 위축된 감정 혹은 억압된 두려움이나 거절당한 감정들과 친숙해질 수 있다. 심히 억눌린 마음의 갈망들과 함께 우리는 우리의 분노와 슬픔, 기쁨과 사랑, 그리고 수치의 감정을 하나님과의 거룩한 대화 가운데로 가져온다. 우리를 품어주시는 하나님의 사랑 안에서, 우리의 감정적 존재는 감각적·지적 존재와 더불어 섬세하고 부드러운 균형을 이루면서 성장한다. 우리는 더 이상 우리의 감정적 필요나 결핍에 의해 왜곡되게 빚어질 필요 없이 오히려 이런 결핍들이 치유되는 것을 볼 것이다.

---

9) 이 글은 잡지 *Sharing*, the Order of St. Luke's journal on healing, August 1950에 처음으로 게재되었다.

하나님과의 이런 대화 시간에 우리는 할 수 있는 만큼 주님께 우리 마음을 활짝 열어놓는다. 주님은 우리 마음 안에 무엇이 있었고 또 무엇이 필요했는지 모두 다 알고 계신다. 이제 우리의 뜻이 그분의 뜻과 하나가 되었고 우리는 지금까지 마음속에 조심스럽게 비축해둔 것들을 주님께 드리기로 동의한다. 이제 우리는 기도에서 가장 중요한 순간을 맞이할 준비가 된 것이다. 실재이신 분(the Real)과 함께하는 모든 것이 그런 것처럼, 진실한 기도는 성육신적이다. 이런 기도는 하나님의 생명을 받아들인다. 우리는 주님이 더 충만하게 임하시기를, 그리고 우리 존재의 모든 공간을 (특히 이제 막 비웠던 공간을) 하나님 자신으로 채워주시기를 간구한다.

이런 순간은 좀 더 크고 강하고 고요한 생명이 흘러들어 오게 한다.…처음에는 이렇게 할 수 있는 순간이 불과 얼마 안 된다. 그러나 이런 짧은 순간들을 통해 새로운 종류의 생명이 우리의 전신으로 퍼져나간다. 왜냐하면 그분은 이렇게 함으로써 (우리 일부분 중) 일해야 할 부분에서 제대로 일하실 수 있기 때문이다.[10]

대개 우리는 어떤 비극적인 일들을 통해 개인적인 한계에 다다르고 나서야 치유의 말씀을 듣기 위해 하나님께 귀를 기울인다. 알렉산더 솔제니친은 "한마디 진리의 말이 세상보다 더 크다"라고 고백하기 전에, 수용소의 공포 속에서 먼저 그 한마디 말과 자기 자신 앞에 서야만 했

---

10) Lewis, *Mere Christianity*, 168-69.

다. 그는 이 침묵의 장소에서 자신의 마음과 하나님께 귀 기울이는 시간과 성향을 찾게 되었다. 공산주의자였던 솔제니친은 세상과 육신의 거짓된 말들과 세상에 편만한 악, 특히 공산주의 세계의 사악함에 짓눌렸었다. 하지만 그가 귀 기울여 듣는 법을 배우자, **진짜** 알렉산드르 솔제니친이 전면에 드러나게 되었다. 이 사건에 대해 우리는 감사해야 마땅한데, 왜냐하면 그가 진리의 말을 잘 듣고 자신이 들은 것을 전 세계에 설득력 있게 증거했기 때문이다. 자기 뜻과는 다르게 강요받은 수용소의 고통과 외로움 속에서 솔제니친은 자기가 속한 시대의 정신을 뛰어넘어서 (너무나 놀랍게도) "수용소야, 내 인생에 들어온 너를 축복한다!"라고 외친다.

> "너 자신을 알라!" 자신이 범한 죄, 오류, 실수에 대해 끊임없이 추궁하는 생각만큼 우리 안에 계신 전지자(全知者)를 일깨우는 데 도움이 되는 것은 없다.…그리고 그것이 내가 수용소에서 보낸 수년의 세월로 되돌아간 이유였기에 나는 말한다.…"수용소야, 너를 축복한다."…나는 거기서 내 영혼을 살찌웠다. "수용소야, 내 인생에 들어온 너를 축복한다!"[11]

이제 그는 세상이 짜놓은 거짓의 그물망에서 분투하며, 눈멀고 귀먹은 세상을 불러 세우는 몇 안 되는 예언자 중 한 사람이다.

듣는 기도 가운데, 우리는 하나님의 자녀라는 우리의 가장 중요한

---

11) *The Gulag Archipelago* II, part IV, chapter 1, "Ascent" (New York: Harper & Row, 1975). 『수용소군도』(열린책들 역간).

정체성뿐만 아니라, 우리가 죄인이라는 부차적인 정체성에 대해서도 민감하게 깨어 있을 수 있다. 하나님의 임재 가운데 우리는 거짓된 자아를 분별해내어 오래 덮고 있던 외투나 굳은 껍질을 떨구어내듯이 그것을 벗어버린다. 우리는 더 이상 옛 자아의 현존을 살지 않는다. 이에 대해 바울은 다음과 같이 말한다.

> 우리는 우리의 영적이지 않은 자아들에 순종하거나 영적이지 않은 삶을 살 필요가 없습니다(롬 8:12, JB).

> 더 낮은 본성이 우리를 주장하지 못하기 때문에, 우리는 그 수준에서 살 의무가 없습니다. 만일 그렇게 한다면 당신은 반드시 죽습니다. 그러나 당신이 성령을 힘입어 이 모든 속된 육체의 소욕을 죽이면 살 것입니다(롬 8:12-13, NEB).

따라서 참된 자아는 죄인이라는 부차적인 정체성을 지속적으로 자각함으로써 예수님이 거하시는 중심으로부터 출발하여 자유롭게 움직일 수 있다. 이는 우리의 중심에 예수님이 거하신다는 최우선의 정체성에서 나온다. 이런 자아는 그리스도인이 된다는 것이 더 나은 선택을 하도록 만들지 않으면 더 나쁜 선택을 하도록 만든다는 점을 깨닫는다.

> 인간의 영혼에 초자연이 들어오면 인간의 영혼에는 좋은 쪽과 나쁜 쪽 모두를 향해 새로운 가능성이 활짝 열리기 때문이다. 이 지점에서 길은 두 갈래로 나누어지기 시작한다. 경건과 사랑과 겸손을 향해 나아가는 길과, 영

적 교만과 자기 의와 박해의 광기로 나아가는 길이 그것이다. 아직 영혼이 깨어나지 못했을 때의 평범한 미덕과 악덕으로 다시 되돌아갈 수 있는 길은 없다.[12]

솔제니친은 수용소의 썩은 지푸라기 병동에 누워 대장암으로 고생하면서, 모든 사람 안에 있는 깨어진 상태인 이 두 개의 정체성을 깨달았다.

나는 차츰 선악을 나누는 선이 지역과 계층과 정파 사이가 아니라 모든 사람의 마음과 심연을 지나 그어진다는 것을 발견했다. 이 구분선은 바뀔 수 있다. 세월의 흐름과 함께, 이 선은 우리 속에서 진동하며 왔다 갔다 한다. 악에 압도된 마음에도 선을 향한 작은 교두보가 남아 있다. 동시에 모든 심상이 최선에 놓여 있을 때도, 뿌리 뽑히지 않은 조그만 악의 뒷골목이 남아 있다.[13]

또한 다음은 내가 앞서 쓴 책에서 인용한 글이다.

교만은 다른 모든 악으로 치닫게 만드는 어마어마한 죄다. 그리고 이 죄는 중생하지 않은 사람보다 구원받은 사람에게서 훨씬 더 처참한 결과로 불쑥 나타날 수 있다. 회심하지 않은 자아는 분리 독립하고, 스스로 치리하려

---

12) C. S. Lewis, *Reflections of the Soul* (New York: Harcourt, Brace and World, 1958), 31-32.
13) *The Gulag Archipelago*, part IV, chapter 1.

하며, 자신을 우선시한다. 이와 똑같은 자유 의지가 영적인 삶의 어떤 단계에서도 선한 것을 택하기를 그만두고 다시 자기 자아를 선택할 수 있다. 『순례자의 귀향』에 등장하는 존은 자신이 수없이 많은 죽음을 경험하는 것을 발견한다.[14] 그리고 이런 죽음이 오직 진짜 사망(Death)으로부터 피하는 것임을 알게 된다. 이런 사망으로부터의 도피는 주로 우리가 "옛 사람"에 대해 매일 죽는 것과, 정기적으로 회개하고 이어 하나님의 용서를 받아들이는 것을 배우는 일로 이루어진다.[15]

이런 일은 우리 자신의 마음을 알고 그래서 무엇을 고백할지도 알게 되는 들음의 기도를 통해서만 가능하다.

갈등과 분투는 우리의 인격 변화에서 중요한 요소다. 사역자로서 우리는, 한 영혼이 자신의 무감각과 죽은 상태로부터 일어서려는 고통스러운 과정을 부적절한 동정심이나 감정이입으로 절대 방해해서는 안 된다. 교회에서는 이런 일들이 한 사람이 자기 자신을 향해 "굽어지도록" 부추기는 일로 인해 흔하게 일어난다. 그러나 우리는 결코 다른 사람의 외로움을 씻어줄 수 없다. 헨리 나우웬은 지금 일어나고 있는 이런 망상에 대해 다음과 같이 강한 어조로 말한다.

이 세상에는 정신적인 고통이 많이 있지만 그중에서는 그릇된 이유에서

---

14) C. S. Lewis, *The Pilgrim's Regress: An Allegorical Apology for Christianity, Reason and Romanticism* (Grand Rapids: Eerdmans, 1973). 『순례자의 귀향』(홍성사 역간).

15) Payne, *Real Presence*, 70.

나온 고통도 있다. 왜냐하면 그릇된 고통은 우리가 서로의 외로움을 없애주기 위해 부름 받았다는 잘못된 기대에서 생겨나기 때문이다. 살아가다가 외로움에 못 이겨 자신으로부터 떠나서 다른 이에게 기댄다면, 결국 관계란 서로를 지치고 피곤하게 만들며 포옹으로 상대방을 옥죄는 것이 되어버린다.[16]

우리의 목회적 과제는 도움이 필요한 사람들이 자신의 내적 외로움을 직면하고, 거기에서 하나님과 자신의 참된 자아의 목소리를 듣는 일을 시작하도록 돕는 데 있다. 적나라하게 사람과 세상의 어둠에 해를 입은 사람들뿐만 아니라 우리 모두가 내적 외로움과 하나님으로부터의 단절을 직면해야 한다. 그러고 나서야 우리는 내면에 있는 "메마른 외로움의 땅"[17]을 참 자아가 성장하는 광활하고 아름다운 "고독의 정원"[18]으로 바꾸는 준엄하지만 장대한 일을 시작할 수 있다. 그래야만 참된 자아는 진정한 우정과 그리스도인의 교제를 감당할 수 있으며 자기 정체성을 더 이상 피조물에 두지 않을 수 있다.

내적 씨름이 모든 사람에게 주어졌다는 사실을 기억하며, 사역자로서 우리는 지금까지 지켜보아온 사람이 우리 눈에는 회생 불가능할 만큼 절름거리거나 다시 옛 자아의 잘못된 길로 빠지는 것을 볼 때 실망하거나 주저앉아서는 안 된다. 나비는 각 영혼이 참된 자아가 되어가면서 겪는 내적인 고군분투가 어떤 것인지를 멋지게 묘사해준다. 나비가

---

16) Nouwen, *Reaching Out*, 22.
17) Ibid.
18) Ibid.

고치 속에서 고개를 내밀기 위해 몸부림치는 것을 보기란 여간 고통스럽지 않다. 그렇다고 우리가 가위로 고치 꼭대기를 잘라주면 나비는 영영 날지 못한다. 겉껍질이나 자아를 밀어내며 안간힘을 쓸 때 나비는 날개가 발달하고 튼튼해진다. 아주 작은 벌레일 때부터 온종일 꿈틀거리며 나뭇가지에서 배밀이를 하면서, 오랜 시간에 걸쳐 애벌레는 전능자의 손으로 디자인된 형형색색 무늬의 날개로 날아다니는 눈부시게 아름다운 피조물로 변한다. 고치를 뚫고 나오기 전에 잠시 그 꿈틀거리는 몸부림이 멈추는데, 이때 우리는 애벌레가 그 고통스러운 과업을 포기한 것인지 아니면 돌돌 말린 껍질 안에서 죽어버린 것인지 의아해한다. 우리의 기도를 필요로 사람들도 때로 이런 시기를 지난다.

심각한 성적 노이로제(신경증)가 치유 중인 경우, 치료 대상자가 잠시 이전 패턴이나 방어기제로 돌아가게 될 때 사역자는 금세 공황 상태에 빠지거나 좌절할 수 있다. 그러나 사역자들은 도움의 손길을 구하러 온 고통 속에 있는 사람을 위해 하나님께 귀 기울임으로써 지혜와 지식과 권면의 말씀을 받을 수 있다. 이 말씀은 환자로 하여금 다시 한 번 하나님의 임재를 구하고 그분께 귀 기울이며, 참된 그 사람이 **되어가는** 길로 들어서도록 돕기 위해 필요하다. 환자가 지금 겪고 있는 것은, 수직적으로 하나님의 음성을 듣는 자유로운 자세가 되고자 고군분투하던 것을 멈추고 일시적으로 피조물을 향해 다시 몸을 굽힌 것일 뿐이다.

예를 들면, 극심한 동성애적 신경증에서 자유롭게 되었지만 여전히 자신을 용납하고 받아들이는 과정 중에 있는 내담자는 갑자기 강한 "식인종" 강박증(3장을 보라)에 사로잡힐 수 있다. 이는 스스로 인정하지 못하는 자신의 일부를 자기와 동성인 다른 사람에게 극단적으로 강하게 투사하는 것이다. 목회적 도움이 없다면 이런 이들은 무슨 일이 일어나고 있는지 깨닫지 못한다. 그들 안에 있는, 누구도 인정해주지 않아 융합되지 못한 자신의 인격적 속성들을 아직 인정하고 수용하지 못하기 때문에 충분히 이런 일이 벌어질 수 있다.

기적적인 치유를 경험했다고 말할 수 있는 한 젊은 여성의 경우도 위와 같은 현상을 보여준다. 자신을 수용하면서 다른 사람과 의미 있게 관계 맺는 법을 배우는 과정 중에 있었던 그녀는 아직 인정받지 못한 자기의 속성들을 마치 거울처럼 비춰주는 한 여성과 가깝게 지내게 되었다. 사실상 이 내담자가 그 여성으로부터 보는 모습은 자신이 하나님이 주신 소명을 온전히 감당할 때 보여줄 수 있는 바로 그 모습이었다. 상대방에게 곧바로 매료되면서 작용했던 투사 심리의 작용을 깨닫지 못하면서, 내담자의 "사랑"은 처음에는 도움의 손길을 내밀다가 다음에는 보호하는 팔이 되어주고, 그다음에는 집어삼킬 듯한 모성애가 되었다. 결국에 그녀는, 그녀 자신의 말을 따르면, 고의적이고 분노에 찬 반항심으로 다시 옛 레즈비언적 강박증에 마음을 열었다. 이것은 저지되지 못한 투사가 가져오는 예상된 결말이었다. 그녀가 다시 넘어진 일은 대단히 충격적이었지만 즉시 그녀는 전심을 다해 회개했다. 그럼에도 이 일은 비극이 아닐 수 없었는데, 내담자는 상대 여성과 다른 친구들의 우정을 잃게 되었을 뿐 아니라, 직업에서도 자리를 잃게 되었기 때문이다. 이 잃어버린 모든 것은 그녀가 정신적이고 정서적인 암흑에서 벗어나 진일보했던 일을 반영하기에, 그녀에게 큰 의미가 있던 것들이었다. 비록 자기에게 소중했던 것을 많이 잃게 되었지만, 지금 그녀는 더 현명해졌으며, 비상할 수 있는 훨씬 더 크고 새로운 날개를 얻게 되었다.

동성애적 신경증에서 자유롭게 되었지만 여전히 분리 불안이나 박탈에 의한 극심한 신경증이 치유되는 과정에 있는 사람들 역시 자신을 안아줄 다른 사람의 품에 대한 욕구에 강하게 사로잡힐 수 있다. 이런 이들은 내게 편지를 썼던 한 젊은이처럼 다음과 같이 말할 것이다. "저는 '노골적으로 성적인 것'을 원했던 게 아니에요. 단지 안기고 싶었을 뿐이에요. 누군가 저를 품에 꼭 끌어 안아주기를 원했던 거예요." 여기서 필요했던 것은 다른 사람의 품이 아니라 행복(well-being)이라는 선물로, 어머니의 품에서 결코 얻지 못했던 그 무엇이었다. 다른 남성에게 안기고 키스를 받는 것은 단지 그의 상징적인 혼돈을 가중시킬 뿐이다. 이 젊은이는 여전히 아파하면서도 그것을 깨달았으며 이 경험을 다음과 같이 고백했다. "내가 의아해했던 것은 내가 반은 아버지이고 반은 연인이 되어줄 이를 찾는 괴상한 시도를 하고 있었다는 사실입니다." 훌륭하게도 그는 그렇게 의아해하면서도 자신의 내적 외로움을 계속해서 직면했으며, 그 외로움의 한가운데로 하나님을 초청하지 못하도록 만드는 이 위험한 위로로부터 돌아섰다. 하나님의 사랑이 그 불안과 박탈이라는 깊은 틈새로 흘러들어 필요했던 치유를 완성할 것이다. 그러나 여기에는 순종(수직적인 자세)이 반드시 요구된다. 그럴 때에야 하나님은 우리에게 필요한 치유의 일을 하실 수 있다.

나는 **순종**이라는 단어가 오랫동안 정신적·정서적으로 고통을 겪은 (직설적으로 말하면 스스로를 혐오해왔던) 동성애자들을 얼마나 위협적으로 짓누르면서 죄책감을 불러일으키는지 알고 있다. 그들은 끝없이 고군분투했지만 아무런 보상도 받지 못했으며, 다른 사람에게만큼이나 자신에게도 혐오스럽고 위협적인 괴이한 경향성과 강박, 유혹들에 대항한 싸움에서 실패해왔기 때문이다. 그들은 기도하고 또 기도했지만, 고뇌에서 벗어나지 못했으며 바뀌는 건 아무것도 없었다.

이런 이유 때문에 고통을 겪는 이들을 위해 기도하는 사람들은 동성애가 죄가 된다는 점을 강조하지 않고, 오히려 일반적인 견해로서 동성애가 심리적 질병이라는 것을 강조한다. 그러나 지금은 많은 사람이 동성애를 정당화하려고 하기 때문에, 우리는 이것이 죄라는 사실과, 계시된 하나님의 뜻에 순종하는 것이 진정한 행복이라는 사실을 강조할 필요가 있다. 오직 이런 순종을 통해서만 우리는 병적인 형태의 사랑에서 해방될 수 있다.

예언자 이사야는 하나님께 "주께서 우리에게 얼굴을 숨기시며 우리의 죄악으로 말미암아 우리가 소멸되게 하셨음이니이다"(사 64:7)라고 부르짖었다. 교회에서 목회자와 상담가로 활동하는 사람들이 동성애를 치유하기보다 그것을 수용하고 용납하는 일은, 한 개인을 죄와 질병으로 인해 소멸되도록 이끄는 것이다. 더 나아가 이렇게 하는 것은 그 행위의 공범자가 되는 일이기도 하다.

우리는 그리스도께 순종함으로써만 믿음의 권속이 된다. 이는 행위의 복음이 아니라 사랑의 복음이다. 성경에서 명백히 가르치는 대로, 그리스도를 사랑하는 자는 그분께 순종한다. 치유하시는 그리스도의 두 손은 우리가 그분 안에 거하지 않고 오히려 다른 영인 불순종과 반항의 영 안에 거하기로 선택한 바로 그 영역까지는 묶여 있다. 반항은 온갖 종류의 혼란을 야기한다.

여기서 두 마음으로 나뉠 여지는 전혀 없다. 우리는 이 문제에 대해 하나님께 순종하든지 아니면 배덕과 타락의 마음에 우리를 내어주든지 둘 중 하나만을 택할 수 있다. 우리는 하나님이 동성애 활동이 부정한 것이고 그렇기에 그것 때문에 영혼을 심판하신다고 선포하신 사실을 알고 있다. 목회자와 상담가로서 우리는 영혼이 자신을 죽이는 것으로부터 돌아서도록 도와야 한다. 순종을 가르치는 것이 우리가 해야 할 사랑의 일이다.

듣는 기도는 참된 상상력과 결정적으로 연결된다

진정으로 풍부한 상상력의 경험은 "실재이신 분"(the Real)에 대한 직관이다. 가장 높은 수준에서 직관은, 그것이 말씀이든 비전이든 (무엇보다 우위에 있는) 성육신이든 성령의 채우심이든, 하나님으로부터 오는 것을 받는 경험이다. 이 실재이신 분을 감지한다는 것은 그분의 임재를 인정하고 피조물다운 경외와 순종으로 경배하며 귀를 기울이는 일을 의미한다. 인간 내부에 이런 기능을 가지고 있는 기관이 바로 성경이 마음이라고 부르는 직관적 기관이다.

마음에 그림을 떠올리는 기능 자체가 참되거나 더 높은 수준의 상상력은 아니다

우리는 마음에 그림을 떠올리는 기능 자체가 참되고 더 높은 수준의 상상력이 아니라는 사실을 강조해야 한다. 떠오르는 그림은 마음의 언어이며, 아이콘처럼 순전히 실재이신 분이 빛을 발하는 통로 역할을 하는 이미지일 뿐이다. 만약 이 실재하는 분에 대해 잘못된 이미지를 받아들이게 되면, 그것은 "자의식적"인 것 즉 "말 못하는 우상"이 되어버린다. 마음이 직관으로 안 것을 상징적으로 이미지화하는 마음의 능력은 직관 그 자체와 구분될 필요가 있다.

주의 천사가 요셉의 꿈에 나타나 "다윗의 자손 요셉아, 마리아를 네 아내로 삼아 집으로 데려가기를 두려워하지 말라. 성령께서 그녀를 잉태케 하셨느니라"라고 말했을 때, 요셉의 마음은 천사가 나타난 것과 천사의 메시지 모두를 올바르게 직관으로 알았다. 만일 요셉이 자신이 본 것을 문자적으로 해석하려고 시도하면서 "모든 천사들은 내 꿈에 나타난 천사처럼 생겼어"라고 말했다면, 그는 마음으로 보는 방식을 정신의 의식적인 수준으로 보는 방식으로 착각한 것이다. 이런 식으로 직관으로 받아들인 것을 분석적으로 논리 있게 만들고자 시도했다면, 요셉은 그 참된 메시지도 놓쳤을 것이다. 가브리엘 천사가 마리아를 찾아왔을 때, 가브리엘은 나사렛이라는 동네로 가서 마리아가 있는 곳으로 들어가서는 "은혜를 받은 자여, 평안할지어다! 주께서 너와 함께하시느니라"라고 말했다. 마리아는 직관으로 가브리엘이 나타난 것과 그가 전해준 메시지를 올바르게 받아들였다. 마리아의 마음에서 그 보이지 않는 것이 어떻게 그림으로 그려졌는지는 또 다른 문제다.

육체의 눈으로는 보이지 않지만 참되고 실재하는 것을 보는 마음의 능력이 하루아침에 이해되지는 않는다. 의식적이고 분석적으로 아는 방식이 다른 앎의 방식을 배제하면서 그 가치를 인정받는 요즈음에는 더욱 그러하다. 하지만 이 두 가지 앎의 방식은 모두 중요하고 상호 보완적이다. 둘 다 믿음과 예술, 그리고 이성의 선함에 있어 매우

중요하다.[19)]

대개 우리에게 상상력이라는 단어는 그 뜻이 모호하다.

상상력의 사전적인 정의는 "정신적 이미지를 형성하는…행위 또는 오감으로는 나타나지 않는 것에 대한 개념"이다. 또 다른 정의를 보면 이미지나 개념을 형성시키는 상상을 담당하는 기관 자체를 가리킨다. 세 번째 개념은 "외적 대상에서 비롯된 것 너머에 있는 개념들을 형성해주는 정신이 가진 능력('생산하는 상상력')"을 가리킨다. 이 능력은 공상하는 능력만이 아니라, 더 중요하게는 천부적인 시적·창조적 재능, 즉 "새롭고 인상적인 지적 개념을 구성해내는 능력"을 가리킨다.[20)]

마지막 세 번째에서 정의된 천부적인 시적·창조적 재능에 대한 언급은 우리가 정의하려고 하는 더 상위의 참된 상상력에 근접한다. 앞으로 살펴보겠지만, 이것은 시적 경외감의 수준에 해당하며 종교적인 경외감과 밀접하게 관련된다.

상상력이 풍부한 것에도 몇 가지 수준이 있다. 순전히 시적인 경외감에서 시작된 것과 종교적인 경외감이 포함된 것을 구분해야 한다. 마찬가지로, 우리는 실재하시는 하나님을 적어도 세 가지 차원, 즉 자연의 영역

---

19) 진정한 상상력에 대한 연구를 위해서 Payne, *Real Presence*, chapters 10 ("The Whole Imagination I: Surprised by Joy") and 11 ("The Whole Imagination II: The Two Minds")을 보라.

20) Ibid., 131-32, quoting The Oxford English Dictionary, compact edition, s.v. "imagination."

과 초자연의 영역, 그리고 하나님의 실제적 임재로 직관한다. 이 경이로움은 직관되는 실재의 종류가 그렇듯이 다양하게 나타난다. 물론 절대적 실재(Absolute Reality)이신 분은 성령의 인격 안에서 세 가지 영역 중 어느한 가지를 통해 교통하는 길을 찾으실 수 있지만 말이다.

이런 차이는 경외감을 일으키는 "대상"에 달려 있다. "갈망의 대상의 형태는 그 갈망 안에 존재한다." 하늘이 "열세 번째 해, 네 번째 달의 다섯 번째 날에" 열렸으며 예언자 에스겔은 "하나님의 비전"을 보자 경외감으로 얼굴을 땅에 대고 엎드려 경배했다. 그리고 그는 이 환상 중에 한 음성이 말하는 것을 들었다. "그가 내게 말씀하실 때 그의 영이 내게 들어오셔서 나를 일으켜 세우셨다." 그렇게 에스겔이 보았던 대상은 그의 안에 머물렀다. 이것은 종교적인 경외감이었으며, 비전의 영감을 불어넣은 대상은 바로 하나님이셨다.

시적 경외감 속에서 예술가는 자신에게 새롭게 탄생한 직관력을 통해 있는 그대로의 풀잎 하나, 이슬 한 방울을 본다. 이런 식으로 예술가가 경험한 것과 에스겔의 경험은 경외감을 주는 대상이 다르기 때문에 다를 수밖에 없다. 그러나 분명히 유사점들도 있다. 대상을 바라보면서 예술가는 자기를 망각하고, 자신이 보고 있는 것을 사랑하면서 전적으로 그 안에 "젖어 들게" 된다. 창조적인 생각에 사로잡힌 예술가는 이 생각을 물질적인 형태로 바꿔놓아야 한다고 느낀다. 이는 시적 경외감이며, 언제든 시적 경외감 이상이 될 수 있는 가능성을 갖고 있다.

종종 예술가나 신비주의자들은 승화된 경외감이라는 심오한 감각을 통해 초자연적 진리나 그보다 상위에 있는 하나님에 대한 진리들을 감지한다. 그러고 나서는 자신이 절대 감당할 수 없다고 느끼는 것 앞에 고꾸

라져서 자기가 본 비전이 무엇인지 판단을 내리려고 한다. 보고 들은 것과 그것을 최종적으로 캔버스나 돌, 시와 멜로디로 담아내는 것 사이에는 언제나 간극이 있다. 예술가나 신비주의자가 아닌 사람은 미켈란젤로가 스스로를 손으로 더듬거리는 자로 느꼈던 일이나, 이사야가 주께서 높은 곳에 들려 앉으신 것을 봤을 때 스스로를 입이 부정하고 화를 입은 사람으로 느꼈던 일을 믿기 힘들어할 수 있다. 그렇기는 해도 예술가나 성직자, 신비주의자는 겸허함과 경이로움 속에서, 그리고 성육신과 사역의 종이 되고 싶다는 간구 속에서, 예술의 손작업이나 사역의 성례를 통해 자신이 본 것의 희미한 한 줄기 빛이나마 담아내기를 갈망한다. 이로써 초월자이고 영존하는 분은 낮고 유한한 자를 통해 빛을 발하신다. 우리는 산과 별과 바다 가운데 온 우주의 조직체 안에 영원한 광채와 리듬과 멜로디가 내재하는 것을 본다. 또한 개인의 인격 안에 온 우주가 인간의 형태로 봉해져 있다는 것, 성찬의 잔 안에 살아 계신 그리스도의 몸과 피가 있다는 것도 본다.[21]

그렇기 때문에 우리는 실재하시는 하나님의 임재에 대한 직관과, 자연과 초자연의 진리(예를 들면 천사나 피조된 초자연적인 존재가 나타날 때 경험되는 신비적인 경이감)에 대한 즉흥적인 직관 사이에 다만 정도의 차이만 있음을 알게 된다.[22]

---

21) Ibid., 136–37.
22) C. S. Lewis, *The Problem of Pain* (New York: Macmillan, 1966), chapter 1. 『고통의 문제』(홍성사 역간).

계시가 임하는 양식과 직관적이고 체험적인 **앎**의 본질은 매우 동질적이다.[23]

보이지 않는 것을 마음의 눈으로 보기

실재로 가는 유일한 길은 결국 기도와 성례와 회개와 예배,[24] 곧 마음 깊은 곳에서의 앎의 방식을 통해서다. 이 책에서는 이런 **앎**과 기도의 중요한 부분으로서, 마음의 눈으로 보는 것에 대해 많이 언급해왔다.

오스왈드 챔버스(Oswald Chambers)는 마음의 눈이 하나님께 고정되어야 할 필요와 그렇게 될 때 하나님과 사람 사이에 시작되는 교류를 이해하고 있다. 챔버스는 이사야 26:3에서 "주께서 심지가 견고한 자(상상력이 그분께 머물러 있는 자, RV)를 평강하고 평강하도록 지키시리니"라는 인용구와 함께 다음과 같이 말한다.

당신의 마음(imagination, 이하 상상력)은 주님께 고정되어 있는가, 아니면 고갈되어 있는가? 상상력의 고갈은 사역자의 삶을 지치게 하고 힘이 빠지게 만드는 주범이다. 만일 당신이 상상력을 주 앞에서 스스로를 세우는 데 사용하지 못했다면 지금 당장 그렇게 하라. 주님이 임하실 때까지 기다리지 마라. 당신의 상상력을 우상으로부터 멀리하고 주님을 바라보아야 한다. 그래야 구원을 얻을 수 있다. 상상력은 하나님이 우리에게 주신 최고의 선물로 주님께 완전하게 드려져야 한다. 당신의 모든 생각을 사로잡아

---

23) Payne, *Real Presence*, 124.
24) C. S. Lewis, "Dogma and the Universe," *God in the Dock: Essays on Theology and Ethics* (Grand Rapids: Eerdmans, 1970). 『피고석의 하나님』(홍성사 역간).

그리스도께 복종시키라. 그러면 당신의 믿음과 성령이 역사할 것이기 때문에 어려움이 와도 능히 이길 수 있을 것이다.[25)]

챔버스는 이사야 40:26의 "너희는 눈을 들어 누가 이 모든 것을 창조하였나 보라"를 인용하면서는 다음과 같이 말한다.

예언자 이사야가 활동할 당시 하나님의 백성은 우상을 바라보느라 마음(imagination, 이하 상상력)이 고갈되어 있었다. 이때 이사야는 그들로 하여금 하늘을 바라보게 하고 그들이 상상력을 바르게 사용하도록 돕는다.…

영적 집중력이란 상상력을 한곳에 모으는 것이다. 당신의 상상력이 우상을 바라보는 것은 아닌가? 당신 자신이 우상은 아닌가? 당신의 일이 우상은 아닌가? 만일 당신의 상상력이 고갈되어 있다면 당신의 경험을 돌아보지 마라. 당신에게 필요한 것은 하나님이다. 자신에게 얽매이지 말고 자유하라. 우상으로부터 멀어지라. 당신의 상상력을 갉아먹는 어떤 것도 허락하지 마라. 스스로를 일으켜 세우고 이사야가 백성에게 주었던 내용을 붙들어라. 의지적으로 당신의 상상력을 하나님께로 향하게 하라.

기도가 막히는 이유 중 하나는 상상력이 없고 의지적으로 자신을 하나님 앞에 둘 힘이 없기 때문이다.…상상력은 성도들이 자신으로부터 벗어나 전에는 몰랐던 새로운 인격적 관계 안에 스스로를 정위치 시키도록 하나님이 그들에게 주신 능력이다.[26)]

---

25) 오스왈드 챔버스, 『주님은 나의 최고봉』, 2월 11일.
26) Ibid., February 10.

챔버스는 보고 아는 마음의 기능에 대해 심오하고 진실한 통찰력을 가지고 있다. 이런 이유로 그는 금세기의 위대한 영성가 중 하나인 것이다.

하나님께 귀 기울이는 것은 성령의 은사들과 긴밀히 연관된다

(사람의 영과 몸의 치유뿐만 아니라) 심리적 치유를 위해 기도하는 일은 그리스어에서 성령의 "은사"라고 번역되는 "영적인 것들"(spirituals)과의 관계 안에서 이해될 수 있다. 이런 종류의 기도 사역에서는 몇 가지 성령의 치유 은사들이 사용된다. 우리가 예수님의 이름으로 이 은사들을 사용할 때 그리고 우리가 들을 때, 성령은 우리에게 "지식의 말씀", "지혜의 말씀", 초자연적인 믿음 등 기도를 받는 사람이 씻기고 치유되었다는 사실을 보는 데 필요한 것들을 보내주신다.

이 영적인 것들(고전 12:4-11)은 성령의 열매와 마찬가지로 하나님 안에 거하는 것으로, 우리 안에 우리와 함께하시는 하나님의 임재와 관련된다. 우리 안에 사시는 "절대적 타자"(Another)가 존재한다. 그분은 측량할 수 없는 영을 가지고 계신다. 그분 안에 성령의 모든 은사와 열매가 있다. 선물(the Gift)이신 예수님이 내 안에 사시기 때문에, 그 생명의 은사와 선물들이 내게 주어졌으며 나를 통해 발산될 수 있다. 그러므로 나는 그분의 이름으로 치유하도록 그분의 내주하시는 임재에 의해 권능을 부여받았다. 우리는 다른 사람들을 그분의 임재 가운데로 이끈다. 그리고 그들이 치유되는 것을 본다. 그러고 나서 우리는 그들이 하나님의 임재를 살도록 가르친다. 이 임재 연습은 그들과 함께하시며, 사랑하는 자녀로 불리는 피조물들에게 끊임없이 말씀하시는 분을 마음의 눈으로 "보는 것", 마음의 귀로 "듣는 것"이다. 그래서 우리는 그들의 치유가 지속되도록 그들의 창조자요 구원자이신 분을 듣고 그분과 동행하도록 가르친다. 이렇게 그들 역시 다른 누군가에게 하나님의 생명을 전하는 통로가 될 것이다.

우리는 많은 이들이 "위대한 춤"[27]이라 부르며 경탄했던 춤의 행렬 가운데로 다른 사람들을 인도한다. 이것은 치유된 관계 사이에서 이루어지는 신적인 춤이다. 잠시 이 위대한 춤에 대해 상상해보자. 이 춤을 통해 창조되지 않은 분으로부터 창조된 존재로, 그리하여 모든 창조된 존재들에게 사랑이 흘러들어 간다. 피조물에게 부어지는 "빛나는 쇳물"[28](bright metal; 거푸집 비유에서 사용된 표현—역자 주)을 계속 받기 위해서는, 각각의 피조물이 다른 이들에게 사랑의 통로가 되어야 한다. 왜냐하면 그들은 반드시 계속 흘러야만 하는 사랑의 본성 안에 존재하기 때문이다. 자신을 통해 흐르는 사랑의 미덕으로 인해, 인간은 동료들을 축복하고 그들의 진짜 "자아"를 불러내면서 그들의 이름을 부르기 시작한다. 그리하여 인간은 동물과 식물, 심지어 무생물조차도 그 이름을 부르며 축복하기 시작하는 것이다. 만일 우리가 우리의 상상력에 자유를 준다면, 우리는 춤추는 이들 사이에 흐르는 신적 리듬에 온전히 순종하도록 자신을 내어드리고, 모든 이가 손을 잡을 때까지 양손에 각각 다른 이의 손을 꼭 잡으며 그런 식으로 한 사람 한 사람을 "보

---

27) C. S. 루이스는 훌륭한 신화 소설 『페렐란드라』(*Perelandra*; 홍성사 역간)의 제17장에서 위대한 춤에 대해 상상의 그림을 그리고 있다.
28) Lewis, *The Problem of Pain*, 139.

게" 될 것이다. 그런 후 우리는 춤추는 이들이 모든 피조물을 둘러싸고, 창조계 전체가 그들 안으로 "함께 모이는 것"을 보게 된다.[29] 그들을 통해 흐르는 이 "리듬"은 신적 에너지다. 따라서 우리가 상상할 수 있는 최종적인 장면에서 창조세계 전체는 발꿈치를 들고 기쁨에 겨워 춤추고 있다.

---

29) 루이스는 "성경은 전 우주가 그리스도를 위해 만들어졌으며 모든 것이 그 안에 함께 모인다고 말한다"라고 했다. 루이스는 이것이 어떻게 사람이 아닌 다른 것들에 적용되는지는 알지 못했지만, 다음과 같이 상상력을 발휘했다. "(지적 피조물들이 그리스도 안으로 들어오려 할 때와 같은 방식으로, [사람 안에 있는 모든 피조계와 더불어] 다른 모든 피조물들을 함께 그리스도께로 이끌고 올 것이다.) 그러나 이 일이 전 우주적으로 어떻게 실현될지 아는 사람은 아무도 없다"(*Mere Christianity*, 170).

부록 │ 꿈을 통해 하나님이 말씀하시는 것을
      어떻게 분별할 것인가?

동성애적 정체성의 위기로 고통을 겪고 있는 사람은 언제나 자기 존재
의 정당한 부분과 분리되어 있다. 꿈 안에 포함된 상징적인 메시지를
읽어내는 법을 배울 수 있다면, 자신으로부터 멀어져버린 그 부분을 깨
닫는 데 도움이 될 수 있다. 나는 동성애적 정체성에 대한 치유 기도가
다른 심리적 장애를 제거하기 위한 기도와 다르지 않음을 보여주기 위
해, 앞서 매튜의 이야기에서 꿈을 유용하게 사용했던 것처럼 내 개인적
인 이야기 일부를 소개하려고 한다. 매튜의 경우처럼(3장 참고), 하나님
은 내가 인정할 수 없었던 나 자신의 일부를 보여주시기 위해 꿈을 사
용하셨다.

매튜는 반복되는 동성애의 꿈이 **진정 무엇을 의미하는지** 알고 나서
매우 감격했다. 꿈속에서 매튜는 자신이 동경하는 다른 청년을 바라보
고 있었는데, 실상 이것은 잃어버린 자신의 일부, 자신이 깨닫지도 받
아들이지도 못했던 자신의 일부를 사랑한 것이었다. 기도를 통해 그리
스도께서 매튜와 매튜 자신이 잃어버린 자기 일부 사이의 관계를 다시
이으신다는 사실이 너무 기뻐서, 그것이 매튜에게는 거의 믿기지 않을
정도였다. 이 일은 매튜가 스스로 감지하고 받아들인 것보다 더 많은
자신이 존재한다는 것을 믿도록 처음으로 도전받았던 시간이었을 뿐
만 아니라, 결국 꿈의 상징적인 언어에 대해 성찰해보는 첫 번째 계기

가 되었다. 이 모든 일이 어떻게 가능한지, 나는 너무 기뻐서 설명하기가 어려울 정도다. 그래서 나는 이와 관련해 내 이야기를 하나 소개하려고 한다.

앞에서 소개한 것처럼 나는 꿈과 관련해서 치유 기도를 할 때 가장 크고 열정적인 믿음을 가지고 임할 수 있다. 하나님이 꿈을 통해 내가 작가로서 가지고 있던 장애물을 치유하셨기 때문이다. 매튜의 사례처럼, 내가 가지고 있던 장애물도 기억이 치유되고 일련의 꿈을 통해 그 의미가 밝혀진 후에야 해소되었다. 놀랍게도 이 장애물은 출판을 위해 책을 쓰고자 하는 나 자신의 한 부분을 나로부터 분리시키고 있었다.

확실히 내가 쓰고자 하는 책은 내 안에 이미 있었고 나는 단순히 그것을 써내기만 하면 될 것 같았다. 많은 양서를 저술했던 작가 마들렌 랑글(Madeleine L'Engle)은 이런 내재적 자아를 다음과 같이 표현했다. "책 하나가 불쑥 나와서 내 치맛자락을 붙잡고는 자기를 쓸 때까지 가지 못하게 했죠." 또한 자신이 "책을 임신했다"라는 C. S. 루이스의 표현은 시나 그림, 책과 같은 창작물을 자기 안에 가지고 있지만, 동시에 그것을 적절히 표현해내야 하는 고뇌 어린 장애물을 가지고 있는 사람에게는 매우 의미 있게 다가온다. 나를 더 난처하게 했던 것은, 주님이 내게 글을 쓰는 일에 대해 물으시고 내가 그 일을 하기를 기다리신다는 사실이었다. 그래서 매우 긴 시간 동안 나는 "주님, 제가 어떻게 이 일을 할 수 있죠? 전 너무 바쁘고 뭘 손에서 놔야 할지 모르겠어요"라고 기도했다. 그러나 이것이 그리 정당한 변명이라는 확신이 서지 않았으며, 주님이 내가 글을 쓰기를 기다리신다는, 조용하지만 안절부절 못하게 만드는 생각이 나를 떠나지 않았다!

나는 확실히 바빴다. 신입생을 대상으로 하는 과정 두 개를 가르치면서 대학원 과정을 밟는 동시에 치유 사역도 진행하고 있었다. 지역 사회에서 참여하고 있는 교회 활동의 중압감은 말할 필요도 없었다. 치유 사역을 하는 사람들은 누구나 대내외적으로 바쁜 일정을 소화하고 있다. 내가 책을 쓰지 못하는 이유는 타당한 변명거리로 보였다. 하지만 주님께 순종해서 책 쓰는 일을 감당할 수 있게 해달라는 기도 부탁을 친구들에게 하면서, 나는 내 안에 심리적인 장애물이 있음을 점차 깨닫기 시작했다. 내가 의식적으로 헤아릴 수 있는 것 너머에 있는 무언가가, 내 안에서 꽃피고 표현될 것을 외치고 있는 책의 저술을 가로막고 있었다. 매튜처럼 나 역시 고통스럽고 낯선 상태로 격리되어 있는 내 일부를 알아볼 수 없었다. 하나님이 내 손에 맡기신 일을 성취하는 데 핵심이 되는 "내가 누구인지"에 대한 한 부분, 즉 글 쓰는 **사람으로서의 내 일면**을 받아들이기 위해서는 기도가 필요했다.

"주님께서 날마다 좋은 생각을 주시며 밤마다 나의 마음에 교훈을 주시니 내가 주님을 찬양합니다"(시 16:7, 새번역). 목동이었던 이스라엘 왕 다윗은 이렇게 선포했으며 이 구절에서 꿈에 대해 좋게 말하고 있다. 이 성경구절은 내가 꾼 여섯 개의 일련의 꿈이 어떻게 나로 하여금 내 안에 있는 작가와 대면하게 만들었는지를 잘 묘사하고 있다. 내가 꾼 꿈속에서 이 작가는 내 마음 깊은 곳으로부터 곧바로 모습을 드러냈으며, 내 의식에 놀랄 만큼 주의를 집중시키며 그 정체를 나타냈다. 처음에 이 작가는 준비되지 않은 여성적 인물로 나타났다. 그녀는 한때 다리가 놓여 있었지만 지금은 쓸려 내려가고 없는, 범람하는 개울물을 껑충 뛰어 넘어갈까 망설이고 있었다. 모든 곤란을 무릅쓰고 그녀는 뛰

어울렸으며, 그렇게 건너는 중에 치명적인 중상을 입고 말았다. 이 꿈과 다른 꿈은 내 장애물이 뿌리내리고 있는 어린 시절의 상처를 드러내고 있었다.

다른 꿈에서 이 작가는 위험한 강을 건널 준비가 되어 있지 않은 모습으로 나타나 사람들에게 노출되는 것을 두려워하고 있었다. 또 다른 꿈에서는 능숙한 곡예사가 춤을 추고 있었는데, 여전히 자신이 노출당할 것을 두려워했다. 마침내 그는 높은 줄을 타는 곡예사로 등장해서 정밀한 기교를 선보였으며 공개적으로 노출되었지만 더 이상 이를 꺼림칙 않았다. 꿈은 무서울 정도로 솔직했다. 노출되는 것에 대한 내 두려움은 몸을 많이 노출하는 옷차림에서 상징적으로 드러났는데, 이런 차림은 곡예 댄스나 고공 줄타기에서는 흔히 볼 수 있는 것이었다. 마지막 장면에서 (불가피하게 자신을 노출시킨) 그 작가와 나는 함께하게 되었다. 이런 식으로 기도와 함께 이 꿈들을 이해하게 되면서 나는 많은 놀라운 치유를 경험했다.

앞에서 대략적으로 소개한 꿈들은 내 가족이 아버지를 잃으면서 겪었던 고통스런 상황에 뿌리내리고 있는 **노출에 대한 두려움**을 드러냈다. 그 뿌리가 아버지를 여읜 사별 자체라기보다는, 그 결과로 인한 상황이라는 점을 염두에 두기 바란다. 왜냐하면 내가 앞으로 좀 더 자세하게 내 사연을 소개할 터이지만, 갑작스런 아버지의 죽음으로 인한 나의 비통한 마음은 이미 치유를 받았기 때문이다. 그것은 아버지로부터 받은 개인적인 깊은 거절의 감정이었다. 아버지는 내가 고작 세 살 때 세상을 떠나셨기에, 미망인이 된 어머니와 함께 십팔 개월 터울인 여동생과 나는 아버지를 잃은 아이들로 세상에 노출되었고, 보금자리가 필요했던 우리는 한동안 여러 사람에게 얹혀살았다.

첫 번째 꿈에서는 인생이라는 시내를 가로지르는 다리가 쓸려 내려 갔고, 소녀는 애써 건너뛰려다가 부상을 입었다. 그 다리는 내 아버지 였고 홍수로 불어난 물은 아버지를 죽음으로 떠나보냈다. 아버지의 죽음을 개인적인 거절감으로 경험했다는 사실은 어린 시절과 성년기 수년 동안 내 의식 세계에서 완전히 잊혀 있었다. 어린 시절과 성년 시절 내내 아버지가 살아 있을지 모른다는 불가능한 희망을 품고 아버지를 찾기 위해 그가 묻힌 관을 찾아 헤매는 꿈을 반복해서 꾸면서도 말이다. 하지만 내가 꾼 그 여섯 번의 꿈에는 이런 사별에 대한 부분은 없었다. 오히려 여기서는 고아가 되면서 수반되었던 깊은 내면의 감정들, 직접적인 결과로서 겪은 열등감과 어디에도 적합하지 않은 존재라는 감정에 따르는 노출에 대한 두려움이 지속적으로 드러났다. 이 모든 것을 느꼈던 내 안의 작은 소녀는 내재하고 있던 작가와 얽히고설킨 관계에 있었다.

매튜와 달리, 나는 내 일부분을 다른 사람에게 투사해서 분별없이 그 사람 안에 있는 자신을 사랑하지는 않았다. 그러나 매튜와 마찬가지로, 나는 자신에게 속한 정당한 일부분을 부인하고 있었다. 즉 내 일부는 아버지의 죽음과 그 결과로 어머니와 어린 여동생과 내가 오직 아버지만이 우리에게 줄 수 있었던 사랑과 안전을 잃었다는 사실에 대해 비통한 마음으로 반응했다. 하지만 이 상실을 극복하려고 시도하면서 나는 훌륭한 스토아 철학자처럼, 이런 마음을 부인해버렸다. 일관적이고도 지속적인 방식으로 살아가는 내내, 나는 내 안에 있던 작은 소녀, 거절당하고 노출될까봐 두려워하고 아버지의 부재로 인해 어디에도 자신이 부적합하고 열등하다고 느끼는 이 소녀를 부인했다. 바로 그녀가 잃어버린 다리 때문에 범람한 개울물을 뛰어넘을 수 없음을 인정하기보다는 그 물을 건너려고 시도했던 소녀였다.

따라서 나는 **교만**을 자백해야 했다. 왜냐하면 어떤 심리적 상흔에 기인하든지, 부적합하고 열등하다고 느끼는 것(주제 넘음과 우월 의식과 마찬가지로)도 교만의 죄에 뿌리를 두고 있다는 최종적인 분석이 나왔기 때문이다. 매튜와 리사의 치유에서 중요했던 부분도 교만의 죄를 인정하는 것과 관련되었다. 나는 "작가들이 가지고 있는 장애"[1] 이면에는, 심리적 치유에 대한 모든 필요의 기저에서 진정 다음과 같이 고백해야 할 필요가 있으리라고 믿는다. "주님, 제게는 한 번도 결핍과 교만을 고백해본 적이 없는 제 일부가 있습니다. 이런 제 일부는 당신과 멀어진 채로 적합한 사람이 되려고 애쓰면서, 여전히 두려워하며 당신을 전적으로 의지하지 못하고 있습니다." 내 꿈이 이런 내 안의 상태를 드러냈을 때, 사실 두려움을 계속 부인하는 것이(전 생애에 걸쳐 성공적으로 그랬던 것처럼) 하나님께 그것을 고백하는 것보다 쉬웠을 것이다.[2] 실제로 **꿈을 통해 얻은 영감과 통찰을 즉시 기록해두지 않았다면, 마치 그것들이 내 의식 위로 표면화되지 않았던 것처럼 무의식 속으로 다시 밀려나 잃어졌을 것이다.**

영혼의 치유에서 핵심은 죄를 고백하고 그 죄가 사면되는 것이므

---

1) 이런 장애물은 단순히 작가로서의 장애만이 결코 아니다. 일단 그 장애로부터 자유케 되고 나면, 다른 영역에서도 스스로 더 자유롭다는 것을 발견하게 된다.
2) 불신앙과 하나님을 신뢰하는 데 있어서의 실패는 물론, 두려움의 감정 이면에 있는, 고백해야 할 죄였다.

로, 그리스도께서 주시는 능력 외에는 영혼을 치유할 수 있는 어떤 능력도 존재하지 않는다. 그리스도의 치유는 우리가 지각할 수 있는 의식의 가장 깊은 수준까지 흘러들며, 그 기억의 치유로 인해 다른 사람과 우리 자신과 관련된 가장 진실하고 또 가장 깊이 뿌리내린 우리의 문제가 드러나게 된다. 이렇게 나는 내 안의 작가가 가지고 있던 장애물을 제거하고 치유되었으며, 곧이어 내 첫 번째 책을 완성해서 출판할 수 있었다.

투사 메커니즘

우리는 치유되지 못한 모든 거절감을 다른 사람에게 투사한다. 이런 이유로 우리는 투사를 하는 가해자일 뿐만 아니라 투사를 당하는 대상이 된다. 두 경우 모두, 그 메커니즘은 내적 치유를 위한 기도에서 신속하게 드러난다. 매튜는 여기에 대해 더 이해가 필요했다. 그래서 나는 나 자신의 사례를 통해 그 역학 관계를 설명해주었다.

매튜의 경우와는 다르게, 나의 투사 메커니즘[3]은 나 자신의 일부를 수용하지 못하는 점이 다른 사람에게 투영된 것이 아니라, 아버지를 잃으면서 경험했던 전반적인 거절감이 다른 사람에게 투사되어 작용했던 것 같다. 어린아이로서 갖게 된 이 무의식의 트라우마는 아마도 아버지의 죽음 이후 우리와 함께 살려고 오셨던 할머니에 대한 감정을 통해 의식적으로 발산의 길을 찾았을 것이다. 만약 작가로서의 장애 이

---

3) 확실하다고 말할 수는 없지만, 반추해보면 그럴 가능성이 다분한 것 같다.

면에 숨은 원인을 찾기 위해 순전히 의식적이고 합리적인 이해력으로 생애 초기의 사건들을 분석했다면, 나는 "모두 할머니 잘못이야. 할머니는 날 좋아하지 않았어. 글쓰기, 음악, 공부에 대한 내 관심을 인정하고 격려해주지 않았음이 분명해"라고 결론지었을 것이다. 그러나 이것이 사실일지라도 대부분 진실이 아니다.

남부 출신의 고상한 여성이었던 내 할머니는 혈통으로는 스코틀랜드 출신이었고 "터무니없는 것"은 용납하지 않는 현실성을 갖춘 유형의 여성이었다. 내 인생을 납득할 만한 어떤 예술의 형태로 전환해보려는 내 시도들은 종종 할머니의 눈에는 "잘난 체하는 것"이나, 할머니가 편애했던 내 여동생을 능가하려는 노력의 방편으로 보였다(이런 편애는 내게 더욱 상처가 되었다). 재미와 장난기가 넘쳤던 내 여동생은 어른들 세계에서 겪어야 하는 죽음이나 곤란 같은 것은 전혀 의식하지 않았기에, 할머니는 이런 아이를 사랑하고 이해할 수밖에 없었다.

무의식적으로 전적으로 부정해왔지만 나는 아주 어린 시절부터, 아버지의 죽음이 작은 체구의 약골의 어머니, 그럼에도 아주 고되게 일해야 했던 어머니에게 끼친 영향을 깊이 그리고 고통스럽게 인식하고 있었다. 1.5킬로그램도 안 되는 몸무게로 태어나 인생의 시작 자체가 위태로웠던 어머니는 평생 신체적으로 강인했던 적이 없었다. 어린 내가 가졌던 주된 두려움은 이런 어머니마저 돌아가시지 않을까 하는 것이었다. 어머니는 자신의 신체적인 연약함을 도덕적이고 영적인 강건함으로 충분히 보완하실 수 있었기 때문에 나의 보호 같은 것은 필요하지 않았다. 그럼에도 나는 어린 마음에 할 수 있는 모든 방법을 동원해서 그녀의 삶에 간섭하려 들었다. 나는 어머니에게 "어머니 노릇"을 했고 그녀에게 닥치는 어떤 위험이나 어려움도 금세 감지했다. 아버지의 죽음을 선명히 기억하고 어머니의 고통을 느끼고 있었기에 자기 나이 이상으로 진지한 아이, 아주 이른 나이에 어른의 세계에 간섭함으로써 인생을 이해하려 했던 이 아이는 항상 할머니와 어긋나기만 했다. 이런 내 일부는 할머니의 인정을 받지 못했던 것이다.

작가로서의 장애가 모습을 드러내기 이전에, 나는 아버지의 죽음에 대한 반응으로 야기된, 깊숙이 깔려 있는 거절감을 치유받았다. 그 치유가 일어난 것은 (아그네스 샌포드 여사와 그녀의 남편 에드거 샌포드 목사님이 세운) 첫 "목회적 돌봄 학교"에서였다. 목회자와 수도자(수녀, 교사, 수사, 집사), 그리고 보건, 의료, 교육 분야의 전문가들로 구성된 그룹이 거기에 모여 병든 자를 위한 기도에 참여하고 있었다. 나는 치유 사역에 깊숙이 관여하며 깊이 헌신되어 기쁨이 넘치는, 그리스도와의 관계에서만 누릴 수 있는 온전함과 의미를 발견했다. 나는 내 인생의 주기마다 지었던 죄들을 알게 되면 그것을 자백하고, 가능하다면 그것을 바로잡으면서, 전심으로 하나님의 놀라운 용서의 은혜를 받고 기도하며 주님을 기다림으로써 내가 알았던 모든 상처와 실망의 마음까지도 치유를 받았다.

그러나 이 치유의 경험은 처음 치유를 받아야 할 내 내적 결핍의 기저를 이룬 심리적 상처(이 경우에는 거절감)를 인식하지 못한 채 내게 일어난 기억의 치유에 감격해하는 것으로 끝나고 말았다. 매튜가 왜 식인종이 식인 행위를 하는지 그 개념을 이해하지 못한 것처럼 말이다. 치유 사역에서 무엇보다 중요한 것은, 주님이 모든 의심의 그림자 너머로 심리적인 치유를 위한 기도가 유효하다는 것을 증명하신다는 사실이다. 하나님은 우리 삶에서 어떤 나이에 경험한 트라우마든지 상관없이 뿌리가 되는 트라우마를 지적하고 끄집어내실 뿐 아니라 그렇게 하기를 기뻐하신다. 게다가, 이것은 우리가 할 일이 아니라 **하나님**이 하시도록 허락해야 할 일이다!

치유 사역의 은사가 있는 리더 바바라 쉘몬(Barbara Shelmon)은 나를 위해 아주 특별한 기도를 한 적이 있다. 그 기도는 연대기적으로 구성되었는데, 여기서 바바라와 나는 현재로부터 시작해서 출생과 잉태까지 거슬러 올라갔다. 바바라가 내 인생에서 세 살 나이와 생후 십팔 개월 사이까지 거슬러 올라갔을 때, 내 마음 깊은 곳에서는 아주 분명한 목소리가 갑자기 들렸다. "네 아버지가 돌아가신 것을 용서하라!" 돌아가신 아버지를 용서한다는 것은 너무 우스꽝스럽게 들렸다. 하지만 나는 그 목소리가 말하는 대로 했다. 내게 하신 명령은 너무나 선명했기에 의심하거나 부인할 수 없었을 뿐 아니라 잊을 수도 없는 것이었다. 바바라는 다음날 강의에서, 아이가 부모님을 상실할 때, 그 경위가 어떻게 되든지와 상관없이, 그 상실을 개인적인 거절감으로 받아들인다는 주제를 거론했다. 바로 이 주제가 하나님이 내게 선명하게 보여주신 그것이었다.

몇 년 뒤 내가 작가로서의 장애로 애를 먹고 있을 때, 나는 꿈을 통해 그 장애물이 이미 치유받은 근본적인 거절감이 아니라, 한 번도 인정해본 적 없는, 그 거절감의 결과로 겪은 상황에 뿌리내리고 있음을 깨달았다(결과적으로 그것은 노출에 대한 공포였다). 비록 꿈에서는 나타나지 않았지만, 나는 내가 어린아이로서 할머니를 어떻게 바라보았는지, 이 전반적인 과제에 대해 두 번의 치유를 통해 숙고하게 되었다. 그로 인해 나는 스스로에게 다음과 같은 질문을 하게 되었다. (1) 나는 얼마만큼 아버지의 죽음으로 인한 내 무의식 속의 거절감을 할머니에게 투영했는가? (2) 할머니가 내 아버지의 자리를 대신한 것에 내가 분개했기 때문에 할머니는 내게 사랑과 애정을 보여줄 수 없었는가? (3) 치유되지 못한 거절감은 정도는 다양하지만, 우리로 하여금 사랑할 수 없게 만든다. 그래서 나는 할머니를 사랑할 수 없었으며 그것이 할머니와 나 사이에 금이 가는 원인이 되었는가? 나는 할머니를 거절했던 내 죄를 고백해야 했다.

가족 관계 안에서 균열은 비극적이다. 이것이 할머니와 나 둘 모두에게 비극인 것은, 우리가 이생에서 우리 관계를 원만하게 풀어내지 못했기 때문이다. 그러나 이런 사실을 이해하고 내 죄를 고백한 이후로ー기억을 치유하면서 자주 일어나는 일인데ー나는 할머니가 살아 계실 때에는 알지 못했던 사실을 돌아가신 후에 알게 되었다. 비록 선의이긴 하지만 생각이 깊지 못하셨던 스코틀랜드 출신의 할머니를 내가 진심으로 사랑한다는 사실을 알고 있기 때문에 지금 우리는 바른 관계 가운데 있다. 지금 할머니는 찬란한 주님의 임재 가운데 머물면서 치유되셨으리라는 것과, 나 역시 치유받았으며 따라서 우리 사이에는 사랑 이외에는 아무것도 없다는 것, 바로 이것이 반론의 여지가 없는 가장 확실한 사실이다.

우리 삶의 진실한 이야기를 이해하는 데 있어서의 장애물과 죄 고백과 죄 사함에 있어서의 장애물은[4] 있는 그대로 장애물일 뿐이다. 맹

---

4) Payne, *Real Presence*, chapters 5, 6, 7.

목적 편견이 볼 수 없게 만드는 것이듯이, 매튜와 내게 장벽이 되었던 장애물도 그러하다. 우리의 의식적인 노력으로는 그것을 다스릴 수 없으며 단지 그 주변을 맴돌고 그 위를 뛰어넘어 볼 뿐이다. 우리가 우리 자신이 되어가고 하나님 나라를 위해 유용하게 사용되는 일을 방해하는 이 방해물들은 다음과 같은 사실을 가리키고 있다. 즉 이 장애물을 제거하기 위해 효과적으로 기도하는 법에 대한 지식이 교회 안에서 회복될 필요가 있으며, 심리적인 치유를 위해 기도하는 방법을 배울 필요가 있다는 것이다. 온전해지는 것과 그 결과로 얻게 될 성숙, 그리고 본질적인 자아나 영이 자유롭게 되는 것은 많은 부분 개인이 심리적으로 온전해지는 일에 달려 있다. 진실로, 우리가 영적으로 온전하게 되는 것은 심리적으로 온전하게 되는 것과 서로 연관되어 있다. 우리의 교만과 사랑하지 않는 죄를 깨달을 때까지, 우리는 그 죄를 충분히 고백할 수 없기 때문이다.

물론 우리가 미처 의식하지 못했던 죄를 고백하는 것에는 크나큰 치유의 미덕이 있다. "어느 누가 자기 잘못을 낱낱이 알겠습니까? 미처 깨닫지 못한 [무의식의, Amplified Bible] 죄까지도 깨끗하게 씻어 주십시오"(시 19:12, 새번역). 우리가 숨은 것들을 직면해서 그것을 구체적으로 고백하고 하나님께 내어드릴 때, 완전한 치유가 임한다. 그러면 하나님의 용서하고 치유하시는 광채가 우리 안의 어두움 가운데 있던 부분으로 홍수처럼 밀려들고, 우리 죄는 "마치 사라지는 안개처럼" 쫓겨나간다(사 44:22). 상처 입고 속박된 것들이 치유되고 자유롭게 되는 것이다. 그리고 우리는 그 죄로 인해 가해진 제한들로부터 풀려났음을 알게 된다. 바로 이것이 기억의 치유가 말하고 있는 모든 것이다.

꿈의 해석

마음은 우리에게 상징적인 언어로 이야기한다. 그리고 마음 안에 있는 것들은 상징적인 이미지나 그림으로 떠오른다. 처음에 나는 작가로서 내가 느끼는 장애물이 있는 영역을 보여주는 꿈을 잘못 해석했다. 이것은 꿈을 자의적으로 이해하거나 꿈이 말하는 방식에 대한 지식 없이 이를 이해하려 할 때 우리 모두가 쉽게 범할 수 있는 실수다.[5] 나는 내가 꾼 평범하지 않은 꿈들을 문자적으로 받아들여서 합리적이고 의식적인 차원의 이성적 언어로 읽어내려 했다. 처음 그 꿈들을 꾸면서 나는 훌륭한 친구인 허먼과 릴리 리펠 부부(Herman and Lillie Riffel)에게 그것들을 현명하게 검증하기 위해 기도해달라고 부탁하려 했다. 하지만 그들이 내가 뭔가 과시하려 한다고 말할까봐(과거에 할머니가 생각하고 말했던 것과 같이) 두려웠다. 강을 건너뛰는 것, 곡예사의 춤, 외줄타기 등은 나 자신이나 당시 꽤 고상한 부류였던 어머니와 할머니 같은 사람, 더욱이 기도나 학문 등 지적인 일에 종사하는 사람에게는 특별한 뭔가가 되는 것 같았다.

옛날 내가 어린아이였을 때, 실제로 우리 집 가까이에 있던 다리가 급류에 쓸려 내려간 일이 있었다. 어머니의 손을 꼭 붙잡은 내가, 다리가 있던 자리에 사납게 울부짖는 소리를 내며 쓸려 내려가던 흙탕물을 멍하니 바라보던 기억은 아직도 생생하다. 그러나 내 꿈에 나온 다리와

---

5) 하나님이 우리에게 어떻게 말씀하시는지에 대한 관점으로 꿈에 대해 연구하고자 한다면 Herman H. Riffel, *Voice of God: The Significance of Dreams, Visions, Relvelations* (Wheaton: Tyndale House, 1978)을 추천한다.

하천 바닥은 내가 현실에서 보았던 것과 같기도 하고 같지 않기도 한데, 어쨌든 현실에서 경험한 봄의 폭풍이 가져온 문자적인 효과와는 아주 다른 내용을 이미지화하고 있었다. 자신의 피부 구멍을 통해 어둡고 검푸른 암을 내려다보고 있었던 리사의 꿈도 그 그림이 문자적으로 암시하는 것과는 매우 다른 내용을 전달했다. 동성애에 관련되는 꿈을 꾼 매튜 역시 그 꿈이 "넌 동성애자야"라고 말하는 것으로 여겨서는 안 되었다. 현대인들은 꿈이 상징적인 언어로 말한다는 점을 이해하지 못한 채 자신의 꿈을 심각할 정도로 잘못 해석해서 큰 어려움에 빠지곤 한다. 그러나 우리가 성령과 합력해서 우리 자신의 마음으로 참된 해석을 들을 때, 이런 위험을 금방 극복할 수 있다. 바로 이런 이유로 허먼 리펠은 다음과 같이 말할 수 있었다.

> 만일 해석이 올바르다면 꿈을 꾼 사람은 그것을 알 것이다.…왜냐하면 꿈은 이미 우리가 아는 것에 대한 확증이기 때문이다. 그렇기 때문에 당신의 마음이 반응하지 않는다면, 당신 자신의 꿈에 대한 해석을 절대로 받아들이지 마라.[6]

꿈에 대해 더 알아보기

지금까지 나는 사례들을 통해 마음의 장애물을 드러내고 해석하는 데 도움을 주는 꿈의 중요성을 충분히 강조해왔다. 성경도 사람의 마음을

---

6) Riffel, *Voice of God*, 85.

드러내는 계시체로서, 그리고 하나님의 말씀을 사람의 마음에 담는 메시지의 전달체로서 꿈의 중요성을 거듭 증거하고 있다. 불행하게도 우리 현대인들은 설혹 자신이 꾸는 꿈에 주의를 기울일지라도 대개 그 꿈이 담고 있는 메시지를 잘못 이해한다. 여기에는 그럴 만한 이유가 있다. 우리는 우리의 두 마음(즉 합리적인 머리와 직관적인 마음)과 그 두 마음의 앎의 방식이 다르다는 것을 이해하지 못하고 있다.

특히 무의식적 마음이 지닌 고유한 앎의 방식을 이해하고 식별하지 못하는 것에서 심각한 문제가 야기된다. 무의식적 마음은 이성의 기능이라기보다 직관의 기능, 창조적인 상상력과 기억, 그리고 성령의 은사가 좌정하고 있는 보좌다.…

무지로 인한 이런 실패는…그리스인의 사고방식, 특별히 아리스토텔레스의 유산에 뿌리를 두고 있다. 아리스토텔레스의 인식론은 사람이 지식을 받아들이는 방식을 오감의 경험과 이성을 통해 정보를 받아들이는 데 국한시킨다. 경험을 종합함으로써 이성은 사람이 실재와 접할 수 있게 한다는 것이다. 아리스토텔레스는 의식적인 사고에 속한 (경험과 이성이라는) 두 가지 앎의 방식으로부터 그의 첫 번째 지식의 원리를 발전시켰다. 그럼으로써 아리스토텔레스는 플라톤의 제삼의 앎의 방식을 배제했는데, 이 제삼의 앎에는 신적인 영감, 시인과 예언자, 꿈과 비전에 대한 앎의 방식, 그리고 무엇보다 중요한 사랑의 방식이 포함되었다. 이것들은 물론 "무의식적인" 마음의 방식, 곧 그림, 메타포, 상징, 신화, 사랑이 깃든 성육신의 방식, 즉 신화와 사실을 함께 아우르는 방식들이다. 이 앎의 방식이 유지되었다면, 의심의 여지없이 우리는 "무의식적인 마음"(unconscious mind)이라는 자기모순적인 용어를 오늘날 사용되는 단어 군에 포함시키지 않았을 것이다. 이 방식은 실제로는 전혀 무의식적이지 않으며 몇 가지 다른 종류의 의식적인 것을 포함하기 때문이다.

주로 아퀴나스를 통해 교회가 아리스토텔레스의 인식론을 받아들이고 그것을 신학에 포함시키면서, (무의식적인 마음과 그 앎의 방식인) 깊은 마음에 대한 유대-기독교적 이해는 우리의 시야에서 사라지게 되었다. 이 제는 그것을 인식할 수 있는 범주가 존재하지 않는다. 그리스도인과 비그리스도인이 동일하게, 무의식의 앎의 방식에 대해 배타적인 입장을 취하며 의식적인 사고와 그 앎의 방식에 가치를 부여하게 되었다. 이런 현상은 창조적인 상상력에 대한 서구 기독교의 분별을 저해했을 뿐만 아니라, 인간 안에서 일하시는 성령의 역사에 대한 우리의 이해를 강력하게 억압해 왔다. 두 가지 종류의 마음을 이해하는 데 실패했기 때문에, 우리는 하나님과 자신, 타자와 자신의 관계 속에서 이루어지는, 온전한 인간이 되어가는 발달과 통합 과정을 지금껏 충분히 이해하지 못하게 되었다.[7]

그렇기 때문에 직관적인 앎의 방식인 꿈은 계시의 중요한 매개체 역할을 한다. 꿈을 통해 우리 마음속에 있는 것이 의식적인 사고 가운데 드러날 수 있으며, 하나님의 마음으로부터 오는 것을 우리의 마음과 머리로 알 수 있다. 그렇기 때문에 꿈을 해석하면서 무의식의 상징적인 언어를 이해할 때 가장 중요한 것은 성령과 하나님의 말씀을 전적으로 의지하는 것과 성령의 인도하심을 받는 사람들과 더불어 작업하는 일

---

7) Payne, *Real Presence*, chapter 11, "The Whole Imagination II: The Two Minds."

이다.

그리스도께서 약속하신 대로, 성령은 "너희를 모든 진리 가운데로 인도할
것이다." 내주하시는 성령을 떠나서는, 사람의 이성과 상상력[무의식의 앎
의 방식] 모두에 은혜가 부족하게 된다. 두 가지 모두에 이런 성령의 주입
(infusion)이 필요하며, 두 가지 모두에 은사가 주어지고 성령이 내주하시
는 공동체의 몸에 의해서만 제공되는 지혜와 균형이 필요하다. 여기에, 성
령의 교통과 성경의 조명 안에서 이성과 상상력 두 가지 모두 그 진리가
입증되어야 한다.[8]

위와 같은 전제를 공유하지 않는다면 모든 꿈 해석의 시스템은 불
가피하게, 기독교적 관점과는 다르게 인간과 인간의 무의식을 이해하
는 관점에 기반을 두게 된다. 불행하게도 내가 전적으로 추천할 수 있
을 만큼 도움이 되거나 신학적으로 견고하게 꿈에 대해 연구한 교과서
적인 책을 아직은 본 적이 없다. 어쨌든 중요한 것은 이 주제에 대한 현
재의 저술들의 근간이 되는 심리학적·철학적 전제들에 대해 아는 것이
다. 예를 들어 프로이트의 전제들이 자연주의적이라는 것을 안다면(프
로이트는 인간과 그 마음에 대해 생물학적 관점을 견지했다), 그의 꿈 해석
이 성적 충동에 집중한다는 것이 놀랍지 않을 것이다. 또한 프로이트가
무의식의 기관을 거의 무가치한 것, 그래서 인생에서 억압한 것들을 담
고 있는 그릇으로 보았음을 안다면, 우리는 그에게서 무의식을 창조적

---

8) Ibid.

인 상상력과 성령의 은사가 머무는 마음의 보좌로 이해하는 관점을 기대하지 않을 것이다.

기독교 상담가들은 유물론적 전제들을 비교적 쉽게 분별한다. 하지만 이들이 읽는 꿈에 대한 연구와 저술가들의 글은 프로이트처럼 생물학적 관점을 고수하기보다, 오히려 일종의 인본주의적·초자연주의적 관점을 전제한다. 우리는 인간과 그 마음에 대한 이런 관점들과 기독교적 관점을 구분하고 분별해내야 할 더 막중한 과제를 가지게 된 것이다. 인본주의적·초자연주의적 관점들이 대개 유용할 수 있는 진실을 상당히 포함하고 있기 때문에 더욱 그러하다.

예를 들어 심리학자인 칼 융(Carl Jung) 박사는 현대의 다른 어떤 심리학자나 철학자보다 인간의 "무의식적인" 앎의 방식에 대해 더 많은 지식을 가지고 있었다. 칼 융은 전 생애에 걸쳐 과학자의 입장에서 꿈에 대해 연구했으며 많은 지식을 쌓았다. 프로이트를 위시한 당대의 동료들과는 다르게, 융은 무의식이 경험과 이성의 종합 작용을 통해 얻은 것과는 다른 지식이 흐를 수 있는 중심축 역할을 하며 창조적 상상력을 위한 직관적 기관임을 알았다.

그러나 융의 통찰력이 유용함에도 우리는 그의 전제들이 기독교적이라기보다 영지주의적이라는 사실을 고려해야 한다. 융은 스스럼없이 자신이 철학적·심리학적으로 영지주의자라고 밝혔다. 융은 자신의 사상적 틀로 받아들인 영지주의로 가는 길로서 중세의 연금술이라는 다리를 이용했다. 융의 사상을 기독교 상담과 치유 분야에 무비판적으로 소개하는 그리스도인은 그리스도의 몸에 심각한 해를 가하게 되는데, 언제나 영지주의는 기독교의 가장 해로운 적이었기 때문이다. 또한 영지주의는 그 기초에서부터 결론에 이르기까지 성육신을 부정하고 계시를 주관적으로 해석하는 시스템이며 인간중심주의와 하나님에 대한 오류의 관점으로 한결같이 귀결되기 때문이다. 영지주의는 사람 안에 성령을 통해 그리스도께서 내주하신다는 진리와는 무관하게, 무의식의 계시를 초자연적 심령(psychic)이나 "혼적"(soulish) 차원에서 해석하는 것으로 끝날 수 있으며 실제로 종종 그렇게 되곤 한다. 융은 자신의 꿈도 바로 이런 식으로 해석해버리면서 하나님을 선하기도 하고 악하기도 한 존재로 간주했다. 융의 인격성의 구조 이론을 무비판적으로 적용하면서 기독교 상담가들은 인간중심적이고 인본주의적인 인간 심리학으로 급선회하게 된다. 그렇게 되면 그들이 하는 상담에는 치유 가운데 역사하시는 성령의 능력이 있을 자리는 존재하지 않게 될 것이다. 동시에 이런 태도는 잘못된 계시에 문을 활짝 열어놓게 된다.

오스왈드 챔버스는 그리스도인들에게 다음과 같이 말하고 있다.

우리의 인격적 본성(personality)이라는 것은 언제나 너무 광대해서 우리가 다 헤아릴 수 없다. 바다 가운데 보이는 작은 섬이 실제로는 엄청나게 큰 산의 작은 부분이다. 인격적 본성은 이렇게 바다 가운데 있는 작은 섬과 같다. 그 작은 섬 밑의 광대함과 깊이를 알 수 없듯이, 우리는 자신을 헤아릴 수 없다. 가끔 우리는 스스로를 안다고 믿지만, 결국 나를 아시는 분은 나를 창조하신 하나님 외에는 없다는 것을 깨닫게 된다.…

주님은 결코 개별성이나 독립성으로 정의되는 분이 아니요, 오직 인격적 본성으로만 설명된다. "나와 아버지는 하나이라"(요 10:30). 인격적 본성은 어딘가로 수렴된다. 사람은 다른 인격으로 수렴될 때 자신의 진정한 정체성을 알게 된다. 사랑 또는 하나님의 영이 어떤 사람에게 임하면 그 사람은 변화하는데, 그는 더 이상 자신의 분리된 개별성을 주장하지 않는다. 주님은 결코…구별되는 특별한 위치나 이런 개별성의 개념으로 말씀한 적이 없다. 주님은 언제나 인격적 본성에 관련된 용어로 말씀하셨다. "우리가 하나인 것처럼 저들도 우리와 하나가 되게 하소서."[9]

그리스도인으로서 우리는 오직 내주하시는 그리스도의 영의 개념으로만 인격적 본성의 구조를 성찰해볼 수 있다. 우리는 인간과 실재, 우리 안에 거하시는 그리스도, 즉 자연 안에서와 자연을 통해 일하시는 은혜에 대해 성육신의 관점으로 이해한다. 성령은 인간의 이성과 협력해서 성스러운 지성을, 인간의 직관적인 마음과 협력해서 성스러운 상상력을 생산해내신다. 그렇기에 우리의 의식적·무의식적 앎의 방식 속에는 경이롭게도 분별의 능력이 선물로 주어졌다. 우리는 영적이고 진실한 계시와 순전히 초자연적인 심령이나 "흔적" 계시 사이에 선을 그을 수 있다. 우리는 진리의 말씀을 세상과 육체와 악한 자의 말로부터 분별해낼 수 있다.

---

9) 오스왈드 챔버스, 『주님은 나의 최고봉』, 12월 12일.

깨어진 형상

치유 기도를 통한 성 정체성의 회복

Copyright ⓒ 새물결플러스 2016

1쇄발행_ 2016년 5월 25일

지은이_ 리앤 페인
옮긴이_ 이종은·박진아
펴낸이_ 김요한
펴낸곳_ 새물결플러스
편   집_ 왕희광·정인철·최율리·박규준·노재현·최정호·한바울·유진·권지성·신준호
디자인_ 이혜린·서린나·송미현·박소민
마케팅_ 이승용·임성배
총   무_ 김명화·최혜영
영   상_ 최정호·조용석

아카데미_ 유영성·최경환·황혜전

홈페이지 www.hwpbooks.com
이메일 hwpbooks@hwpbooks.com
출판등록 2008년 8월 21일 제2008-24호
주소 (우) 07214 서울특별시 영등포구 양평로 11, 5층(당산동5가)
전화 02) 2652-3161
팩스 02) 2652-3191

ISBN 979-11-86409-57-2 03230

책값은 뒤표지에 있습니다.

이 도서의 국립중앙도서관 출판시도서목록(CIP)은 서지정보유통지원시스템 홈페이지
(http://seoji.nl.go.kr)와 국가자료공동목록시스템(http://www.nl.go.kr/kolisnet)에
서 이용하실 수 있습니다(CIP제어번호: CIP2016012345).